国家社会科学基金项目“基于戴维森纲领的知识论重建”（项目批准号06CZX010）研究成果

丛书主编/何向东

逻辑、博弈与认知研究丛书

戴维森纲领与知识论重建

王　静/著

科学出版社
北京

图书在版编目（CIP）数据

戴维森纲领与知识论重建／王静著．—北京：科学出版社，2013.1

（逻辑、博弈与认知研究丛书）

ISBN 978-7-03-036218-6

Ⅰ.①戴…　Ⅱ.①王…　Ⅲ.①戴维森，D.-哲学思想-研究
Ⅳ.①B712.59

中国版本图书馆 CIP 数据核字（2012）第 304963 号

责任编辑：樊　飞　郭勇斌／责任校对：钟　洋
责任印制：赵　博／封面设计：黄华斌

科学出版社出版
北京东黄城根北街 16 号
邮政编码：100717
http://www.sciencep.com
北京科印技术咨询服务有限公司数码印刷分部印刷
科学出版社发行　各地新华书店经销
*
2013 年 1 月第　一　版　　开本：720 × 1000　1/16
2025 年 5 月第五次印刷　　印张：14
字数：300 000

定价：69.00 元
（如有印装质量问题，我社负责调换）

总　　序

多学科相互渗透与交叉融合，是当今学科发展的趋势。对于交叉学科问题，如认知、决策、行动和理性等，学界不断提出新的研究问题和方法，从多学科角度加以探讨，取得了许多优秀的前沿研究成果。当代逻辑学的发展也充分体现了多学科交叉融合的特点。20 世纪 80 年代以来，逻辑学从大量基础学科和应用学科中获得新的主题和方法，逐渐形成了逻辑学与计算机科学、语言学、哲学、数学、心理学和神经科学、经济学、法学、政治学、管理学等众多学科的交叉融合研究的前沿领域。我国逻辑学以及相关学科的发展，应该吸收这些经验，努力开拓新兴、交叉与边缘学科，提高我国基础科学和应用科学研究的水平。

为了鼓励逻辑基础理论的创新研究，注重运用逻辑学的技术、方法和观念研究认知、决策、行动和理性等交叉学科问题，推动逻辑学与相关学科的繁荣和发展，我们组织编写了这套“逻辑、博弈与认知研究”丛书，以汇集逻辑学界高水平的学术研究成果，尤其汇集逻辑、博弈与认知交叉研究的成果，促进逻辑学与哲学、认知科学、语言学、经济学（博弈论）等学科的交叉综合研究。

逻辑学与其他学科的交叉研究，一方面表现为其他学科领域的研究丰富和发展了逻辑理论。例如，20 世纪 80 年代以来计算机科学的发展推动了逻辑理论的发展，出现了命题动态（程序）逻辑、描述逻辑、有穷模型论、余代数逻辑、人工智能中的非单调逻辑和缺省逻辑等。又如，语言学中关于自然语言的形式语义学、Lambek 演算、Lambda 演算、广义量词理论等，都为逻辑学的发展开辟了新的领域。从认识论研究中产生的认知逻辑，随着进一步融合计算机科学、语言学、经济学（博弈论）等领域的思想和方法，形成了动态认知逻辑这个分支，专门处理信息及其动态变化。

另一方面，逻辑理论的发展又反作用于其他学科在交叉学科问题方面的研究。在这方面，当代动态认知逻辑的发展是很好的例子。运用动态认知逻辑方法，可以将许多其他学科的理论形式化，如经济学中的博弈论。博弈作为一种现实的行动模型，具有各种不同的类型，例如合作博弈与非合作博弈、现实生活中的无穷博弈、静态博弈与动态博弈、完美信息博弈与不完美信息博弈等，人们在博弈中进行理性选择，做出决策并采取行动。博弈论研究在经济学、管理学、社会学等领域具有重要的理论与应用价值。利用动态认知逻辑方法，博弈求解过程以及博弈中涉及的策略选择等问题，都可以运用形式化方法来处理，其优势在于可能获得计算方面较好的结果，由此推动人工智能技术的发展和应用。

这套丛书的编写主要以重庆市人文社会科学重点研究基地——西南大学逻辑与智能研究中心的科研力量为依托。西南大学逻辑与智能研究中心一直秉承多学科交叉融合的发展思路，先后承揽教育部哲学社会科学重大攻关项目，国家社会科学基金重点项目、一般项目和青年项目，以及其他省部级项目 10 多项，中心成员在《中国科学》、《哲学研究》、《哲学动态》、《自然辩证法研究》等国内权威学术期刊，以及“逻辑、理性与互动”（LORI）、“模态逻辑前沿”（AIML）等重要国际学术会议发表论文 20 多篇，出版专著、国家规划教材多部；邀请国内外著名专家学者 30 多人次访学，在整体科研能力和学术水平上得到了国内外学者的广泛认同，成为我国西部地区逻辑与智能研究的学术中心和全国逻辑学主要研究基地之一。

这套丛书是开放性的，我们将以宽广的胸怀团结全国学界同仁，以国际化的视野联合国际学术界的科研力量，共同努力推动逻辑基础理论和应用研究，促进逻辑学与其他学科的交叉融合，为繁荣和发展我国逻辑学和交叉学科研究做出贡献。我们热忱欢迎学界同仁加盟，使这套丛书不断完善和丰富。

何向东

2011 年 12 月于西南大学

前　　言

本书是国家社会科学基金项目“基于戴维森纲领的知识论重建”的研究成果。主要内容包括两部分：第Ⅰ部分是基于先验论证的戴维森纲领（Davidson's program）研究，第Ⅱ部分是基于戴维森纲领的知识论研究。前者的基本观点和内容来自笔者的博士论文，后者是在此基础上近年的拓展研究。

本研究的主要目的有两个：① 运用先验论证的方法重新考察戴维森纲领，概括出先验论证总论题：“语言的理解或交流是如何可能的?”从中分解出多个先验论证子论题，从语言理解的语义基础、诠释理论及其本体论-认识论根据以及总体论证模式等方面把握实现语言理解的可能性条件。②把基于先验论证的戴维森纲领应用在知识论的重建上，明确戴维森式知识论的立场、观点和方法，为知识论提供新的重建方案。

前者的意义在于戴维森哲学研究中第一次从先验论证的视角完整、系统地梳理戴维森纲领。先验论证是哲学上比较艰难、不易轻碰的部分，本研究以先验论证为思路，重点阐述戴维森纲领各核心主题及其相互关系，以康德式先验论证作为对比性参照，展示戴维森式先验论证具有的显著独特性，对我们重新理解和拓展研究戴维森哲学具有启发性意义。后者的意义在于对戴维森纲领的拓展性研究。戴维森本人并没有完整地阐述自己关于知识的主张，本研究明确提出以“内容-外在论”（content-externalism）来命名戴维森知识论，指出先验论证是戴维森知识论重建方案的一个典型特征。其先验论证的总论题可以概括为：“信念内容关乎世界真实状况是如何可能的?”这是基于戴维森哲学立场的创造性研究，为当代知识论研究提供一条独特的进路和论证。

先验论证的一般形式可表述为：“一件事物（X）是其他某种事物（Y）的可能性的必要条件。”即没有前者，就不能得到后者。需要特别注意的是，作为先验论证的必要条件，X是形而上学的和先验的（metaphysical and a priori）条件，不仅仅是自然的和后验的（natural and a posteriori）条件。对以先验论证重述分析哲学的核心问题这种研究，当代的分析哲学家表现出两种不同的倾向：消极的一方认为，期望诉诸这样的先验论证，能够一举解决长久存在的哲学问题，那是太过轻率和乐观的；积极的一方认为，我们实际上能够找到对先验论证的谨慎、温和的应用。后者认为，早期的先验论证支持者因歪曲了先验论证的真实作用而招致许多反对。一旦我们重新考虑先验论证的作用，并全面思考这种论证的性质及其所遇到的困难，我们就能够驳斥这些反对意见，最终成功地应用先验论证。应用先验论证所关注的主要问题涉及怀疑论通常所讨论的关于认识论的一般性问题。按此先验论证思路梳理，人们认为，维特根斯坦关于私人语言的论证、帕特南对缸中之脑怀疑论（brain-in-a-vat scepticism）的反驳、戴维森在对真理与意义的研究中对前述相关主题特别是信念本质上来说总体是真的辩护，包括塞尔为外在实在论（external realism）所做的先验论证等，这些研究都可被看做从不同角度对“语言理解如何可能”式先验问题的不同解答，堪称分析传统的先验论证范例。

本研究正是打算在此先验论证研究的背景下重新考察戴维森纲领。从20世纪60年代开始，戴维森发表了一系列论文，论及的领域从语义理论经由认知到达伦理，其论著在展示了广泛的研究进路的同时，呈现出整体的和系统的特征。如今，哲学家们凡涉及对语言的理解、对信念的确认、对主体间的交流以及对怀疑论的反驳等，往往都要从戴维森哲学中获取思想源泉，因为戴维森哲学为解决这些问题提供了一幅完整的图画，揭示了对理性、语言、思维的本质认识及其与世界的关系。被学术界称为“戴维森纲领”的理论体系涉及真理、意义、信念、欲望、意向和行动等主题，其核心内容即关于真理-意义的理论具有革命性的意义，这已得到学界公认。在戴维森围绕真理和意义为主题的几十年研究中，呈现出对“语言的理解或交流的可能性”这种形式的先验问题的多方面论证。一方面，戴维森对于语言的理解或交流的可能性之必要条件分析支持他的许多重要的哲学立场和观点，包括他的彻底诠释（radical interpretation）理论、关于信念本质上是真实的学说、独特的语义外在论（semantic externalism）以及新颖的隐喻式三角测量模式（the triangulation model）；另一方面，这些重要的哲学立场和观点对语言的理解或交流的可能性这个先验式问题提供了各自的支持。本研究的工作就是在对戴维森的相关论著及其研究文献进行充分解读和思考的情况下，拟定“语言的理解或交流如何可能?”这个先验式问题，用它来统摄戴维森纲领的核心主题，考察和分析这个先验问题的必要条件与这些主题之间的相互支持关系，并通过与康德先验论证的比较，对戴维森先验论证的独特性和哲学意蕴做出阐述和论证。

概括地说，第Ⅰ部分的研究主要有两大内容：一是对戴维森纲领的核心主题及其相互关系的分析研究，二是对戴维森先验论证的基本结构、独特性及其哲学意蕴的研究。

第Ⅰ部分的论证策略呈现两步走的取向：第一步以“语言的理解或交流是如何可能的?”这一先验式问题统摄第Ⅰ部分各章内容，力图深化对戴维森纲领各个核心主题及其相互关系的理解。在具体阐述每章内容时，我们既关注相关主题与先验论证的关联，更着重于对主题理解的深入挖掘，从而试图充分地展示它们之间的相互支持关系。这部分内容在第 2 ~6 章展开，首先阐述语言理解或交流的语义基础：外延性真理-意义理论。第 2 章的论述奠定了回答“语言的理解或交流是如何可能的?”这一先验问题的语义基础。接下来需要追问：根据上述真理-意义理论，我们应该采用什么方法来展开“语言的理解或交流是如何可能的?”这一先验问题，并且给出合理的回答。我们在第 3 章就切入了这一主题的关键之一——关于戴维森诠释理论的讨论。我们力图说明语言理解或交流所需的诠释理论或诠释方法，阐明使诠释成为可能的理论必须满足的限制性条件以及如何利用它来进行诠释。彻底诠释是戴维森诠释理论的主要方法或策略，它是以不预设关于对象语言的任何特定语义知识为起点而进行的一种诠释。通过这些分析，力图阐明一个先验问题：“彻底诠释如何可能?”这个可能性需要得到整体论（holism）、宽容原则（the principle of charity）和语义外在论支持，这是语言理解或交流的本体论-认识论观念的根据。不仅如此，戴维森的语言交流和外在论需要在三角测量模式中展开，三角测量是戴维森在阐述关于语言和思想的内容及对象时引出的一个隐喻性模式，这个模式是回答戴维森语言理解或交流如何可能这一先验问题的总体论证模式。第二步是总结性地论证戴维森先验论证的基本结构、独特性及其哲学意蕴，分析以先验论证重述戴维森纲领给我们的启示。我们的分析表明，在都遵循先验论证方法论的一般结构这一特定含义上，戴维森式先验论证与康德式先验论证具有明显的相似性。有些研究者称之为平行关系，但是，从两种先验论证所预设的哲学立场看，以康德式先验论证作为对比性参照，我们认为，戴维森式先验论证体现了显著的独特性。概括地说，这种独特性集中体现在如下几个方面：①否定心理主义（psychologism），立足于语言分析，阐发和运用先验论证的策略；②在抛弃分析-综合二元（the analytic-synthetic dualism）区分的前提下，重构先验论证；③在抛弃图式-内容二元（the scheme-content dualism）区分的前提下，重构先验论证；④否定基础主义（foundationalism）立场，避免概念相对主义，反对真理是相对于概念图式的观点，重建“客观真理”概念。这种既相似于康德式又区别于康德式的先验论证模式，为我们在当前哲学领域中合理地重建先验论证方法、重建形而上学、重建认识论（知识论）、有效地反驳怀疑论提供了新的启示。

当然，基于先验论证进路考察戴维森纲领，我们势必面临其恰当性、合理性和有效性的拷问，因为尽管戴维森哲学中浸润着先验论证的思想，但他从未旗帜鲜明地宣称自己的先验论证立场，也没有明确地予以说明和辩护。

首先，以“语言理解或交流的可能性”作为戴维森式先验论证的基础性问题是否恰当？我们知道，戴维森的哲学研究风格是典型的分析哲学家的研究风格。他在论述一主题时，其论证方式一般是先设定这一理论或立场的恰当性条件或必要条件，再分析哪些理论可能满足这些条件，最后给出他认为正确的理论或观点。戴维森纲领中的“彻底诠释如何可能？”“思想可能性的条件是什么？”“交流如何可能？”等问题，都可以被看做以先验提问方式提出的问题。以什么样的问题作为戴维森纲领的基础性先验问题？我们认为，在戴维森从事语言与哲学研究的开始就表现出两方面的倾向：一方面，通过研究语言探究世界的哲学立场。他认为，如果我们能够清楚地表征出语言的特征，就能清楚地表明世界的特征。另一方面，戴维森对待自然语言的态度不同于弗雷格等分析哲学家。弗雷格的任务是要改造自然语言，使之成为清楚、无歧义的理想语言。戴维森认为，哲学家的任务不是改造语言，而是理解和应用自然语言。他认为，逻辑学正是探讨自然语言的一个精致工具。因而，语言理解如何可能的问题一开始就成为戴维森哲学研究的基石。在戴维森的后期论著中，特别在他提出颇具新意的三角测量模式后，他特别注重在语言交流层面讨论语言的理解和诠释。他认为，只有在语言交流的语境中，我们的言说才有意义，我们的信念等命题态度才会具有内容。因而，选择“语言理解或交流的可能性”作为戴维森纲领的基础性先验问题，代表了戴维森的根本哲学立场，并融贯了他一生从初期到后期的主要研究关注点。我们认为，这个选择和定位是恰当的。

其次，以“语言理解或交流的可能性”这一先验问题统摄戴维森纲领是否合理？如我们在书中所言，我们是在广义上使用“戴维森纲领”这一术语的，即把戴维森纲领作为涉及语言、信念、欲望、意向和行动等理论的一个完整理论体系。在戴维森的思想中，这些理论既相互独立，又密切相关。从我们所梳理的论证思路看，这些理论的核心主题，如真理-意义理论、彻底诠释理论、语义外部论和三角测量模式等，有机地构成了一幅解答语言理解或交流的可能性的图景：作为纲领性论文的《真理与意义》奠定了戴维森基于塔尔斯基真理理论理解自然语言的形式基础，在语言理解和诠释中涉及的信念与意义相互依存、相互作用的问题促使戴维森考察信念的真实性问题。要证成信念的真实性，既需要考察信念与其他意向性命题态度的关系，又需要一些本体论-认识论根据作为支持。前者催生了“持真态度”这个关键性的最基本命题态度；后者找到了整体论、宽容原则和语义外在论作为本体论-认识论的支撑，这三者的结合有效地证成了信念的真实性。语言交流中有着因果-社会的三角关系的三角测量模式，为语言的理解或交流提供了总体性模式，就是说，我们可以用这个模式重新审视和解读戴维森纲领的各个核心主题及其相互关系。由此，我们可以说，用“语言理解或交流的可能性”这一先验问题统摄戴维森纲领的各个核心主题以及论述其相互关系是合理的。

最后，解答“语言理解或交流如何可能？”的必要条件与戴维森纲领各核心主题之间的相互支持关系之论证是否有效？基于上述两点背景以及在对各个主题的具体分析中，我们认为这个论证是有效的。例如，对基于约定-T的真理理论来说，塔尔斯基给出约定-T模式的初衷是为了形式语义的真理定义，但当人们批评他这个真理定义不是一个关于哲学及语言直观上要求的真理时，他并不认同这样的批评，他认为自己这个定义符合语言直观。与塔尔斯基不同的是，戴维森一开始就表明他修改约定-T的目的就是要将其转变为关于人们使用语言的一种真理理论。事实证明，只有经过戴维森的修改，才能使约定-T真正适用于自然语言（如果要为塔尔斯基的工作确实为定义一个语义学真理概念做出了贡献进行辩护，我们认为需要从戴维森的创造性工作中寻找支持）。反过来，如我们在讨论中所分析的那样，根据戴维森的立场，除了基于约定-T的真理理论，其他形式的知识都不能成为一个使语言理解成为可能、使语言交流成为可能的形式基础。这就是说，基于约定-T的真理理论与语言理解或交流之必要条件之间的相互支持关系是成立的。又如，对于三角测量模式，正如我们所分析的那样，这个隐喻性类比模式实际上可以说是一个前语言或前认知的模式，换句话说，并不是每一个人际三角测量都可以发挥它在语言理解或交流中独特的认知优势和作用，只有处于诠释脉络中的三角测量或处于人际语言交流情景中的三角测量才能发挥其在语言和认知上的作用。反过来，讨论语言的理解或交流的主题在当代分析哲学家中大有人在。例如，格赖斯注重语言交流中的意向性维度。克里普克与伯吉早期和后期的关注重点恰恰颠倒：克里普克早期关注语义的外部因素影响，后期注重社会性因素影响；伯吉早期关注社会性因素在语言理解中的作用，后期转向分析外部导因对语句内容的作用。我们认为，在这些研究中，戴维森应用其新颖独特的三角测量模式，统摄了意向性、外在性、社会性等重要因素在语言理解或交流中的作用，语言的规范性、社会性和内容的客观性等因素在三角测量模式中得到完好的展示和有机的统一。从这个角度讲，我们认为，戴维森应用三角测量模式所讲述的语言理解或交流的故事比其他人来得更合理、更有说服力。

第Ⅱ部分是第Ⅰ部分的观点和方法在知识论上的应用。根据戴维森哲学的基本立场，作者明确提出以“内容-外在论”来命名戴维森的知识论；对学界广泛争议的“戴维森知识论方案到底是不是一个先验论证”的问题给出一个明确的答复，指出先验论证是戴维森知识论重建方案的一个典型特征。其先验论证的总论题可以概括为：“信念内容关乎世界真实状况是如何可能的？”其关键子论题包括：“拥有信念是如何可能的？”“信念内容的客观真实性是如何可能的？”“如何理解关于自我、他心与外在世界的知识？”“内容-外在论的知识观如何反驳怀疑论?”……

根据“知识就是得到证成的真信念”的定义，首先讨论戴维森关于信念的见解：什么样的东西才能称为信念？怎样拥有信念？信念的内容与信念的原因之间到底是什么样的关系？其次探讨如何保证信念内容的客观真实性。以戴维森的哲学立场，必须持有语义外在论，才能将信念内容建立在一个客观的基础上。当然，戴维森语义外在论的论证模式必然离不开其独特的三角测量模式，只有在因果-社会的语言诠释脉络中，信念内容具有客观真理性，才能得到充分的辩护。同时，需要将三类知识即关于自我、他心和外在世界知识的特点、性质理解以及内容把握置于语言理解-交流的脉络中进行，从而解释三类知识的平权性。

第 13 章试图根据戴维森知识论讨论如何避免或者反驳怀疑论的质疑。笔者认为，从戴维森知识论立场出发，反驳怀疑论的关键点在于，以“信念本性上是真的”为桥头堡，就可以避免怀疑论关于“信念或者知识可能存在广泛错误”的攻击；以“不存在任何形式的认知中介”为前提，就可以反驳怀疑论关于“为什么要相信我们的知觉”的诘难。诚然，戴维森的知识论究竟在何种程度上反驳了怀疑论，这是学界存疑的大问题，本书试图给出的反怀疑论论证到底有多强，这是有待进一步讨论的。

以上关于戴维森知识论的整体框架和论证思路是基于笔者多年对于戴维森哲学的研究建立的，特别是对戴维森知识论的核心思想的提炼，明确以先验论题统摄知识论构架，并分解成若干子问题展开论证，这是戴维森本人的研究中没有凸显的（包括第Ⅰ部分从先验论证重申戴维森纲领，戴维森从来没有旗帜鲜明地宣称自己的语义学纲领是一个先验论证）。因而，在某种意义上，本书所说的“戴维森知识论”是一个戴维森式知识论，我们完全可以设想，即使戴维森本人有足够的时间完成一个知识论的建构方案，其论证和表述方式也有可能与本书所呈现的不一样，也许他根本不会从先验论证的角度去审视。正是在这个意义上，本研究展现了对戴维森哲学理论的拓展和延伸。

目　　录

第I部分

基于先验论证的戴维森纲领研究

第1章　第I部分问题背景和论证思路

在分析哲学研究中，先验进路的引进始于20世纪50年代末。其中以斯特劳森（Strawson，1959，1966，1985，1992，1997）、斯特劳德（Stroud，1968，1977，1984，1994，1999）、帕特南（Putnam，1970，1981，1995，1998）、塞尔（Searle，1995）、伯吉（Burge，1979，1982，1986，1996）、塞拉斯（Sellars，1963）、戴维森（Davidson，2001a2，2001a5，2001a9，2001a13，2001a14，2001a15，2001b13）等对先验论证（transcendental argument/argumentation）的研究最为引人注目。一方面，根据先验进路，人们把分析哲学家关注的问题重述为一些先验问题，如："语言言说世界是如何可能的?"（Wittgenstein Ⅰ）"语言理解是如何可能的?"（Wittgenstein Ⅱ，Davidson）"概念表达对象是如何可能的?"（Sellars）"主体间（intersubjective）相互理解是如何可能的?"（Strawson）"语词指称对象是如何可能的?"（Putnam，Searle）……这些问题的重述为推进分析哲学的研究开辟了新的视野。另一方面，在这一新视野下，人们提出了重审先验论证的一系列新问题，如："先验论证的逻辑结构是什么?""先验论证的基本特征是什么?""当代的先验论证主张能成功地反驳观念论（idealism）、怀疑论（skepticism）和模态的知识（modal knowledge）等所提出的问题吗?""面对当代各种怀疑论的挑战，如何修正和重构先验论证?"这些问题的提出对我们理解、修正和重构先验论证给出了新的启示。

按照先验论证的进路，一般认为："哲学家们以'X可能性的条件（the conditions for the possibility of X）是什么?'这种形式的问题与康德（I. Kant）及其先验论证这种新颖的哲学方法论联系起来。"（Capenter，2003：219）或者说，先验论证的一般形式可表述为"一件事物（X）是其他某种事物（Y）的可能性的必要条件"，也即没有前者就不能得到后者。需要特别注意的是，作为先验论证的必要条件X是形而上学的和先在的条件，而不仅仅是自然的和后天的条件。那就是说，没有X就得不到Y不是因为某种支配现实世界的和通过经验科学可观察的自然规律（natural law）使其不可能（例如生活中没有氧气生命就不能生存），而是因为某些形而上学的限制（metaphysical constraints），这些形而上学的限制经由反思（reflection）使X在每一可能世界（every possible world）作为Y的条件得以成立。（例如，存在是思想的一个条件，因为前者是我们要做或要作为任何事情的先在要求。）对 X 和 Y 的依赖关系所做的这种要求对所有先验论证都是非常重要的（Stern，1999）。

对以先验论证重述分析哲学的核心问题这种研究，当代的分析哲学家表现出两种不同的倾向：消极的一方认为期望诉诸这样的先验论证能够一举解决长久存在的哲学问题，那是太过轻率和乐观的；而乐观的一方认为我们实际上能够找到对先验论证的谨慎而温和的应用（a caution and moderate use）。后者认为，早期的先验论证的支持者是由于歪曲了先验论证的真实作用，从而招致许多反对。一旦我们重新考虑先验论证的作用，一旦我们全面思考这种论证的性质及其所遇到的困难，我们就能够驳斥这些反对意见而最终成功地应用先验论证。而应用先验论证所关注的主要问题涉及怀疑论通常所讨论的关于认识论的一般性问题。这些问题由康德在“第一批判”中提出，由斯特劳森在《感觉的界限》（*The Bounds of Sense*）（1966）重构康德的先验演绎（Kant's transcendental deduction），以及他在《个体》（*Individuals*）（1959）关于怀疑论对他人心灵的认识所引起的讨论而成为当代哲学关注的焦点。这些讨论的重点在于论证驳斥怀疑论的要求和手段——先验论证在回答怀疑论的问题上处于什么样的地位，其论证的策略和面临的困难有哪些？按此先验论证思路梳理，人们认为维特根斯坦关于私人语言的论证（Wittgenstein，1955）、帕特南对缸中之脑怀疑论（brain-in-a-vat scepticism）的反驳（Putnam，1981）、戴维森在对真理与意义的研究中对前述相关主题特别是对信念本质上来说总体是真的辩护（justification）（Davidson，2001a，2001b），包括塞尔为外在实在论（external realism）所做的先验论证（Searle，1995）等，这些研究都可看做从不同角度对“语言理解如何可能”式先验问题的不同解答，堪称分析传统的先验论证的范例（Stern，1999）。

本研究正是打算在此先验论证研究的背景下重新考察戴维森纲领。① 从 20 世纪 60 年代开始，戴维森发表了一系列论文，论及的领域从语义理论经由认知到达伦理，其论著在展示了广泛的研究进路的同时呈现出整体的和系统的特征（Malpas，2003）。如今，哲学家们凡涉及对语言的理解、信念的确认、主体间的交流以及对怀疑论的反驳等，往往都要从戴维森哲学中获取思想源泉，因为戴维森哲学为解决这些问题提供了一幅完整的图画，揭示了对理性、语言、思维的本质认识及其与世界的关系（Ludwig，Zeglen，2001）。被学术界称为“戴维森纲领”的理论体系涉及真理（truth）、意义（meaning）、信念（belief）、欲望（desire）、意向（intention）和行动（act）等主题，其核心内容即关于真理-意义的理论（the

① 狭义的戴维森纲领称谓的就是戴维森的真理-意义理论。广义的戴维森纲领指的是一个涉及关于真理、意义、信念、欲望、意向和行动等主题的完整理论体系。本书是在广义上使用“戴维森纲领”的。

theory of truth and meaning）具有革命性意义，这已得到学界公认。而在戴维森围绕真理和意义为主题的几十年的研究中，呈现出对"语言的理解或交流的可能性"这种形式的先验问题的多方面论证。一方面，戴维森对于语言的理解或交流的可能性之必要条件的分析支持他的许多重要的哲学立场和观点，其中包括他的彻底诠释理论、关于信念本质上是真实的学说、独特的语义外在论以及新颖的隐喻式三角测量模式；另一方面，这些最重要的哲学立场和观点对语言的理解或交流的可能性这个先验式问题提供了各自的支持（Carpenter，2003：199）。本研究的工作就是在对戴维森的相关论著及其研究文献进行充分解读和思考的情况下，拟定"语言的理解或交流是如何可能的?"这个先验式问题，用它来统摄戴维森纲领的核心主题，考察和分析这个先验问题的必要条件与这些主题之间的相互支持关系，并通过与康德先验论证的比较，对戴维森先验论证的独特性和哲学意蕴做出阐述和论证。

概括地说，第Ⅰ部分的研究主要有两大内容：一是对戴维森纲领的核心主题及其相互关系的分析研究，二是对戴维森先验论证的基本结构、独特性及其哲学意蕴的研究。第Ⅰ部分的论证策略呈现两步走的取向：第一步以"语言的理解或交流是如何可能的?"这一先验式问题统摄各章内容，力图深化对戴维森纲领各个核心主题及其相互关系的理解。在具体阐述每章内容时，我们既关注相关主题与先验论证的关联，更着重于对主题理解的深入挖掘，从而试图充分地展示它们之间的相互支持关系。这部分的内容在第2～6章展开。第二步是总结性地论证戴维森先验论证的基本结构、独特性及其哲学意蕴，分析以先验论证重述戴维森纲领给我们的启示。这部分的内容在第7章阐述。

第2章首先阐述语言理解或交流的语义基础：外延性的真理-意义理论。语言的理解或交流的重点是对语句意义的理解或交流，因而首先需要知道我们探讨的是一种什么样的"意义"。戴维森给出了恰当意义理论的四个条件，这些条件的合理性是得到哲学家们的认可的，而关键是什么样的意义理论能够满足这些条件。通过考察几种主要的意义理论，它们都不可能满足这些恰当性条件。戴维森说："我对意义理论中的意义提出异议，这并不是说我认为这些意义是抽象的，或者它们的有些条件是难解的，而是说，它们没有显示意义的使用。"（Davidson，2001a2：21）于是，戴维森另辟蹊径，主张采用蒯因（W. V. Quine）的语义上升（semantic ascent）方法，不在内涵语境（intensional context）中寻求意义，而将意义的考察置于外延性语境（extensional context）中。对戴维森来说，这就是要以恰当的真理概念为基础来考察意义问题。"因为言说者（speaker）与话语（utterance）之间的持真（holding true）关系是一种外延关系（extensional relation）。"（Davidson，2001b14：211）那么，选择什么样的真理概念才能作为意义研究的真理概念？戴维森认为，塔尔斯基（A. Tarski）的真理定义恰好能够满足构造意义理论的要求。他主张："为一种语言定义关于真理的理论比起表面上的分析表明可能更接近于构造一种完全的意义理论。"（Davidson，2001a2：35）我们甚至可以说，戴维森关于意义理论的恰当性条件就是为参照塔尔斯基的真理定义的性质而设定的意义理论所量身定做的。然而，塔尔斯基的真理概念本身是相对于形式语言的，要使其适用于带有索引（indexical）和指示（demonstrative）因素的自然语言，就必须对约定-T（Convention-T）进行适当的修改。正如戴维森所说："当把塔尔斯基的真理定义修改为应用于自然语言时……（这里，我改变了塔尔斯基的兴趣和意图。在他那里是为特定的语言定义真理，而在我头脑中的是一个普遍公理化的、因而也是未定义的真理概念。这个过程带有的危险是塔尔斯基寻求避免的，那就是不一致。）这个理论对它所能描述的任何语言强加一种结构；在给出一种语言所有语句的真值条件中，它必须定义出语句之间的逻辑关系。"（Davidson，2001b9：132）根据戴维森的有关论述，可以将他对约定-T的修改概括为三个方面的内容：①为了使约定-T从一种形式语言的真理定义模式转变为一种关于自然语言的真理理论，戴维森对塔尔斯基关注的形式定义的初始基础作了修改，即以"真理"而不是"满足"作为递归定义的初始谓词，这样就使自然语言能够成为被（基于一阶逻辑的）约定-T定义的语言。②为了根据真理概念研究自然语言的语义问题，戴维森使约定-T从一种只相对于语句的真理定义模式转变为一种以约定-T为基础，同时相对于时间和言说者的真理理论，这就是把"真"（true/truth）看做关于语句、时间和人组成的有序三元组的特性（Davidson，2001a2）。③使这种可用于自然语言的真理理论不仅在形式句法上接受检验而且还要在经验上接受检验，因为正如上面所说，这种真理理论是具有关于语句、时间和人的有序三元组特性真理理论，它能够被看做一个经验理论的真理理论。在戴维森看来，只有经过如此修改，才能把约定-T成功地应用于自然语言，才能由此构建一个满足恰当的意义理论条件的真理-意义理论。应当说，自戴维森20世纪60年代提出通过真理概念理解意义的主张开始，在其后的几十年里，真理与意义这个主题一直贯穿在戴维森关于语言、行动及心智等的理论之中。[①] 总之，第2章的论述奠定了回答"语言的理解或交流是如何可能的？"这一先验问题的语义基础。

在确定了基于真理概念研究意义问题之后，我们进一步的工作需要追问：根据

① 虽然戴维森在他几十年的研究中不断修正和完善他的真理理论，并容进了其他理论来理解真理与其他命题态度的关系，但他以塔尔斯基真理理论为基础理解自然语言的主张和努力一直没有改变，他对真理理论所作的形式限制和经验限制也没有变。在20世纪90年代的几篇论文中，尤其是在《真理的结构和内容》中，戴维森对他的真理-意义理论思想有一个清理和总结。

上述真理-意义理论，我们应该采用什么方法来展开“语言的理解或交流是如何可能的?”这一先验问题，并且给出合理的回答。本书在第 3 章就切入了这一主题的关键之一——诠释理论（the theory of interpretation）或诠释方法（the methodology of interpretation）的讨论。诠释的主旨就是理解（understanding，making intelligible）言说者语言行为的语义（Davidson，2001a9，2001a10）。戴维森明确指出：“意义最初的和最终的资源（source）在于成功的人际交流（interpersonal communication）中。”（Davidson，1993a：83）一般说来，对意义的理解可以采取第一人称进路（the first person approach），也可以采取第三人称进路（the third person approach）。戴维森采用的是第三人称进路，即从诠释者（interpreter）开始理解言说者（speaker）的话语意义的进路。他采用这种进路的根本理由在于：他认为语句的意义部分地决定于外在的对象及事件，因而意义是公共可获取的（publicly available）。戴维森说，他意欲像其他人一样回答诸如“意义是什么”之类的问题，但从其他哲学家企图回答这个问题的含混和困难中他感受到挫折，所以决定代之以另一个他认为会减少困窘的问题：“为了理解另一种语言的言说者，能够满足诠释者的知识的是什么，以及他如何能够知道它?”（Davidson，1993a：83）可以说，阐明“能够满足诠释者的知识以及诠释者如何能够知道它”，这是整个诠释理论的中心工作。首先，“能够满足诠释者的知识”就是使诠释者得以进行诠释的知识。首要的问题是：什么样的知识是使诠释成为可能的知识？这是关系到整个诠释理论基础的问题。戴维森明确地提出了使诠释成为可能的理论必须满足恰当的形式限制条件和经验限制条件这两个一般性要求。据此，他分析了诸如关于意义、言语行为（speech acts）、意向和信念的知识都不能满足诠释理论的要求；同时，单纯依靠蒯因的以翻译手册为基础的翻译理论或者塔尔斯基设定的元语言（metalanguage）与对象语言（object language）的翻译结构，也不能够满足对诠释者的知识的要求。正是根据戴维森对这两个要求的有关论述，笔者清理出他的诠释理论的形式基础和证据基础：形式基础基于戴维森修改后的约定-T，证据基础基于持 T-语句（T-sentence）为真的态度；前者满足形式限制条件，后者满足经验限制条件。在戴维森看来，只有满足这两个限制条件的真理-意义理论才可能成为一种能够恰当地对语言（自然语言）进行诠释的理论。据此，如果一个诠释者拥有了这样的知识，他将如何在此基础上进行诠释？针对这个问题，笔者试图阐述两个主要内容：一个是诠释者如何将约定-T 这个形式条件与持语句为真的态度结合起来，判断言说者语句的真值条件与事物的实际情形是否相符；另一个是在理解语言的三个根本要素即持真态度、信念和语义交织在一起时，特别是在意义和信念相互依存和缠结时，如何通过对言说者持真态度的观察来获取对其信念和语义的诠释，本书在这里挖掘了应用贝叶斯决策论（Bayesian decision theory）方法来解释诠释难题的精彩之处，笔者没有回避这部分的技术性内容，而是着力把贝叶斯决策论方法应用在语言的理解和诠释中，其可能性和合理性在什么地方？沿着贝叶斯理论应用于命题所作的修改过程，阐释把它应用在戴维森的诠释方法下需要做的进一步修改。总之，在第3章，我们力图说明语言理解或交流所需的诠释理论或诠释方法，阐明使诠释成为可能的理论必须满足的限制性条件以及如何利用它来进行诠释。通过分析，我们可以得出如下结论："使诠释成为可能的理论是什么？"的问题是在诠释语境中对"语言的理解或交流的可能性"这一先验问题的具体的、深入的追问。当然，对戴维森所说的"诠释者如何知道"诠释的知识的问题，涉及他独特的诠释策略，即彻底诠释的方法，以及整体论、宽容原则和语义外在论的支持。这是在后面章节要分析的内容。

于是在紧接着的第4章，本研究力图展示戴维森的彻底诠释方法。按此方法，我们又面对一个进一步的先验问题："彻底诠释如何可能？"彻底诠释是戴维森诠释理论的主要方法或策略，它是以不预设关于对象语言的任何特定语义知识（semantical knowledge）为起点而进行的一种诠释。那就是说，可以作为诠释者的资料的东西是有限制的，对诠释证据的合法描述全然不能涉及语义语词和内涵性概念。之所以设计彻底诠释的进路，正如上文所说，在于戴维森认为语言意义是公共可探询的，对意义的理解应该采取第三人称进路；而不预设诠释者对对象语言的任何语义知识，一方面可以避免诠释者把自己的主观先见带入诠释过程，另一方面可以避免造成诠释循环，也即把一些有待阐释的概念，如翻译概念、同义概念、诠释概念等当做理所当然的假定而造成循环诠释。"彻底诠释如何可能"的问题是一个大问题，在第4章中我们只是提出这个问题，并且只对这个问题提供了部分解答。因为彻底诠释的可能性问题必然涉及戴维森纲领的整个理论构建，所以对此问题的完整解答将依赖于对戴维森纲领各个核心主题及其相互关系的阐述。根据戴维森论著中的相关论述，在第4章中着重阐述彻底诠释的理论来源，即它与蒯因的彻底翻译（radical translation）理论的承接关系，而我们更看重它与彻底翻译理论的重要区别。戴维森认为："彻底诠释与彻底翻译之间有一个关键的区别（a key difference），这种区别在于对支配诠释的原因所做出的选择的性质。"（Davidson，2001b10：151）具体地说，就是"前者抛弃了刺激意义（stimulus meaning）的观念，而在直接依据外在世界的持真语句上构建条件。"（Evnine，1991：124）在彻底诠释中，诠释者和被诠释者到底具备什么样的诠释资料，关系到彻底诠释能否进行的问题。一些批评者对此多有误解，并以此攻击戴维森彻底诠释方法的可能性。笔者根据戴维森对这些批评的回应，全面清理了诠释双方所能提供的诠释资料，从而对诠释的主体有一个清楚的认识。而在诠释中存在的诠释问题（the indetermination of interpretation）是我们必须正视的。由翻译不确定性（the indeterminacy of translation）延伸而来的诠释不确定性也是学界关注的重要话题。所谓诠释不确定性论题的要旨是：当所有的诠释资料都纳入考虑了，我们仍然可能从言语行为中对言说者的信念及语句的意义做出不同的诠释。而戴维森对此并没有表现出太多的忧虑，因为他认为“恰恰是在显示不确定性程度的过程中同时显示：我们所需要的不过就是确定的东西”（Davidson，2001b10：145）。因此，在他看来，不确定性问题既不神秘也不带有威胁性，甚至“不应将留有不确定性判断为诠释的失败，而应将其作为意义理论本身性质的一个逻辑结果”（Davidson，2001c：256）。如此，表面看起来很棘手的诠释不确定性与自我知识有确定内容之间的冲突，在戴维森在那里并没有产生什么波澜。因为在戴维森看来，这两者之间根本不存在其他人所声称的冲突。对彻底诠释的可能性持怀疑态度的人，主要是对信念的真实性以及信念与实在的一致性产生质疑。戴维森对这些质疑从两个维度做了批判：一个是对感觉经验作为认知中介（epistemic intermediary）的批判，这是从反面堵住让怀疑论有隙可乘的漏洞；另一个是对信念真实性的证成（justification）①，这是从正面确立诠释得以可能的理由。需要指出的是，戴维森最初诉诸“融贯导致符合（coherence yields correspondence）”的主张对此进行论证或说明（Davidson，2001b10）。当然，如果仅仅守住融贯论（coherence theory）或者符合论（correspondence theory），不管改变什么术语来称呼它们，也不管对它们予以多么精致的融合，仍然不足以全面驳斥怀疑论，也不能够完全解答彻底诠释如何可能的问题。要达到这些目的，必须阐述下一个条件，即语言的理解或交流的本体论-认识论根据。

第5章的主要内容就是对语言的理解或交流的本体论-认识论根据的阐述。戴维森本人没有集中论述过语言理解需要哪些本体论-认识论观念作为支持，他的一些论证或论断散见于几十年里他围绕语言理解这个主题所进行的一系列研究中。笔者认为，根据戴维森的相关论述，可以概括地说，语言理解所需的本体论-认识论根据应当包含：整体论、宽容原则和语义外在论。只有在这些本体论-认识论观念的支持下，才能取得语言的理解或交流所需要的充要条件，彻底诠释才有可能。这些本体论-认识论根据有各自的内容和独特的应用，严格地说它们（特别是整体论和宽容原则）都不是戴维森的原创理论。但是，戴维森在对它们应用中吸收了这些本体论-认识论观念的基本精神，在他独特的解读和创

① 关于justification（或justify），学界一般译为“辩护”或者“证成”、“证立”，其根本意思是对所要论述的观点或者对象给出合理的说明。本书不严格区分者两种译法，根据行文表达方便，对这两者都会用到。

造性应用中，为它们增添了一些新的内容。而且，在戴维森纲领的整体框架中，它们相互关联并相互支持，共同为达成语言理解的目标做出贡献。特别值得一提的是，在我们的梳理中，整体论、宽容原则和语义外在论之间还体现出一种层层递进的关系。以关于信念的论证为例：整体论旨在保证一个信念系统本身的融贯一致；宽容原则确保主体间信念的一致和真；而语义外在论支持理性生物之间信念的客观一致和真。第 5 章将依次讨论整体论、宽容原则和语义外在论的基本内容和戴维森对其在彻底诠释及语言理解中的应用，其中对宽容原则，戴维森特别强调加以全面的应用。由于论证语义外在论的合理性是戴维森后期的主要工作，所以我们把重点放在这个问题的论述上，并着力揭示出他如何在创造性地吸收两种外在论［即知觉外在论（perceptual externalism）和社会外在论（social externalism）］的思想基础上，提出他独特的语义外在论。我们把他的语义外在论基本思想概括为：我们的言说和思想的内容（至少部分地）决定于因果相互作用的系统模式，这个因果相互作用存在于我们、同我们有相互的语言作用的他人、我们在世界中感知的事件和对象三者之间，由此形成的外在论是一个“三角的外在论”（triangular externalism）。戴维森坚信，只有根据这样的外在论思想，我们才能够全面论证信念在本质上是真实的，才能够对怀疑论进行有力的反驳，才能够成功地回答诠释如何可能的问题，以至最后回答语言的理解或交流如何可能的问题。

我们于第 6 章专门阐述在戴维森语义外在论中提到的三角测量模式，它在语言理解或交流中占有重要地位。“三角测量”是戴维森在阐述关于语言和思想的内容及对象时引出的一个隐喻性模式。一般认为，与三角测量联系最为紧密的是语义外在论，甚至有人直接把戴维森的外在论称为“三角测量的外在论”（“triangulation externalism”）（Carpenter，2003）。诚然，三角测量在说明戴维森语义外在论的独特性中扮演着关键的角色。说得更明确一点，即没有三角测量模式，我们就无法准确地理解戴维森独具匠心的语义外在论。但是，我们要说的是，三角测量的内涵远比仅仅作为外在论的有力支持丰富得多。我们虽然对其列出专章讨论，但依据其内涵可延伸的论域，可以说我们的讨论还是远远未逮的。换句话说，在我们的论述中，重点只是围绕语言的理解或交流是如何可能的这个主题来展开的。我们试图从什么是三角测量、为什么需要三角测量以及三角测量如何发挥作用这三条主线，全面地考察三角测量模式在语言的理解或交流中的作用和地位。在对三角测量模式的基本结构和基本关系做出分析之后，我们以因果-社会关系来称谓语言交流中的三角测量关系。我们具体考察语言的理解或交流为什么需要三角测量模式的问题。根据对戴维森有关论著的分析，笔者对此从三个方面做了论证：①相似生物处于三角互动关系中是言说和理解语言的必要条件；②三角测量能有效地确定相似生物共享的相似反应的共同导因；③语言理解或交流的客观真理观念（the concept of objective truth）必须在三角测量中才能得到呈现。根据以上论证，我们得出结论：三角测量是思想和语言的理解模式和内容的构成模式；只有在三角测量的模式下，语言的理解或交流才得以可能。笔者认为，三角测量模式是贯穿戴维森纲领各个主题的一种极具启发性的理解模式，也就是说，以三角测量模式统领戴维森纲领的各个核心主题，我们最终能够回答语言的理解或交流如何可能这个先验问题。

在第 1 ~6 章以先验论证为思路重点阐述戴维森纲领各核心主题及其相互关系后，第 7 章集中探讨了戴维森纲领所展示的先验论证的基本结构、独特性及其哲学意蕴，分析了这种独特的先验论证给我们的启示。我们的分析表明，在都遵循先验论证方法论的一般结构这一特定含义上，戴维森式先验论证与康德式先验论证具有明显的相似性［有些研究者称之为平行关系，如麦克（Maker，1991）、卡彭特（Carpenter，2003）等］。但是，从两种先验论证所预设的哲学立场看，以康德式先验论证作为对比性参照，笔者认为，戴维森式先验论证体现出显著的独特性。概括地说，这种独特性集中体现在如下几个方面：①否定心理主义，立足于语言分析来阐发和运用先验论证的策略；②在抛弃分析-综合二元区分的前提下，重构先验论证；③在抛弃图式-内容二元区分的前提下，重构先验论证；④否定基础主义立场，避免概念相对主义，反对真理是相对于概念图式的观点，重建“客观真理”概念。这种既相似于康德式又区别于康德式的先验论证模式为我们在当前哲学领域中合理地重建先验论证方法、重建形而上学、重建认识论（知识论）、有效地反驳怀疑论提供了新的启示。

第2章　语言理解的语义基础：外延性真理–意义理论

笔者在导言中已指出，在先验论证的视角下重审戴维森纲领的核心内容，我们将其核心问题归结为一个先验式问题：语言理解或交流是如何可能的？一般来说，理解语言就是理解语言的“意义”。既如此，我们首先应弄清楚“意义”是什么，意义问题关注和研究的内容是什么。我们所称的戴维森纲领正是以他关于真理与意义的理论而著称的。本章首先介绍几种主要的意义理论类型，以戴维森提出的恰当的意义理论的满足条件为依据，呈现这些意义理论所遇到的困难，从而揭示戴维森为什么要以塔尔斯基真理理论为基础构建他的真理–意义理论；其次陈述戴维森对塔尔斯基真理理论的应用，阐明戴维森意义理论的革命性贡献不仅是把塔尔斯基关于真理的形式语义学应用于自然语言，而且在此基础上还赋予了T-语句的语义内容；最后论述作为戴维森纲领支撑点的真理–意义理论所具有的特点，从中展示戴维森依据约定-T给出或谈论意义的有效性。通过这些讨论，我们可以清楚地看到，戴维森以塔尔斯基外延性形式语义真理定义为基础的真理–意义理论是我们的语言理解的语义基础。①

2.1　几种主要的意义理论及其困境

“对意义概念的阐释是语言哲学的中心任务。”（Grayling，1997：188）在意义的分析中必然涉及对语言、思想和世界的关系的看法。基于对这三者关系的不同认识，我们可以把流行的意义理论主要归结为以下几类（阿尔斯顿，1988：23-68；Grayling，1997：191-221）：

（1）意义指谓论（the denotative theory of meaning）：把一个表达式的意义等同于它指谓的对象或等同于它与所指（referent）之间的指称性关系。罗素（B. Russell）以其摹状词理论（the theory of description）为核心的意义理论就是

① 因为塔尔斯基的真理概念是通过形式化的方法递归定义的，故有人将其视为戴维森纲领的语法部分（林从一，2004）。我们认为：首先，真理概念是一个语义概念；其次，虽然从定义方法看可以说塔尔斯基的真理定义是语法的，但它本身是关于真理的形式语义的。戴维森纲领的核心就是要论证如何将这个形式语义真理概念应用到自然语言的理解和诠释之中。这可以看做我们称其为语义基础的理由。

指谓论的主要代表。

（2）意义观念论（the ideational theory of meaning）：把一个表达式的意义等同于它所代表的观念。哲学史上，洛克（J. Locke）在《人类理解论》（*Essays Concerning Human Understanding*）（1690）对观念论思想给出了经典表述，史蒂文森（C. L. Stevenson）和格赖斯（H. P. Grice）则对现代形态的意义观念论做了精致表述。

（3）意义行为论（the behavioral theory of meaning）：把一个表达式的意义等同于引起说出这个表达式的刺激和说出表达式这种行为本身引起的反应这二者或其中之一。行为论者对刺激-反应论有不同方式、不同层面的缜密陈述，其代表人物有奥格登（C. K. Ogden），蒯因和莫里斯（C. Morris）等。

（4）意义使用论（the use theory of meaning）：把一个语言表达式的意义显示为一种关于它据以被那种语言的说话者所使用的方式的功能。维特根斯坦在后期明确提出了意义使用论的口号，阿尔斯顿（W. Alston）和斯特劳森对使用论做了积极的推进。

（5）真值条件语义论（the truth conditional theory of meaning）：一个语句的意义是通过陈述它的真值条件而得到的。弗雷格（G. Frege）、早期的维特根斯坦、蒯因等哲学家在各自的论著中都明确地表述了这个理论的基本思想。戴维森的意义理论之基本观点也来源于此。

这些理论各持一说，有的在与其他学说的论战中发展了思想、明确了论点。应当说，这些学说在其各自的历史背景下，在各自的体系内皆呈现出其合理迷人的一面。它们从各个方面、各个层次，通过研究意义问题探究了对语言、思想和世界及其关系的理解和认识，澄清了哲学、逻辑学及语言学中的一些问题。同时，这些讨论明确了意义理论所要研究的核心问题和涉及的主题。例如，意义是什么？如何理解意义？如何把握意义的证据基础？意义与指称、真理、观念、使用之间的关系是什么？等等。这些讨论也丰富和发展了指称理论和真理理论等这些当代哲学和逻辑学密切关注的论题的研究。

对这些众说纷纭的意义理论，戴维森并没有一一去质疑。对于戴维森来说，他所关注的核心问题是在这些“模糊的断言中”真理与意义的关系问题。在此诸多意义理论研究的背景下，戴维森提出了关于恰当的意义理论应当满足的四个条件（张志林，1994，1996；Grayling，1997：243）：

（1）它必须能为自然语言 L 中的任何一个语句 S 提供意义（赋义性条件）。

（2）它必须能说明 S 是怎样根据 L 的有限语词和规则组合而成的（构成性条件）。

（3）它必须能证明可由有限的公理合乎逻辑地衍推出 L 中的无穷语句（证

明性条件）。

（4）它必须能通过经验来进行检验（检验性条件）。

这些条件是一个恰当的意义理论必须满足的标准，这在学界已无异议。下面，我们依据这些条件逐一考察上述意义理论，目的是通过揭示它们不能满足哪些条件而呈现出的困难，来说明戴维森为什么会另辟蹊径来构建他的真理-意义理论。

第一，对意义指谓论，戴维森在《真理与意义》（*Truth and Meaning*）（1967）中明确予以反驳。他指出，如果把意义当做实体指派给语句中的每个语词，则因为我们无法确立语词与实体相互联结的中介，而势必陷入无穷倒退（infinite regress）的困境。即使采用弗雷格的精致方法，将谓词当做特殊的函项表达式，将语句看做特殊的复合单称词项，也会因为这个理论预设了“逻辑上等值的单称词项具有相同的指称，一个单称词项不会改变它的指称，即使其包含的单称词项被另一个具有同一指称的单称词项所替换”，这将导致一个“无法容忍的结论”：“对任何两个语句，如果它们具有相同的真值，则具有相同的指称。并且，如果一个语句的意义就是它所指称的东西，那么所有真值相同的语句必定是同义的。”（Davidson，2001a2：19；Church，1956）并且，这个结论还导致另一结果，如果用具有相同指称的单称词项互相替换而不影响语句的指称，而且如果语句的意义就是它所指称的东西，那就是说，我们改变了语句的构成成分，语句的意义也不会改变。如此，我们将不能解释语句的意义如何依赖其构成部分的意义。[①] 不仅如此，从指称到意义的这一转换，其最后的目的是将实体赋予意义，其导致的不可避免的结果就是人们将会满世界寻找与意义相对应的实体，而且在关于空词项的所谓“有意义无实体”或“无意义无实体”中争论不息。看来，我们循着指称寻求意义的路走进了死胡同。它既不能满足恰当意义理论的构成性条件，也不能满足证明性和检验性条件，从而不能有效地给出语句意义。

第二，观念论认为“语词的功用就在于能明显地标记出各种观念（ideas）：它们所代表的那些观念便是它们所固有的和直接的意义”，而“语言之所以能标志各种观念，……是因为人们随意赋予语词以一种意义”（阿尔斯顿，1988：49-50）。根据观念论的基本思想，我们可以得出一个简洁的结论：语词的意义就是它所代表的观念。而观念是意识中一些通过内省而区别的东西。如此，我们可以问：在生活中当我们说出一句话时，我们能有意识地确定每个有意义的语言单位在我们的心目中都有一个相应的观念与之对应吗？换个角度说，如果一个人心目中不具有相应的观念，他就不能有意义地使用那个语词吗？显然，我们在说出一个

① 在我们看来，因为弗雷格严格区分了指称与含义，在这个意义上不能说他是一个意义指谓论者。戴维森对此所做的分析有待商榷。但在戴维森的哲学立场上，他所给出的分析是可以理解的。

语句时，并未首先辨别心目中是否存在每个有意义的句子成分的观念，也就是说我们不能明确定位观念之所在。由此追问的结果必然是：如果我们不能确立每个语句的有意义的语言单位在言说者心目中都有一个相应的可辨别的观念，而观念又是语词"所固有和直接的意义"，那么，我们既无法确立每个语言单位的意义，也无法根据语境由语句得到语词的意义。比照恰当意义理论的条件，意义观念论无法满足赋义性条件，也不能说明构成规则和证明性条件，更无法由经验得到检验。

第三，意义行为论者的见解不完全一致，主要可分为两大类：一类把意义看做"引起说出某个语言形式的一切语境所共有的一些特征"（Bloomfield，1935：139；阿尔斯顿，1988：57）；另一类把意义当做由表达所生成的反应倾向。前者的说法过于笼统，后者的观点相对精致一些。无论哪一类行为主义者都有一个基本的假定，那就是：语词或语句的意义是依据它们所引起的反应或刺激，或者处于刺激–反应的关联（stimulus- response connections）之中（阿尔斯顿，1988：68）。这样，行为论者的立论根据是把刺激–反应模式当做证实语句意义的证据。但刺激–反应模式的基本原理源于生物的条件反射机制，以此简单的生理反射作为说明理性生物的语言内涵，这种简单的还原论模式受到许多人的批评。戴维森也明确表示："我不接受行为主义。"（Davidson，2001a16：230）

我们知道，戴维森纲领的重要理论来源之一是蒯因的相关理论。蒯因把神经末端的刺激物（stimulus）作为他彻底翻译中的翻译证据。戴维森却并不认为这类刺激物或刺激–反应模式可以拿来作为他的意义理论的证据。并且，戴维森认为，像米德（G. H. Mead）或格赖斯等"根据意向、用途、目的等非语言的东西来给语言的意义下定义或做出说明"的方法也不能满足作为语词含义的证据的要求，因为"详细了解一个人的意向和信念不可能独立于理解他的话语的意义"（Davidson，2001a10：143-144）。在戴维森看来，没有语言的沟通和理解，就不具有意向和信念。从这里我们也开始理解为什么戴维森明确表示，他不是一个行为主义者，但他"坦白接受关于语句的意向性态度"（Davidson，2001a16：231），因为他所接受的基本意向性态度是"独立于意向、欲望、懊悔、希望、赞同和约定"（Davidson，2001a10：143）等信念内容的。那么，作为意义基础的这种意向性态度是什么？戴维森明确地说，这种态度是"相对于时间的关于语句的持真态度"（Davidson，2001a10：144）。简单地说，对语句的持真态度就是言说者"在实际表达中可以明确显示也可以不明确显示的认为语句为真的态度"（Davidson，2001a10：144）。之所以可以明确显示也可以不明确显示，是因为我们每个人所说出的话大都不是谎话，都是关于他的真实意愿的表达——不管这个意愿的具体内容是什么。因而，我们可以合理地设定："一个言说者的大多数表达都是关于语句为真的表达。"（Davidson，2001a10：143）他最基本的意向态度是持语句为真的态度。如果这个设定是正确的，我们“便可确保可独立地获得证据的基础”（Davidson，2001a10：144）。至于戴维森何以确立持真态度作为意义和信念的证据基础，以及一个语句为真意味着什么，我们将在后面做详细分析。

第四，“意义即使用”是意义使用论的响亮口号。它的核心思想在于，一个表达式的意义是在语言的使用中确定的，对意义的理解必须在维特根斯坦定义的“语言游戏”的那种语境中进行。也就是说，表达式只有在语言游戏中才具有意义。对意义使用论的一般批评是说并非所有关于使用的谈论都为解释意义所需要。如格雷林（A. C. Grayling）所言：“并非所有对语词的使用方式、使用场合及其用途的解释都是对语词意义的解释。”（Grayling，1997：223）但格雷林对维特根斯坦“把意义和使用看做一回事”的批评是让人质疑的。格雷林说：“把意义和使用看做一回事显然是一个错误。因为人们有可能在不知道一个语词的用法的情况下知道它的意义，并且，也有可能在不知道一个语词的意义的情况下知道它的用法。”（Grayling，1997：225）这个批评似乎很有道理，在常识中也不乏对它的经验支持。但是，这个批评的前提恰恰在于意义和使用可以“分别”地被人们“知道”。而在这段文字之前，格雷林还正确地阐释了维特根斯坦等人的观点：“人们并不是在表明一个表达式的使用场合、使用方式及其用途之后才进而对意义做出解释的，就好像‘意义’是一种附加的东西似的。”因为对他们而言，“所谓‘解释意义’”恰恰很大程度在于“在各种不同语境中使用表达式的相关性和效果”（Grayling，1997：225）。这已表明，在维特根斯坦等看来，“意义即使用”的关键就在于不能脱离使用去寻求意义，意义就存在于使用（语言游戏）之中。而格雷林的批评恰恰把意义和使用孤立地进行分析，这有悖于他对使用论观点的分析，或者说，他根本不是与使用论者在同一个层次上理解意义与使用的关系。这样的批评对使用论构不成威胁。

不过，格雷林说很多批评者共同认为意义使用论最严重的缺陷在于“使用”这个概念太过笼统、含混，这一批评倒是恰当的。正因为难以确切地在细节上表明意义在于使用或由使用来解释究竟是怎么一回事，意义使用论者无力构造一个系统的意义理论。用意义理论的恰当性标准来看，它无法提供意义的证明性和构成性条件。但是，笔者认为可以从两个角度评价意义使用论的贡献。第一，意义使用论在“语言及与语言交织在一起的行动”中寻找意义，使意义理论摆脱了只在晦涩难解的内涵语境中将意义理解成表达式代表、表示或唤起的某种东西的限制，而将意义与使用、进而与真理联系起来。这为“给出意义”或“解释意义”开辟了崭新的空间。第二，使用论第一次在意义理论中引入了意义的言说者即语句使用者的维度，彻底打断了将对象（无论是指称的实体或是主客观观念、或者是刺激-反应模式）指派给意义的模式，使人们开始重视语言使用者的言语行为、意向状态及相关环境因素对语义内容的影响。这些观点对戴维森纲领的形成是大有裨益的。当然，戴维森不同于使用论者的根本之处在于，他不是将“使用”这个概念只停留在一个纲领式水平上，而是将语言使用者、语句和世界有机地联系起来，给意义理论在形式和内容上都增添了有效的论证基础。

第五，戴维森纲领的基本思想来源于真值条件语义学，但他的观点与弗雷格等的主张有重大的区别。弗雷格把语句的含义看做一种思想，即语句据以为真的条件被付诸实现的这样一种思想（Frege，1892）。而按照弗雷格，语句是复合的名称，实现名称为真的条件就是名称与其所指对象相符合（correspondence）。从这里走进一步，容易陷于意义实体论的窠臼，把语句成真条件的实现解释成语句的构成成分与指称对象的对应符合。戴维森是彻底反对意义实体论的，他从不认同在独立于某个意义理论之外还有语词与对象之间的指称关系。他认为“指称”（reference）、“满足”（satisfaction）等概念是一个意义理论中设定的理论概念，它们表达的是一种在元语言的语词与对象语言的语词之间的关系。要在语词之外的世界中去寻找某个东西与语词相对应，这条进路是根本错误的（林从一，2004）。由此，弗雷格式真值条件语义学不能满足恰当意义理论的赋义原则和证明原则。

戴维森与弗雷格在关于语词和语境之关系的看法上还有区别。弗雷格认为语词的意义要在语句的语境中确定。而按照弗雷格的划分，语句的主要成分可以划分为专名、概念词和从句等，而专名和概念词的意义到底是什么，弗雷格又语焉不详。按照弗雷格的语境原则（the principle of context），如果专名的意义是主目，概念词的意义则是产生出语句为值的意义，那么语句的意义到底是什么并没有得到有效的说明（Davidson，2001a2：30）。再者，关于语境原则，弗雷格谈到的是语词与语句语境关系这一层，戴维森并不止步于此，他由此进到了语句（语词）与语言的关系这一层。他借用弗雷格的口吻说：“只有在语言语境中，一个语句（因而一个语词）才具有意义。”（Davidson，2001a2：22）这表明，对戴维森而言，语境原则不仅要求将语词的意义放在语句语境中考察，而且必须将语句（语词）的意义放在整个语言系统中考察，脱离语言整体来询问单个语句（语词）的意义是不恰当的。戴维森对弗雷格语境原则的这个深化性补充实际上意蕴了一种意义整体论思想。[①] 最后，还有非常重要的一点，即弗雷格只是在语句（sentence）层面谈论真值条件，而戴维森则把“真”引向了话语（utterance）层面，即把“真”看做关于语句、时间和人组成的有序三元组的特性（Davidson，2001a2）。

---

① 不过需注意，戴维森在后来特别对这个思想做了修正性说明。他说：在《真理与意义》（1967）一文中提出这个观点后，他对这个论题做了更多的限制。他不是一个不受约束（unbuttoned）的整体论者，他不认为一个语句的意义依赖于所有语句的意义，而认为一个语句的意义仅仅依赖于其他一些语句的意义（Davidson，1993：80n）。

既然语句的意义可以通过陈述语句的真值条件得到，那么，什么样的理论完善地陈述了语句的真值条件？或者说，什么样的真理理论提供了一个恰当的真理概念，让我们可以通过这个真理概念来谈论语句的意义？

2.2 意义如何经由真理而谈论？

2.2.1 戴维森的真理标准与塔尔斯基的真理定义

戴维森寻求真理理论的根据首先定位在塔尔斯基的真理理论上。戴维森满怀信心地说：“的确，一种塔尔斯基式真理定义提供给我们迄今对意义理论所要求的全部东西。”（Davidson，2001a2：24）

塔尔斯基要求他所构建的真理定义是一个“内容上恰当、形式上正确”的“令人满意的定义”（Tarski，1944a：69）。要做出这样一个定义，首先要确立使用什么样的语言。塔尔斯基所要求的语言，一个是要有明确规定的结构，另一个是需要语言分层。所谓明确规定的结构是指构造形式化语言所需的初始词项、定义规则、语句、公理（或原始语句）、推理规则以及系统的定理或可证语句等。而之所以要进行语言分层是因为语义学上封闭的语言容易导致悖论，因而塔尔斯基讨论真理的定义诉诸两种不同的语言，即元语言和对象语言。构造真理定义的语言是元语言，而真是对象语言语句的语义特性，所以，需要将真理定义用于其上的语言是对象语言（被谈论的语言）。以P代表对象语言中的任意一个语句，X代表P语句的名称，那么，“P”和“X是真的”在逻辑上是一种什么关系？塔尔斯基说：“很清楚，从我们对真的基本看法来看，这些句子是等值的。”（Tarski，1944a：74）即：

(T) X是真的当且仅当P。

塔尔斯基强调，(T) 只是真的一个定义模式，(T) 的特定例示只是真理的部分定义。在某种意义上，真理的“一般性定义应是所有这些部分定义的逻辑合取”（Tarski，1944a：71）。

戴维森认为，塔尔斯基的语义学真理概念为一种合格的意义理论提供了“精致而又强有力的基础”（Davidson，2001a2：24）。让我们看看戴维森是怎样把他定位的合格的意义理论与塔尔斯基的真理理论联系起来的。

2.2.2 从内涵语境到外延语境

多数传统的意义理论认为语言的基本单位是语词，而语词的数量相对语句来说是有限的，故只有先理解语词的意义，才能理解由这些词汇构成的大量的甚至无穷排列的语句。因而，这些意义表达式可以写成（Grayling，1997）：

（1）w means m（w 意谓 m）。

“w”表示被定义的语词，“m”表示为 w 提供意义的单称词项。语境原则告诉我们，语词的意义必须放在语句中考察，单独的语词无意义可言。因而表达式（1）应变为：

（2）S means m（S 意谓 m）。

这里的“S”表示某个语句的结构描述语，“m”表示单称词项。而单称词项 m 不能给出语句的意义，须得把 m 也替换或语句，即：

（3）S means that P（S 意谓 that P）。

此处的“P”是一个语句，而“S”是该语句的结构描述语。

现在的问题是如何看待非外延的“means that”的逻辑句法结构。一方面，如果把 means 看做谓词，那么 that 后面引导的从句是不能命名（name）意义的。这说明以内涵语境的 means 作为谓词难以给出意义。我们可以换一个角度看，表征语句 A 的意义也就是表征符合某些条件的谓词，很明显，这是在元语言层次上表征这些谓词。假设我们暂时不能确定到底哪个谓词适合表征意义，暂且以“是 T”（is T）表示这个任意谓词，把这个谓词加在以元语言表示的结构描述语上，就可以得到“S 是 T”（S is T）。另一方面，如果把 means that 看做填充在结构描述语和语句之间的连接语词，那么，它所连接的是什么？我们不妨这样来看，任取一语言 L 中需要给出意义的语句 A，“S”是 A 的结构描述语，“P”所占的位置是要表征给出语句 A 的意义的匹配语句。显然，这个匹配语句要么是 A 语句本身（如果对象语言包含在元语言之中），要么是以元语言做出的对 A 的翻译句（如果元语言与对象语言不同）。然而，“A 的意义”究竟是什么，这仍然是含糊和恼人的问题。至此，戴维森采取了“最后一个大胆的步骤”，运用蒯因的语义上升法，不再在“A 的意义”上纠缠，而用“外延的方式处理由‘P’所占的位置”，这就是：清除晦涩的内涵语境连接词“means that”，代之以一个“P”语句的恰当关联词“是 T 当且仅当”（is T if and only if）。因为仅从外延关系看，“S 是 T”与“P”表述的是结构描述语谓述 A 的性质与 A 语句本身（或其翻译句）的关系。显然，这种关系是一种等值关系。这样，我们就得到：

（4）S is T if and only if P（S 是 T 当且仅当 P）。

现在到了需要落实谓词“是 T”的意义了。戴维森说：“这样一种谓词恰恰适用于真语句。”（Davidson，2001a2：24）如前所述，不管我们表达一个语句的具体内容是什么，我们应该首先承认我们所做的表达是关于语句的内容为真的表达，因而真谓词是对所有的持真语句的最恰当的表达。塔尔斯基定义的真谓词正好具有这个功能，因为，尽管塔尔斯基的 T-语句没有定义真理概念，“但它们能被用来定义真理谓词性质（truth predicatehood）。这就是说，任何一个使所有的 T-语句为真的谓词便是真谓词”（Davidson，2001a5：65）。这样，戴维森一步步构造的意义理论通过真谓词与塔尔斯基的真理理论联系起来了。戴维森说：“这一点带有发现性质的。”“不论是对‘是 T’加以明确定义还是对它以递归方式加以表征，它所适用的语句显然恰恰是 L 中的真语句。这是因为，我们对令人满意的意义理论所提出的条件，在本质上就是塔尔斯基那种检验关于真理的形式语义定义是否恰当的约定-T。”（Davidson，2001a2：23，24）这样，戴维森所构造的意义理论最后表达为：

（T）S is true if and only if P（S 是真的当且仅当 P）。

需要注意的是，“S”在约定-T 中是 P 语句的一个结构描述语，相当于一个名称。“是真的”是它的谓词而不是真值函项句子联结词。例如，对于语句“雪是白的”，按 T-语句模式应当写成 a 而不是 b：

a. “雪是白的”是真的当且仅当雪是白的。

b. 雪是白的是真的当且仅当雪是白的。

如果不注意对“是真的”是作为真理谓词而不是真值函项连接词的区分，将引起对塔尔斯基真理概念的混乱理解。这里，我们有必要澄清几种对 T-语句及真理谓词的错误理解，以达到在对其正确认识的基础上，将其应用到我们所要说明的目标上。

冗余论者正是把“是真的”看做真值函项联结词并据此对塔尔斯基的真理理论提出批评的。他们认为，“是真的”不过是真值函项联结词，把它加在一个真句子上就得出一个真句子，而把它加在假句子上就得出一个假句子，因而其作用就像双重否定一样，是多余的。例如，“‘雪是白的是真的’意思不过是雪是白的。”因而约定-T 并没有表达更多的内容。这里的根本错误是，把元语言中“雪是白的”当做一个句子，将“是真的”当做对这个元语言句子的谓述。戴维森分析道：按照塔尔斯基，元语言中的结构描述语是“句子的名称，而非这个句子本身”。因为“是真的”是就一个对象语言的句子的性质而言的，因而“是真的”这个谓词“一定属于一种与它所谓述的这个句子的语言不同的语言”（Davidson，1990：283）。

与冗余论相似的一个观点被称为“去引号观点”（the disquotational view）。它把塔尔斯基关于真理定义所做的工作称之为真理紧缩论（the deflationary theory of truth）。以这个观点看，T-语句所表达的“真”不过“是去引号的而且仅此而已”（Davidson，1990：284）。例如，威廉姆斯（M. Williams）这样描述紧缩论者的特征：“他们……认为，当我们指出真谓词的某种形式特征（特别是它的‘去引号的’特征），并解释为什么具有这样一个谓词是有用的（如作为一种断定无穷合取命题的方法）时，我们所说的一切恰恰就是关于真理所说的东西。”（Davidson，1990：284；Williams，1988：424）戴维森不同意去引号观点。他说，如果给定了定义（和集合论及形式句法），从一个给定语句“‘雪是白的’是真的”，我们就可以证明“雪是白的”这个句子与它等价，如此，我们可以证明仅仅被提及（mentioned）的句子“雪是白的”与“雪是白的”这个句子本身是等价的。而最初的“‘雪是白的’”被去掉了引号，这里所谓去引号实际上就是删去了真谓词。从这个意义上说，塔尔斯基的真理定义可以被称之为“去引号的”。然而它并不是一个严格意义上的去引号的，因为真谓词在塔尔斯基那里得到了明确的定义，它的清除既不依赖于从单个句子清除引号（即使没有引号可去），也不依赖于使用实际上被说成是真的句子来达到这种清除的效果。特别是当元语言和对象语言不同时，就可以清楚地显示这种情形。如语句：

c. “雪是白的”是真的当且仅当 Snow is white。

我们不能仅仅把“雪是白的”之引号去掉就能得到“‘雪是白的’是真的”等价语句“Snow is white”（Davidson，1990：284）。

2.2.3　语义学的真理概念与塔尔斯基的真理定义

从前面描述戴维森构建其意义理论的过程中，我们可以看出这个理论建构主要经历了以下几个步骤。第一步是应用语境原则在句子层面确定意义。第二步是语义上升法，以外延语境取代内涵语境，将难以阐明的含混、模糊的内涵语义上升为简洁明白的真值指派方式来讨论意义。第三步是最为关键的，即以约定-T的形式固定下对象语言每个语句的谈论模式，从而得到一个内容上恰当、形式上正确的谈论持真语句的模式。从这个关键步骤引出的问题是，塔尔斯基的约定-T是用来说明形式语义学的，而戴维森却用这个真理理论来说明自然语言的真理谓词，这恰当吗？寻此追问：塔尔斯基的真理概念是一个语义学真理概念还是只是一个“纯形式的”、“空洞的”概念？或者说，塔尔斯基是否真正定义了有哲学意蕴的真理概念？这些问题在塔尔斯基和戴维森的理论提出以后引起了广泛的争论，他们本人也不断予以回应，在这当中，他们自己的看法也有一些改变。

我们先来看看关于塔尔斯基的真理概念到底是不是一个语义概念的讨论。“帕特南、索莫斯（S. Soames）和艾奇曼底（J. Etchemendy）等一致认为，塔尔斯基的T-语句只是表面上陈述了有关语言的经验的真命题；它们实际上是‘重言式’（帕特南）。”（Davidson，1990：290；Putnam，1985：64）他们中或者认为塔尔斯基所定义的“恰恰根本不是真理概念”，或者认为塔尔斯基根本没有肯定经验语义是一种合法的研究，或者认为塔尔斯基的部分描述是对的。所有这些论断都源于他们的一个基本预设：“塔尔斯基的真理定义与实际语言的语义或诠释不可能有任何关系。因为给定了他的定义，相关的定理（如 T-语句）就是逻辑真命题。”（Davidson，1990：293）而它们之所以是逻辑真命题，是因为它们告诉了我们关于真所能够或应该言说的一切。

对这些评论，塔尔斯基本人是不同意的。借用戴维森的表述，塔尔斯基的一系列阐述表明“他希望并且认为他已经在可能的范围‘把握’了关于真理这一直觉概念的‘实际意义’”。并且，“他的目的并不是赋予一个旧词一种新的意义，而是‘把握一个旧概念的实际意义’”而且，塔尔斯基“恰巧相信（happen to believe）这个语义概念确实在相当大的程度上与常识用法（common- sense usage）是一致的”。这样的概念表达了“一种语言的表达式和由这些表达式所指的对象和事物状态之间的联系”（Davidson，1990：291-294；Tarski，1944b：341）。即在塔尔斯基看来：“一个语句的真就是‘与实在的符合’。”（Davidson，1990：291；Tarski，1956：401）然而，尽管我们能够从塔尔斯基的辩护中看到其中的相当合理部分，我们不得不承认的事实是：应用塔尔斯基的方法，我们能够在任何语境中取代所定义的真谓词。在 T-语句等式的右边，我们看不到任何的语义概念，因为塔尔斯基的定义允许清除所有明确的语义学词汇。而他之所以要这样做，是由于他要“保证他的概念不会在其他方面一致的语言中引入不一致”（Davidson，1990：294）。其实，这样的定义方式与塔尔斯基的基本主张是相吻合的。如前所述，塔尔斯基认为，他所使用的语言在“其他方面”是一致的，因为它们是由具有明确的结构建立起来的形式语言，并且是能避免产生悖论的语言。塔尔斯基认为自然语言恰恰具有量词辖域不确定、容易产生悖论等缺点，所以在他的操作方法中是不会引入可能产生不一致的语义学概念的。

这些争论也引起了戴维森对塔尔斯基真理理论的反思，他在一系列文章中阐述了这个认识的发展变化过程。在《真理与意义》中，正如 2.2.1 节所引的那样，戴维森断言：“的确，一种塔尔斯基式真理定义提供给我们迄今对意义理论所要求的全部东西。”他认为这个真理定义完全可以应用到自然语言的描述中。不久，戴维森就认识到，这个断言过于牵强了。他在《彻底诠释》（*Radical Interpretation*）（1973）、《信念与意义的基础》（*Belief and the Basis of Meaning*）（1974）、《真理的结构和内容》（*The Structure and Content of Truth*）（1990）等作品中不断修正了这个看法。最后，戴维森认为，塔尔斯基通过给出真这个谓词的外延定义了真句子类，但他没有定义真理这个概念。当我们用他的形式系统来解释关于语言的经验理论时，就超出了外延性限制，去把握与外延不同的语言意义。

因而，在通过真理来说明意义时，直接诉诸约定-T来说明是不行的，“因为它不是针对我们如何知道关于一种语言的真理理论是正确的这个问题而说的”（Davidson，1990：295）。但是，我们在考察约定-T时不应该忽略这么两个关键点：其一，约定-T和T-语句为我们提供了真理理论中直觉上明显的真理与形式语义学之间的唯一联系（Davidson，2001a5：66）；其二，约定-T的构造证明，“对于一种带有任何像自然语言的表达力（expressive power）这种东西的语言来说，不引入一种使语词（单称词、谓词）与对象联系起来的、类似于满足这样的关系，就不能说明真句子的类的特征”（Davidson，1990：296）。因而，约定-T使我们对真理这个语义学概念的单纯把握与塔尔斯基的精巧方法结合过来，使我们相信按照这个方法的操作程序，对真理的递归说明做一定改变，我们就可以把握语言直观上需要的真理概念，即用自然语言表达的关于自然语言的真理理论。

回到对塔尔斯基真理理论的评价话题上，戴维森认为，尽管塔尔斯基告诉了我们关于真理的许多东西，但他并没有定义真谓词的一切性质，还有一些性质未加说明。然而，只要我们不使用那些未说明的性质，我们就既可以保证塔尔斯基系统内部的一致性，又仍然承认真谓词还有尚未说明的性质。以这样的方式看，“我们就可以充分利用塔尔斯基的技术成就，而不把他的理论当成‘空洞的’或‘纯形式的’”（Davidson，1990：294）。

戴维森极力主张：“为一种语言定义关于真理的理论比起表面上的分析表明可能更接近于构造一种完全的意义理论。”（Davidson，2001a2：35）并且

> “意义理论”这个词并不是一个技术术语，而是表示一类问题（一个问题类）的。其中主要问题是要完成这样一项任务，即求助于较简单的（或至少是不同的）概念来对语言和交流做出诠释……倘若：①一种理论的知识足以令人理解讲一种自然语言L的人的话语；②能够通过求助于不使用语言学概念（或至少不使用L中的语句和语词所特有的语言学概念）加以描述的证据而经验地运用这种理论。那么，我打算把这种理论称为关于自然语言L的意义理论。（Davidson 2001a15：215）

如此，我们就需要构建一个关于自然语言的、应用于描述一个群体或个体的语言的真理理论。显然，根据戴维森，这个真理理论的形式就是约定-T。而要达成这个目标，首先必须对T-语句做一些改动，并且要对塔尔斯基的真理谓词所未能把握的真理概念的一部分内容做出明确说明。

2.3　给出意义的真理理论之特点

在《信念与意义的基础》中，戴维森提出三条建议来修改塔尔斯基的真理

定义。其基本思想是：第一，将塔尔斯基以形式语言做出的真理定义转变为用自然语言表述的真理理论；第二，这种真理理论不只相对于语句，还必须相对于时间和言说者；第三，这种修改后的T-语句要在经验上而不仅在句法上接受检验。下面我们将依据这些基本思想，根据我们对戴维森相关文本的理解，对这三个修改做了一些拓展性的阐释，以显示戴维森真理-意义理论的特点。

2.3.1 面对特定语言的真理理论

将塔尔斯基以形式语言做出的真理定义转变为用自然语言表述的真理理论，必须要将满足约定-T的逻辑纳入自然语言的理解中。我们知道，约定-T是基于一阶逻辑的框架建构起来的，所以我们必须将一阶谓词逻辑运用到自然语言中去。戴维森强调，这种运用不是通过逐个理解逻辑常项而在对象语言中寻找它们的对应，“而是要将这种逻辑的大部分内容作为一个网架（grid）一下子（in one fell swoop）配置给这种语言”（Davidson，2001a9：136）。如何理解把这种逻辑的内容作为“一个网架”并且是“一下子”配置给对象语言？我们需要明白，戴维森在这里诉诸的证据有两个：一个是几乎每个人在所有时间都认为真或假的句子；另一个是推理的模式（patterns of inference）。前一个证据是原始语句，相当于公理的作用；后一个证据是推理规则及条件，它首先针对对象语言中的每一种语句类型，确定它们的真值如何依赖于其构成部分的语义性质，然后根据公理和推理条件，逻辑地推出语义定理。而戴维森之所以说要把这些内容作为一个整体网架一下子配置给对象语言，是由于他选择的定义真理理论的基始与塔尔斯基是不同的，请注意，这正是戴维森应用这些逻辑内容的独特的地方。我们知道，塔尔斯基是基于递归定义对象与语句函项、表达式的满足关系来定义句子的真的，而这种满足关系类似于词和事物之间的一种指称关系。塔尔斯基把这种满足关系视为一种亚里士多德式符合论直觉的刻画。① 但是，这种方式容易给出一种“不确定的信号”：一方面容易将我们引向将事物对象赋予语词意义的意义指称论的老路；另一方面会让人觉得，如果不先对语句构成部分的语义性质（主要是指称或满足）做出满意的说明，我们将不可能理解真理概念（Davidson，1990：

---

① 关于如何看待塔尔斯基理论表现出的符合论思想，戴维森在前后阶段有不同的认识。在《相对事实而真》（*True to the Facts*）（1969）中，他认为不采用一个像指称或满足这样的概念（这些概念使表达式与世界中的对象联系起来），就无法给出塔尔斯基的真理理论。因而他论证，塔尔斯基表明其如何产生的这类理论是一种符合论。在《真理的结构和内容》中，他认为称这个理论为符合论一直是错误的，因为他称其为符合论的根本原因在于受实在论真理观的影响，即“实在的东西和真的东西是独立于我们的信念的”。而这时，他认为这是一个没有意义的观念。因此有重要理由为过去称其为一种符合论而感到遗憾（Davidson，1990：302-304）。

299）。这两个方面导致的困境是显然的，也是决不为戴维森所接受的。因而，戴维森放弃了把满足的递归说明转变为明确定义的最后一步，而把“真理”和“满足”都看做初始的谓词。正如戴维森所强调的：

> 有关 T-语句的一个引人注目的情况是，无论必须采用什么样的方法来生成 T-语句，无论运转什么样的本体论车轮，一个 T-语句表达一个语句的真值条件终归不过是求助与那个语句本身所求助的一样平凡的东西。（Davidson，2001a9：132）

而陈述语句的真值条件并不提及有关指称、满足之类的东西。因此，在戴维森看来，作为 T-语句之定义的基础的东西是“真理”，而不是“满足”或“指称”。

由此，我们得到戴维森关于语言和真理的看法是：我们应该依据对作为公设的原初真语句的把握，将真理概念“一下子”运用到对象语言整个语句上。第一步，确定出谓词、单称词项、量词、联结词和同一式等，为它们在对象语言中配备相应的成分。这个过程也可看做为这些语词指派语义值，也就是赋予这些语词在由它们所构成的语句中对确定这些语句的真值所起的作用。因而，对戴维森而言，一个语词的意义就是它对于它出现于其中的语句的真值所做出的贡献，理解一个语词的意义也就是理解它对这个语句的真值所做出的贡献（Davidson，2001a7：94）。从这里我们也理解了为什么语词的意义只有在语句的语境中才能确定。然而，我们不应忽视的另一面是：即使在这样的理解下，我们仍然可以说“语句的真是基于句子的结构和句子部分的语义特征”，或者说，“语句的意义依赖于语词的意义”。对此应做何理解？戴维森把这种情况和科学中的理论与观察证据之间的关系做了一个类比。他说：“这与科学中的理论是完全相似的：为了把我们所直接观察的东西组织起来加以解释，我们假定不可观察或间接观察的对象和力；而理论是由直接观察到的东西检验的。”（Davidson，1990：300）借鉴这个类比解释，我们假定不可观察的句子构成部分的意义（即这些构成成分对确定由其构成的语句的真值所作的贡献）；而一个真理理论（或意义理论）的正确性是依据我们对应用于句子的真（即 T-语句的真）的把握而得到检验的。

解决了对象语言的逻辑形式问题，第二步，处理带有索引词的语句。戴维森的处理方法是将“真”看做一种关于语句、时间和人的有序三元组的特性。经过这样的处理，就可以将在不同时间、由不同言说者说出的语句之间的进一步逻辑关系由一些新的公理明确表达出来（Davidson，2001a2：34）。

第三步，处理那些剩下来的语句。对这些语句的处理人们往往没有一致的意见，需要依据宽容原则，参照客观的具体环境和言说者对语句的持真态度来确立语句的真值。我们将在 3.2 节和 3.3 节中对此再作分析。

戴维森也把上述关于真理的理论详细应用到自然语言的这个过程分为两个阶段，上面说的第一步是第一阶段的工作。虽然这部分的语言有限，但却体现了整个语言的表达力，这些语句可以被看做给出了一切语句的逻辑形式或深层结构。第二、三步属于第二阶段的工作，是把那些难处理的语句与那些已表征了真理的语句中的一个或多个语句相匹配（Davidson，2001a9：133）。由此，我们最终能用真理理论去表征整个自然语言的每个语句。

2.3.2 相对于时间和语言使用者的真理理论

2.3.1 节已指出，要将真理概念应用于自然语言，须将真理的特性不只是相对于语句，还必须相对于时间和语言使用者。因为在戴维森看来，如果没有说出或写下句子记号而使用句子的人，就不会有什么东西可以被看做句子，也就不会有真理概念的应用。因而，“任何对真理这个概念的完整说明必须与一种实际语言交际联系起来”（Davidson，1990：300）或者，正如拉姆齐（F. P. Ramsey）所指出：仅仅对于某些语境来说，T-语句才提供了一种可供选择的谈论真理的方式（Ramsey，1950；Davidson，2001a5：65）。也就是说，必须将 T-语句置入时空、人的坐标之中加以考察。以戴维森所举例子，“Es regnet”在德语中表示天在下雨的意思，按塔尔斯基的“S 是真的，当且仅当 P”的约定-T，表示为（Davidson，2001a9：135）：

（T1）“Es regnet”是真的，当且仅当天在下雨。

纳入时空、人的坐标之后，T-语句形式应当表示为：

（T2）当“Es regnet”这句话由 x 在时间 t 讲出时，它在德语中是真的，当且仅当于 t 时在 x 附近天在下雨。

这就是说，T-语句的真取决于语言使用者在具体时间中的具体情况。在戴维森那里，语言使用者就是语句的言说者和对该言说者的话语进行诠释的诠释者。那么，将真理概念与语言使用者联系起来有什么重要的哲学意义？

第一，将 T-语句面对语言使用者，就不仅是把 T-语句看做元语言对对象语言的翻译，而且是语言使用者基于真理对语句所做的诠释。元语言相对于诠释者的语言，对象语言相对于言说者的语言。T-语句将诠释者和言说者联系了起来。它的主旨就是使诠释者能把握言说者表达的意义，即把握言说者语句的真值条件。一个言说者的表达之所以具有这个真值条件，仅当言说者想让其话语被诠释为具有这些真值条件（Davidson，1990：310）。也就是说，真理理论描述了言说者潜在的和现实的语言行为的至关重要的内容，那就是言说者想使他的表达如何被诠释。在这个理论框架下，“言说者能够像他相信诠释者会以这个理论所描述的方式诠释他那样说话，而且诠释者准备这样诠释他”。因为真理理论“提供了唯一的方式去明确说明诠释者想知道的关于言说者的无限多的事情，这就是，对于一个言说者可以表达的无限多的语句，只要它们表达出来，每个语句的条件将是真的”（Davidson，1990：312）。至于诠释者和言说者之间何以会达成这种一致，这背后要预设一个宽容原则作为支撑，即预设诠释者和言说者都是理性生物，他们所分享的信念在大体上是相同的，并且诠释者相信言说者的大多数表达都是关于他真实意愿的表达。不仅如此，诠释者在进行诠释时采取的是彻底诠释的方法，即以不预设诠释者关于对象语言的任何特定的语义知识作为起始点而进行诠释的一种方法（关于真理与诠释的详细内容，我们将在第 3 章阐述）。

第二，在这种理解下，戴维森的真理理论将合理地被理解为一个意义理论。而对意义的理解，可以从言说者的角度切入，也可以从诠释者的角度切入。戴维森采取的是从诠释者的角度切入，也就是说，戴维森采取的是被称为意义研究的第三人称进路。按照戴维森的观点，一个表达是有意义的，仅当言说者想让它被诠释为具有那些意义。因为能够被诠释者所观察、所诠释的言说者的语义内容才不仅仅是言说者内部的观念、意象或反思，才不仅仅是言说者心灵的产物。换个角度说，我们应该在公共可观察的脉络中把握意义，这样，我们才能说语句言说了我们内在之外的世界，语言的意义全部或部分地由独立于我们之外的世界决定。第三人称的意义研究进路展示了戴维森的语义外在论的立场。

第三，将 T-语句面对语言使用者，我们以 T-语句模式联结的不仅仅是两个真语句（true sentences），而是两个被认为真的语句（held-true sentences）。其实，早在戴维森第一次展露他的纲领而引起学界震动的论文《真理与意义》中，他就提出了这个思想。由于他在那里的重点不是详细陈述这个思想（也许他那时对此也没有十分明确的想法），也许由于汉语的翻译问题，我们认为以往国内研究对他的 true sentence 与 held-true sentence 的区别关注是不够的。我们认为，实际上这两个短语是紧密联系又有重要区别的，这其中内含了戴维森的一个极其重要的思想：一方面是对塔尔斯基关于形式语义真理理论的把握和应用；另一方面是从意向性（intentionality）内容的角度研究持真态度。我们不清楚戴维森能够将两者结合起来经历了怎样一个思考的过程，也不清楚他对这两者的关注孰先孰后，不过这些都不是本质的问题，关键在于持真态度的引入将对 T-语句的正确性、可接受性予以证实，并让 T-语句能够面对事实（经验）的检验（林从一，2004）。

我们先来分析一下持真态度。持真态度，顾名思义是持语句为真的态度。说到底，持真态度是一种意向性态度。那么，持真态度是一种与心理因素相关、有具体内容的内涵性意向状态吗？回答是否定的，因为戴维森对持真态度的处理方式是外延性的，而不是内涵性的。我们不反对说持真态度是一种意向状态，但它是一种最基本、最单纯的意向态度。因为“真”表达的是要么具有、要么不具有的单一特性，所以“真”更加容易同言说者的相当简单的态度联系在一起。“当然，这种态度也是一个信念，但它是可适用于一切语句的单一态度，因此，它并不要求我们能够在信念之间做出很细致的区分。”（Davidson，2001a9：135）因而，在我们对语句的意义和信念有明确认识之前，我们就能够合乎情理地采取这样一个态度。更准确地说，持语句为真的态度从外延关系的角度将语言使用者、语句和某种环境联系起来了（林从一，2004）。正因为持真态度是一种非常单一的态度，它就能够让诠释者在进行诠释之前得以把这个基本的信念先在地固定下来，保证诠释者能够与言说者同享一个持真信念，从而能够理解T-语句模式的形式结构，共同担负起T-语句所指派给他们的角色。有了一个基本的持真态度，言说者就可以对什么样的语句为真做出判定。戴维森认为，一般情况下，一个人认为一个句子是真的，主要基于两个因素的考虑：①他认为这个语句的含义是什么；②他相信这种情况是什么。这样，理解一个语句的三种基本因素——持真态度、意义和信念——交织在一起了。从诠释者的角度看，他能观察到的是言说者持什么样的语句为真，而言说者持有什么样的意义和信念则是不可观察的态度。然而，困难在于如何由可观察的持真态度获得两种不可观察的态度？对此，戴维森巧妙地利用了类似于贝叶斯（T. Bayes）的决策论（decision theory）的处理方法（详细说明请见3.4.3节）。

2.3.3 经由经验检验的真理理论

既然应用于自然语言的真理理论是具有关于语句、时间和人的有序三元组特性的真理理论，它就能够被看做一个经验理论的真理理论。这样，如果只是通过T-语句的规范证明，在元语言和对象语言的句法层次对它进行检验就不够了。通过2.3.1节的论述，我们给作为一个整体的真理理论增加了恰当的形式限制；通过2.3.2节的论述，我们为这个真理理论加上了经验限制。前者保证我们能够从原则上得到言说者是如何使用语言的，后者保证我们每一个人可以从公共可观察的经验中得到言说者如何使用语言的事实。

> 由于我们所有的人都能够理解某种语言的某些言说者，所有的人必定有恰当的证据赋予某些言说者的表达以真值条件。因而，我们全体都有能力把握应用于他人言语行为的真理概念。（Davidson，1990：301）

这样，我们得到了一个真理理论之为正确的最终证据：关于言说者如何使用语言的事实。正是从这种语言使用的事实中，我们才能完整地把握我们指派给语句的真值条件是否为真，从而把握一种真正能够运用于自然语言的真理理论。通过谈论这种真理理论，我们自然就能够理解和掌握语句的意义。这就是戴维森建构真理–意义理论的目标。从我们的论述中容易看出，戴维森建构的真理–意义理论能够满足 2.1 节所说的恰当意义理论的四个条件[①]，因此，结论自然是：我们认为，戴维森所构建的外延性真理–意义理论是恰当的，以这样的理论作为语言理解或交流的语义基础，戴维森纲领的确有可能在解决语言理解的可能性问题上优于其他意义理论。通过本章的论述，我们解答了“基于约定-T 给出或谈论意义是如何可能的”这个先验式问题。当然，要完成戴维森经由真理而理解他人语言、因而理解每个语句的意义的任务是整个戴维森纲领所要探讨的内容，奠定这个任务的语义基础只是这个宏大工程的开始，下一步我们将进入语言理解的具体理论阐述。

---

① 正因如此，我们在此不再给出具体说明了。

第3章　语言理解的诠释基础：真理与诠释

戴维森纲领的卓越之处在于它把修改后的约定-T与意义联系起来，将真理理论对应于特定的语言及其使用者，使塔尔斯基的真理定义真正成为有正确的形式结构和恰当的经验内容的语义学真理理论，为自然语言的恰当的语义学提供出一个清楚的、可检验的标准。在第2章，我们论述了这样的真理理论确实满足戴维森所给出的恰当意义理论的条件，通过这个论述，我们可以看到他的意义理论的中心任务是根据真理理论给出意义。本章我们要论述的是戴维森的诠释理论，它的要旨在于说明理解一个言说者的言说行为所必须涉及的要素（林从一，2004：18），其中心任务是基于经过形式限制和经验限制的真理理论诠释言说者话语的意义。戴维森说，他意欲像其他人一样回答诸如“意义是什么”之类的问题，但从其他哲学家企图回答这个问题的含混和困难中他感受到挫折，所以戴维森决定代之以另一个他认为会减少困窘的问题：“为了理解另一种语言的言说者，能够满足诠释者的知识的是什么，以及他如何能够知道它？”（Davidson，1993a：83）据此，可以说本章的任务是将讨论戴维森对如下先验问题的回答：一个诠释者理解一个言说者的语言行为是如何可能的？换句话说，本章讨论的核心问题是：戴维森的诠释理论将会为解答“语义理解的可能性”这一先验问题做出什么贡献。

我们把讨论的重点立足于论述基于约定-T的真理理论与诠释理论的关系。首先，我们对戴维森的诠释理论做概述性介绍。在此，我们要明确戴维森提出的使诠释成为可能的理论的两个一般性要求，即关于一个正确的诠释理论需要的形式限制和经验限制，根据这个要求分析为什么其他一些理论或知识不能满足这些条件，厘清蒯因的翻译理论、塔尔斯基的翻译结构与戴维森诠释理论的关系，以说明戴维森为什么要选择他的独特的诠释基础和诠释进路，据此我们将对戴维森诠释理论的方法论特点做一简要概括。其次，我们论述诠释的起点始于真理。分析戴维森对选择经过修改的约定-T作为诠释的形式基础，选择持T-语句为真的态度作为诠释的证据基础所做的论证，从而说明在此基础上奠定的诠释理论才可能对言语行为做出有效的诠释。最后，我们进一步具体分析诠释的过程，即如何依据真理进行诠释。分析约定-T的诠释模式怎样将诠释者和被诠释者联系起来；进而与言说者的持真态度联系起来，这样的联系对自然语言语句特别是带有索引要素和指示要素的语句的诠释起着至关重要的作用；再说明理解语言的三个根本要素即持真态度、信念和语义的关系，诠释者如何通过言说者的持真态度获取对信念和语义的诠释。

3.4 节通过分析决策论和语言诠释理论的关系，阐述将决策论方法应用于解决诠释难题的可能性及其优势，分析要使决策方法得以在语言诠释中应用需对决策论所做的必要修正，以及在未诠释语句中应用决策论公理的步骤和方法，最后对这个理论性应用做出评价。

3.1　戴维森的诠释理论概述

第2 章论述了戴维森对约定-T 的修改主要基于三个方面：使形式语义真理定义转变为关于自然语言的真理理论；使真理理论不仅只相对于语句，而且必须相对于时间和言说者；使 T-语句不仅在句法上而且在经验上接受检验。经过这样修改的约定-T 揭示了塔尔斯基的真理定义所没有讨论的真理与意义、信念的联系。这里我们将论述：经过戴维森修改的真理理论不仅为特定语言 L 的语句提供了意义，还将对所提供的意义做出合理的诠释。所以，我们需要把握真理这个概念在语言理解中的核心地位，而且，一个语词或语句是有意义的当且仅当在这样的真理理论框架下它是可以被理解的。在对这两个要点的阐述中，理解语言所必须涉及的要素也会得到充分说明。在戴维森看来，能够作为一个适当的诠释理论基础的理论，恰好就是经过他的修改后能够用于自然语言的、以约定-T 为核心的真理理论。“尽管关于一个言说者（或一群言说者）的真理理论不是关于一般的真理概念的定义，但它的确给出了适宜于这个概念的确定含义；它允许我们以一种严密清晰的方式说出某个理解那个言说者（或那些言说者）的人所具备的知识”(Davidson，2001b10：156)。

3.1.1　使诠释成为可能的理论

戴维森认为，诠释理论的“研究题材是一个或多个言说者的言语行为，它确定地告诉我们他们的话语意谓着什么”（Davidson，2001a10：142）。要使诠释成为可能，我们需要得到一个诠释理论。诠释理论必须回答两个基本的问题：一种正确的理论如何来诠释一个话语？一个诠释在什么样的场合下是正确的？为此必须对诠释理论提出要求。戴维森明确指出，使诠释成为可能的理论要具备两个一般性要求：其一，诠释者必须能理解言说者可能会说出的无限多的语句中的任何一个，而且，诠释理论必须以有限的形式（finite form）来陈述这种做法；其二，一个诠释者合乎情理地可获得的证据能够支持或证实（support or verify）这个诠释理论，而且，在彻底诠释中这种证据必须能够在不必使用诸如意义、诠释、同义之类的语义概念的情况下被表述（Davidson，2001a9：127-128）。那么，什么样的知识才能达到诠释理论的要求呢？具体地说：①如何对有待诠释的任意话语进行诠释，并以有限的形式加以陈述？②诠释的证据基础是什么？

戴维森认为："当我们说出在特定使用场合言说者的语词的含义是什么时，我们也就诠释了一些言语行为。这样一种工作可以看做一种重新描述（redescription）的工作。"（Davidson，2001a10：141）也就是说，诠释理论涉及言说者的语词的含义、对言语行为的诠释以及相关的意向和信念等要素。据此相关因素，戴维森分析了几种可能的知识：①关于意义的知识，也即关于每个有意义的表达式含义的知识。这是在传统意义理论的框架下最容易想到的东西。如前所述，这些理论一般都倾向于语词意义优先论，即如果我们理解了有限数量的语词，就可在此基础上理解由语词构成的无穷排列的语句。由语词出发引出的困境我们在前面已做过分析，比如它既无法确切地说出"意谓"这种内涵性东西的含义，又容易把表达式的意义与指称对象作一一对应，从而引出意义实体论，由此引出的实体困惑是让人头疼的。因而求助于这样的知识难以达到诠释理论的要求。②关于非语言的行为的知识。这个观点认为语词的交流不过是对那些形成行动者（agent）的非语言活动之间的因果联系做出说明，可诠释的言语不过是在各种非语言的意向下所完成的行为，而这些行为只不过是嘴和喉的运动而已。通过对这些行为的观察，我们可以把未经诠释的东西当做恰恰是诠释的东西进行重新描述。一些行为论者如奥格登、理查德兹（I. A. Richards），以及莫里斯的"因果"理论，企图根据行为主义的论据来逐个分析语句意义。然而，戴维森认为他们连对最简单的语句的分析都不能有效地给出。另一种理论把出发点定在语词（而不是语句）与非语言的事实之间的联系，但它的困难如同在真值条件句中要单独确立语词的真值所面临的困难一样。我们可以把非语言现象看做语句的外延对象，显然，语词要放进语句场合才能看出它在非语言现象中的作用，根据非语言现象直接诠释语词的语义特征是行不通的。这样，从语词或语句出发联系非语言的行为来诠释每一个语句的企图就无法实现了。③关于意向和信念的知识。戴维森认为，对于我们所采用的彻底诠释方法而言，求助于复杂的意向的诠释有两个缺点：一是无法处理语言结构的递归特征，从而无法有效地说明我们如何能够理解新的语句，这显然不能满足诠释理论的第一个要求；二是对意向的精细区分不能独立于对语言的诠释，因为对意向、信念和语义的诠释是交织在一起的，它们是诠释理论的有机构成部分。正如戴维森所说：

> 信念和意义是相互作用的。一个语句所意谓的东西部分地依赖于外在环境——导致它获得某种信服的程度（degree of conviction）的外在环

> 境；并部分地依赖于那个语句的语法的或逻辑的关系——该语句与其他带有不用信服程度的持真语句的关系，因为这些关系本身被直接翻译成信念，因此，不难看出意义如何依赖于信念。然而，信念同样依赖于意义，因为，只有通过言说者和该言说者的诠释者用来表达和描述信念的那些语句，我们才能达到对信念的精细结构和个体特性的理解。(Davidson，2001b10：147)

简言之，欲既详细了解一个人的意向和信念的含义，又独立于理解他的话语的意义，“这不仅有实际上的障碍，而且有原则上的障碍”（Davidson，2001a10：143）。

既然求助于通常我们可能考虑的三种知识都无法满足诠释理论的要求，戴维森建议转向考察翻译理论是否可能满足诠释理论的要求。

3.1.2　诠释理论与翻译理论

戴维森所建议的翻译理论包含两个内容：一个是蒯因的翻译理论；另一个是塔尔斯基的约定-T 显示的翻译结构。应当说，正是基于对这两方面内容的吸取和改进，戴维森才建构起了他的诠释理论的合理内核。

戴维森认为，蒯因“把带有恰当的经验限制的翻译手册作为研究语言哲学中的问题的一个手段”（Davidson，2001a9：129，n. 3）。利用这种翻译手册可以把一个相异语言里的任意一个语句转换成我们所熟悉的语言里的一个语句。看起来这种翻译方法可以满足诠释理论的第一个要求，即对有待翻译的任意语句做出诠释（翻译）并以有限的形式加以陈述。然而，戴维森认为：“一种翻译手册并不是诠释理论所应采用的最佳形式。”（Davidson，2001a9：129），这是为什么？

在戴维森看来，诠释的目的与翻译的目的是有所不同的。翻译论题处理的是两种语言之间的关系，它所要求的是对其中的一种语言的诠释。鉴于这个主旨，它容易忽略两个问题：一个是没有说明对于诠释我们自己的语言所需的基本知识是什么，例如，翻译者如何知道翻译所需的主题语言（subject language），他如何知道关于怎样诠释言说者话语的知识就在他自己的语言中。另一个是翻译理论虽然必须观察语句中某类结构，但它不会对语句意义如何依赖其结构做出任何清楚的说明，因而它也不会揭示重要的语义结构，比如对复杂表达式的诠释如何系统地依赖于对较简单表达式的诠释。当然，正是由于诠释与翻译的目的不同，蒯因的翻译理论并没有打算去解决戴维森诠释理论所提出的问题。因此，戴维森审慎地说：“断言翻译方法并不是对彻底诠释这个难题的一种恰当解决方法，这并没有批评蒯因的任何学说。”（Davidson，2001a9：129，n. 3）

塔尔斯基的真理理论把约定-T 当做一个定理，即假定通过一组有限的公理以及标准逻辑，关于语言L的真理理论能够对L中的每个语句A衍推出一个具有如下形式的定理：

S在L中是真的当且仅当P。

其中，S是一个关于A的标准化描述语，P由A在那种关于真理理论的语言里的翻译所替换。

在塔尔斯基那里，这种翻译是通过一个未加定义的语义概念“满足”而递归得到的。具体地说，满足概念把语句与对象的无限序列联系起来，而这些对象可以看做属于对象语言的变元范围；根据一组公理，逻辑地得到L中的语句如何依赖于它们的结构，而通过一些简单的语句又可以衍推出其他一些较复杂的语句。塔尔斯基认为，假如我们知道这样一种理论，那么我们就能对L中的每个语句做出翻译，并且也能够知道这确实是一种翻译。通过这种翻译我们也能够知道语词如何凭借与世界中对象的关系完成其功能（Davidson，2001a12：172）。

需要注意的是，在塔尔斯基的理论中有两个重要的假定：一个是先假定翻译概念，然后在此基础上定义真理概念；另一个是在诉诸约定-T的时候假定预先把握了真理这个概念，然后再以语词和事物之间的指称关系来补充这种直觉。因为塔尔斯基的兴趣在于定义真理概念，他所从事的是以规定（stipulation）代替阐释（illumination）的人工语言的工作。在人工语言中，可以把翻译概念当做从句法上加以规定的精确的概念。并且，塔尔斯基的形式句法预设了人们关于对象语言的理解，只是将同义关系或翻译关系形式化，所以他能够把翻译概念当做理所当然的（Davidson，2001a12：172，2001a10：150）。但是，在彻底诠释中，我们无法假定一个T-语句满足翻译标准。在戴维森那里，彻底诠释的目标是对关于言说者的语言的真理概念提出一种塔尔斯基式表征，并提出一种关于言说者的信念的理论。如果仅此而论，似乎戴维森所做的工作并没有超出蒯因的翻译纲领，因为，把言说者的语言翻译成一个人自己的语言，再加上关于一个人自己的语言的真理理论，就等于是关于言说者的真理理论；戴维森的工作似乎也没有超出塔尔斯基所做的工作，因为塔尔斯基对某种带有确定的初始词汇的语言给出了真理概念的外延，对真理概念已经做出足够精确的形式表征。但是，在这里我们决不能忽略戴维森所做的创造性工作：把翻译这个句法概念转变为真理这个语义概念，必须对塔尔斯基的真理理论施加一些形式上的限制，并强调真理与意义之间的紧密关系（Davidson，2001b10）。

在塔尔斯基的理论中，塔尔斯基是在他所假定翻译概念基础上定义真理概念的。而在彻底诠释中，彻底诠释者不能预先假定能够认识到正确的翻译。所以，戴维森建议把塔尔斯基的看法颠倒过来：通过预先把握真理概念这一假定来获得对语言或翻译的理解。也就是说，把真理作为基本概念，再由此引出关于翻译或诠释的说明。戴维森说，从彻底诠释的观点来看，这种做法具有明显的优点，因为“真”是一种要么附属于要么不附属于话语的单一性质，而每一话语有着它自己的诠释；并且，“真”更加易于同言说者的相当简单的态度联系在一起（Davidson，2001a9：134）。技术上，不求助于翻译概念来重新表述约定-T 是完全可操作的：

> 对于对象语言的每一个语句，一种可接受的真理理论衍推出一个具有如下形式的语句：S 是真的当且仅当 P。其中“P”为任意一个这样的语句所替换，即这个语句为真当且仅当 S 为真。给出这个形式表述，真理理论就可由T-语句确实为真这种证据来检验；我们就已经放弃了这样一种看法，即我们还必须说出替换 P 的语句是否是 S 的翻译。（Davidson，2001a9：134）

这样，我们假定对于真理概念有局部理解，然后运用真理理论来阐明意义、诠释和翻译，仍然讲得通。如果我们知道一个 T-语句满足约定-T，我们就会知道这个语句是真的，而且还可以用它来诠释一个语句，因为我们知道 T-语句双向条件式的右边对有待诠释的那个语句做出了翻译（Davidson，2001a9：139）。

当然，只有塔尔斯基的真理理论还不够，还必须对作为一个整体的真理理论施加一些恰当的形式的和经验的限制。这样，单个的 T-语句事实上会起到诠释的作用（Davidson，2001a14）。据此得到的诠释理论才可能满足对于诠释理论的两个一般性要求（对此的具体论证我们在 3.2 节中给出）。

3.1.3　戴维森诠释理论的方法论特点

戴维森明确指出，他研究诠释理论所采取的方法不同于哲学上习惯运用的定义、分析、还原的方法。他提出的方法是“一种在有待阐释的概念与相对地更基本的概念之间建立较松散的关系。处于核心地位的是一种形式理论，即一种真理理论，它把一种复杂结构赋予包含真理和满足这两个初始概念的语句。这些概念通过理论的形式和证据的性质而得到应用。由此得到的结果便是一个部分的诠释理论（partially interpreted theory）”（Davidson，2001a9：137）。这样一种方法有什么样的优点？

第一，诠释理论中处于核心地位的是一种塔尔斯基式真理理论。戴维森认为：“一种真理理论把握住了每个语句的根本作用（essential role）。”（Davidson，2001a15：224）因为真理理论通过以真理和满足这两个初始概念，从理论的形式和证据的性质两个方面运用它们，使我们对语义上清楚表达的结构要求与仅仅在语句层次上可检验的理论要求协调一致。塔尔斯基的约定-T 中的满足概念在这种真理理论中依然是需要的，但它不再可以作为一种形式检验手段，而只是一种理论构造，在陈述语句的真值条件时才会发挥其功能。

第二，戴维森强调，以这样的方法取得的更精妙的收获（the more subtle gain）在于：那些支持每一个论点（潜在的有无限多的论点）的仅仅是十分局限的证据（very thin evidence），而恰恰是这种有限的证据能够产生丰富的结果。之所以说是十分局限的证据，在于戴维森的诠释理论所采取的独特诠释方法——彻底诠释的方法，诠释者所能获得的有限证据必须是全然不涉及关于对象语言的先在知识，即对诠释证据的合法描述全然不能涉及语义语词和内涵性概念。就是这种有限的证据，准确地说就是言说者持语句为真的态度，一方面与真理理论的形式紧密相连——保证了语句形式结构的正确，另一方面给出了言说者如何使用语句事实——使一个语句为真的最终证据。因而，这两个方面的内容渗透在戴维森的诠释理论以及整个纲领的其他主题之中，自会结出丰富之果。

第三，以彻底诠释的方法进行诠释，我们就不至于忽略进行诠释的种种假设而只专注于那些显然地要求做出诠释的场合，也就是说不至于把一些有待阐释的概念如翻译概念、同义概念、诠释概念等当做理所当然的假定而造成循环诠释。在彻底诠释的进路下，这些有待诠释的概念是通过对真理概念的预先把握，然后基于对真理概念形式的和经验上的限制而引出的。

第四，以戴维森的方法得到的诠释理论同T-语句一样具有类似定理的作用。戴维森称他的诠释理论是一个部分的诠释理论，这类似于塔尔斯基对约定-T的定位。对塔尔斯基而言，约定-T只是真理的一个定义模式，它的特定例示只是真理的部分定义。在某种意义上，真理的“一般性定义应是所有这些部分定义的逻辑合取”（Tarski，1944a：71）。根据塔尔斯基的真理理论，可以假定，如果我们知道一个T-语句满足约定-T，那么我们就会知道它是真的，我们就能用它来诠释一个语句（Tarski，1944a）。参照塔尔斯基，我们可以为戴维森补充这样一个说法：一个关于诠释理论的约定-T（面对经验的真理理论）只是诠释的一个定义模式，这样的约定-T对每个语句的诠释只是诠释的部分定义；在某种意义上，诠释的一般性定义应是所有这些部分定义的逻辑合取。

3.2 诠释的形式基础和证据基础

戴维森对诠释理论的要求：第一个是对诠释理论所应采取的形式的要求，第二个是对经验内容的要求。戴维森说：

> 在我看来，彻底诠释（它大致上并非完全像是蒯因的那种彻底翻译）的目标，乃是对关于言说者的语言的真理概念提出一种塔尔斯基式表征，并提出一种关于说话者的信念的理论……这几乎没有给蒯因的翻

译纲领增添什么新东西，因为，把言说者的语言翻译成一个人自己的语言，再加上关于一个人自己的语言的真理理论，就等于是关于言说者的真理理论。但是，从翻译这个句法概念转变为真理这个语义概念，这对上述真理理论施加了一些形式上的限制，并强调了真理与意义之间紧密关系的方面。(Davidson，2001b10：148)

从这段话中，我们可以分析四层意思：第一，在戴维森看来，诠释的目的与翻译的目的是有所不同的。正如上文已提到的，蒯因的翻译手册并不是诠释理论所应采用的最佳形式。第二，诠释理论应当采取的形式基于塔尔斯基的约定-T。第三，约定-T 要表征诠释理论的形式还必须加上一些限制。第四，真理理论要成为的完整诠释理论还必须加上经验内容上的限制。下面我们就来分析戴维森关于诠释理论的形式基础和证据基础的论证。

3.2.1　约定-T 是诠释的形式基础

对于在诠释上如何看待对语句的逻辑形式要求，戴维森说："这样一种诠释必须是我们把语句的语义特征（它的真或假）看做被归之于语句的构成方式，而语句是通过有限次地应用某些有限多的手段（它们足以满足作为一个整体的语言的需要），由取自有限多的词汇（它们同样足以满足作为一个整体的语言的需要）之中的构成成分所组成的。"（Davidson，2001a7：94）满足这样一种要求的理论恰恰就是塔尔斯基以递归方式表征真理谓词所给出的真理理论。

然而，我们知道，戴维森的诠释理论所采取的主要方法是"彻底诠释"的方法，这种诠释方法受蒯因的彻底翻译方法的启示，它是以不预设关于对象语言的任何特定语义知识作为起点而进行的一种诠释。因而，在彻底诠释中，诠释者不能像塔尔斯基所要求的那样假定他能够认识到正确的翻译。并且，"塔尔斯基式真理理论既没有对前分析的真理概念（pre-analytic concept of truth），也没有对前分析的指称概念（pre-analytic concept of reference）做出分析或解释，它充其量只是对某种带有确定的初始词汇的语言给出了真理概念的外延。但是，这并没有表明，一种绝对真理理论（a theory of absolute truth）无法根据个别语句的语义结构来诠释这些语句的真实性；它只是表明，在诠释这种真理论时我们无法使语词的语义特征成为基本的语义特征"（Davidson，2001a15：221）。这样，就需要对塔尔斯基真理理论做出一些形式上的限制与修改。我们已经知道，塔尔斯基是基于翻译概念来定义真理概念的；而戴维森是把真理概念作为基本概念，即通过预先把握真理概念这一假定来获得对语言或翻译的理解。

还有其他关于形式上的性质的限制条件，例如：真理理论应当被有限的公理化；它应当满足（被适当修改过的）约定-T；如果元语言被认为包含普通的量化理论，那么，我们就通过类似于塔尔斯基的对满足的递归性表征，依据量化与复指（cross- reference）、谓词（predication）、真值函项关系等这些熟悉的范型（patterns）来描述对象语言中的语句，以使对象语言作为一个整体适应于那种强求一致的量化结构（Davidson，2001a9：134）。

正如戴维森所言，塔尔斯基的约定-T要求：对象语言中的每个语句都具有在元语言中的翻译。而我们的目标则是来自相反方向，即尽可能地对我们所拥有的语言资源做出一种诠释（Davidson，2001a12：172）。戴维森认为，把这种真理理论的结构诠释为逻辑形式（logical form）或者逻辑后承（logic consequence）都是可以接受的，由此我们可以得到这样一个相关的结论：塔尔斯基真理理论通过递归表征语词如何在由它们所构成的语句中对语句的真值条件做出的贡献，对每个有意义的表达式在其任何一次出现中的语义作用给出了有效说明。我们可以把这种说明看做对可归约为语句连词、量化装置（the apparatus of quantification）和初始描述算子（the primitive description operator）等影响真值的基本的重复式子做出诠释。因为逻辑后承是依据真理集合来定义的，在一个语句仅根据量化结构（quantificational structure）而作为另外一个语句的逻辑后承的场合下，便会由此从一个真理理论中衍推（entail）出：若第一个语句为真，则第二个语句也为真。这样的处理方式实际上是把那些确定量化结构的表达式称为逻辑常项（logic constants），而增添逻辑常项的名目就会超出真理定义所要求的某种东西而增加逻辑真理和后承关系（consequence-relations）的总目。如此，我们就对语句的逻辑后承和逻辑形式做出了严格的诠释（Davidson 2001a7：95）。

这样，我们通过对T-语句的修改和说明获得了对语句的逻辑形式的诠释，满足了诠释理论的第一个要求。而在戴维森看来，对于做出诠释来说，仅仅有塔尔斯基的T-语句为真是不够的。只有在一种真理论的语句可以用被看做“给出”对象语言的语句的“意义”来陈述真值条件的情况下，这种真理理论才能用于诠释，一种能对交流做出诠释的真理理论才能被认为是一种意义理论。戴维森说：“一种真理理论为对象语言中的每个语句都衍推出一个T-语句，而一个T-语句给出真值条件。因此，简单地断定一个T-语句‘给出一个语句的意义’，这种做法是很诱人的。”“可是经过再三考虑就会发现，很清楚，一个T-语句并没有给出它所论及的那个语句的意义：T-语句确实给定了相对于某些条件的真值，但是并不是说对象语言语句之所以为真是因为这些条件成立。”（Davidson，2001a9：138）因而，“认为在T-语句为真、而我们不对T-语句施加限制的情况下，我们便能自动地把T-语句诠释为向语句‘提供意义’，这种看法绝对是错误的”（Davidson，2001a15：224）。

塔尔斯基式真理理论被戴维森称为“绝对的”真理理论，它还要经过什么样的限制才能对语言交流做出诠释或被认为是一种意义理论？

3.2.2　持 T-语句为真的态度是诠释的证据基础

戴维森认为：

> 使一个真理理论成为一个可靠的诠释理论的一个重要的（的确是必不可少的）因素，是使这种理论相对于言说者和时间。当存在索引的和指示的因素时，具有真假的不是语句，而是语句相对于一个言说者以及相对于一个时间。换句话说，我们可以将真理作为关于话语或言语行为的、而不是关于语句的特征。(Davidson, 2001a5：74)

这也就是说，必须使一个语句的真理相对于表述该语句的那些情况，当给出带有索引要素的语句的真值条件时，就必须要把应用于闭语句的真理概念与人的目标和活动联系在一起。“一种使正确的语句在正确的时间对于正确的言说者而为真的理论，会比那些忽略这些外在参数的理论更接近于正确地诠释这些语句的理论。”（Davidson，2001a5：74）而要给出相对言说者和时间的诠释理论，就必须在真理理论上施加一些经验限制条件，这些条件就是那些可以据以接受 T-语句为正确的条件。“一个真理理论正确性最终证据（the ultimate evidence）（作为与一条标准相对的），一定在于可以得到关于言说者如何使用语言的事实”。而且，“一种语言是如何使用的，恰恰是这一点决定了一个真理理论对那种语言是否是真的”（Davidson，1990：301）。因而，“我们对单个言语行为的诠释是以关于言说者的语言的理论为背景的”（Davidson，2001c：256）。

根据戴维森的观点，诠释语言现象（linguistic phenomena）显然随付于（supervenient on）非语言现象（Davidson，2001a15：215）。因而，对于如何使用语言的事实，要根据对语言使用者的行为观察来完成。换句话说，为诠释理论的适当性所提供的那种证据的性质，必须是可以用非语义学的、非语言学的词项来描述；它还必须是这样一种证据，即我们可以想像一个刚刚从事工作的研究者可在不事先掌握这种证据要支持的那种理论的情况下拥有这种证据。戴维森说：“行为的或倾向性的（dispositional）事实必须是一个向量（vector），我们可以用一些不对诠释做出假定、却能以此为据建立诠释理论的方式来描述这些行为的或倾向性的事实。由此得到的一个结果是：为了诠释特定话语，我们需要建构一个为诠释潜在无穷多的话语的普遍理论。因此，对特定话语做出诠释的证据，必定是能对一个言说者或一个语言共同体的所有话语做出诠释的证据。”（Davidson，2001a10：148）因为信念和意义是相互联系的，“只有对某个言说者的信念（以及意向和欲望）充分理解的人才能对该言说者的话语做出诠释；不理解言说者的话语，便不可能在言说者的信念之间做出细致的区别”（Davidson，2001a13：

195）。因此，我们所寻求的证据必须能够同时诠释信念态度和话语意义，但对这两者都不能做出假设。戴维森说："我们可以在没有循环性或者无保证的假设（unwarranted assumption）的情况下，接受某种对语句的十分一般的态度作为彻底诠释理论的基本证据（the basic evidence）。"（Davidson，2001a13：195）经过对关于语句的一般性信念与意向性态度的考察，戴维森说："我们可以依赖于直接指向语句的接受语句为真的态度，把它作为这一关键的概念。"（Davidson，2001a13：195）也就是说，诠释者可以获得的证据在于：T-语句是真的。而讨论这个证据基础的一个恰当的起点在于持语句为真（holding a sentence true）、接受语句为真（accepting a sentence as true）的态度，因为"作为直接面向语句的持真或接受语句为真的态度必须在给出诠释理论的形式中扮演一个最根本的作用"（Davidson，2001a11：161）。戴维森说：

> 持一个语句为真（在某些具体的条件下）的态度关系到信念和诠释的根本。我们能够知道一个言说者持一个语句为真而不用知道这个语句的意思以及他用这个语句表达的信念。但是，如果我们知道他持这个语句为真并且全面知道如何去诠释这个语句，那么我们就能够对信念做出正确的归属。对称地，如果我们知道一个语句的信念是持真表达，那么我们就知道如何去诠释它。诠释的方法论问题是要弄明白，给定一个人在给出的情景中接受语句为真的态度，如何得出他的信念以及他的语词的意义是什么。（Davidson，2001a11：162）

在戴维森诠释理论采取的形式中，我们就是以T-语句形式将诠释者和言说者联系起来，这就是把T-语句不仅看做元语言对对象语言的翻译，而且看做语言使用者基于真对语句所进行的诠释，即诠释者通过观察言说者的持真态度与相关环境从整体上把握言说者语句的真值条件，进而对言说者表达的意义做出诠释。因此，循着戴维森的思路可以得出以下结论："持语句为真是两个力的向量（the vector of two forces）：关于诠释的问题也就变成为从证据中提炼出一种切实可行的意义理论和一种可接受的信念理论。"（Davidson，2001a13：196）有鉴于此，我们将持T-语句为真作为的诠释理论的证据基础，满足了诠释理论的第二个要求。

3.2.3 对语句做出诠释的真理理论

在戴维森看来，真理理论"提供了唯一的方式去明确说明诠释者想知道的关于言说者的无限多的事情，这就是，对于一个言说者可以表达的无限多的语句，只要它们表达出来，每个语句的条件将是真的"（Davidson，1990：312）。根据这个真理理论，可以假定如果我们知道一个T-语句满足塔尔斯基的约定-T，就会知道它是真的，我们就能用它来诠释一个语句。而"T-语句的全体应当最圆满地适合关于那些在讲母语的人看来为真的证据”（Davidson，2001a9：139）。如果我们对真理理论做出上述整体论的限制，就可以间接得出塔尔斯基直接为每个 T-语句做出的假设：

> 假定我们（不仅知道一个 T-语句），还知道衍推出关于真理的经验理论，知道这个理论满足形式的和经验的标准，那么，这个关于真理的经验理论的约定-T 就能够被用来诠释一个语句。因为，如果那些限制是适当的，那么，那一系列可接受的理论就会使得其中任何一种理论都对每个潜在的表达做出某种正确的诠释。（Davidson，2001a9：139）

3.3　如何根据真理理论进行诠释

根据戴维森的观点，真理理论帮助我们回答如何能够通过语言进行交流这个根本问题。这种相对于诠释的真理理论不同于塔尔斯基的“绝对的”真理理论，这种真理理论不对真谓词下定义，而必须把它看做一个初始表达式；这种真理理论必须（至少）相对于时间和言说者来处理索引表达式。倘若这个理论能够对语言和交流做出诠释，就需要满足两个条件：其一，有了这种理论的知识就足以让人理解言说者的话语；其二，这种理论能够求助于不使用语言学概念（或至少不使用一种语言中的语句和语词所特有的语言学概念）加以描述的证据而被给出经验的运用（Davidson，2001a15：215）。显然，这两个条件与戴维森提出的对诠释理论的两个一般性要求是一脉相承的。我们知道，戴维森研究意义理论采取的是整体论的研究方法，即把研究的起点确定在语句上，戴维森认为这种方法正是我们能够有希望把语言与用非语言学术语（non-linguistic term）描述的行为加以连接的地方。但是，这种方法似乎不能对语句组成部分的语义特征给出一种完全的诠释，而没有这样一种诠释，我们便显然无法诠释真理。在这里，我们需要特别注意戴维森提出的一个区别：即在依据真理理论对某件事物做出诠释与诠释这种真理理论之所以成立的原因（也就是把这种理论与更基本的事实相联系）之间的区别。从前面论述可以看出，戴维森对诠释理论的第一个要求就是根据第一个条件做出的，也就是依据真理理论对语句做出诠释，这种诠释可以看做在理论之内的解释，在理论之内，一个语句的成真条件是由诉诸所设定的结构以及像满足和指称这样的语义概念来确定的。而对诠释理论的第二个要求即是第二个条件，也就是诠释这种真理理论之所以成立的原因。这种诠释可以看做对真理整体的诠释，即必须使一个语句的真理相对于表述该语句的那些情况，当给出带有索引要素的语句的真值条件时，就必须要把应用于闭语句的真理概念与人的目标和活动联系在一起。戴维森指出：“很明显，这与物理学是类似的：我们通过假定一种不可观察的微观结构（fine structure）来诠释宏观现象（macroscopic phenomena）。但是，物理理论是在宏观层次上被检验的。诚然，我们有时很幸运地发现附加于原先设定的结构的、或更直接的证据；但这对于物理学研究并不是根本的。”(Davidson，2001a15：222）类似地，我们可以说：语词、语词意义、指称和满足都是一些我们需要用来完成真理理论的假定，而真理理论是在语句层次上被检验的，因而，我们无需为这些假定提供独立的确证或经验的基础（Davidson，2001a15：222）。

3.3.1 约定-T联系诠释者与被诠释者

经过戴维森在形式性质上进行了限制的约定-T，就可以在真理理论框架之内对语句做出诠释。即在真理理论之内，一个语句的成真条件是诉诸所设定的结构以及像满足和指称这样的语义概念来确定的。当然，我们必须把这些概念看做理论构造［语句的逻辑形式以及全部语词工具（名词、谓词、连接词和量词）］，它们只是在陈述语句的真值条件时发挥其功能。这样我们就获得一种有说服力的方式说明：

> 尽管一种语言有无限多的语句，但它可以被一个具备有限能力的人所领会。可以把真理理论说成是对每个有意义的表达式在其任何一次出现中的语义作用（semantic role）提出了一种有效的解释。我们在这种真理理论的武装下，就始终能通过下述说明对“这些为人们所熟悉的语词在这里起什么样的作用?”这个问题做出回答，即说明这些语词是如何对它们所构成的语句的真值条件做出贡献的。（Davidson，2001a7：94）

约定-T在诠释中究竟怎样起作用？根据T-语句模式即“S是真的当且仅当P”，T-语句将以元语言描述的“S是真的”和以对象语言给出的“P”语句联系起来。我们知道，在塔尔斯基的约定-T定义中，元语言语句是对对象语言语句的翻译，这种翻译是通过元语言语句和对象语言语句中表达式序列的递归满足实现的，即元语言语句中的表达式与对象语言中的表达式构成一一对应的指称关系，当语句中所有表达式都得到满足，两种语言的翻译遂得到实现，由此得到一个真的T-语句。换句话说，以T-语句模式实现的翻译，是通过将对象语句的真值条件对应于元语言语句中的相关构成部分，并赋予它们以相同的作用（即不改变两种语言中相应构成成分对语句真值的贡献）而进行的。在戴维森看来，元语言与对象语言之间的这种翻译与被翻译的关系，恰同对语言意义进行诠释的诠释者与被诠释者之间的关系，亦即诠释者与言说者（诠释对象）之间的关系。根据戴维森，对语句的诠释是通过他人的公共可观察的外部行为而得到对其话语的理解。从这个论点可以看出，语言使用者至少需要两个人：语言的诠释者和言说者。元语言相当于诠释者的语言，对象语言相当于言说者的语言，诠释者通过观察言说者持何种语言为真而理解其语句的意义。这样，诠释者和被诠释者（言说者）通过约定-T 模式连接起来了。

我们可以追问：戴维森为何要采用约定-T 作为形式模式？采用这样一个模式，对诠释理论有什么贡献？我们认为可以从以下几个方面来看：

第一，我们知道，塔尔斯基的约定-T 是通过严格的形式化方法定义的，这个形式结构的正确性是不容置疑的。因而，选用 T-语句模式进行诠释，进行诠释的语句只是被诠释语句的结构描述语，被诠释语句的真值条件当然没有一点改变，这样就从形式结构上保证了诠释语句的正确性。从而为诠释理论确立了一个坚实的基础，也为研究诠释理论开辟了一个崭新的进路。

第二，在对约定-T 的定义中，真理谓词显示了它表征语句要么具有要么不具有的单一性质，让我们得以认识到持语句为真的态度的单一性和基础性特征。在戴维森对约定-T 的修改中，言说者在什么条件下持何种语句为真就成为意义的证据。采用约定-T 结构进行诠释，我们就可以合理地将诠释的证据锁定在 T-语句为真上，从而将诠释的起点奠定在一个恰当的基础上。用戴维森的话说："约定-T，即使当它在转向适合自然语言的不太灵便的情形下，仍然指出了通向彻底诠释的道路。"（Davidson，2001a5：75）

第三，经过戴维森修改的约定-T，恰当地显示了语句真值条件与语句言说事实之间的关系，即双向条件式的右边是对所给出语句真值条件的翻译。它虽然没有直接向名称或谓词与对象之间的关系指派经验内容，但是，当 T-语句确实为真时，它就间接地向这些关系赋予了内容（Davidson，2001a15：223）。进一步说，对象语句的命题内容就是关于某些特定对象的真假判断，陈述这些内容也就给出了语句的意义。通过以约定-T 为框架进行诠释，诠释者通过观察言说者关于某些特定对象的真假判断，就能把握对象语句的命题内容，从而理解其意义。这样，我们就能借助科学哲学的相关成果（如对贝叶斯决策论的修改性运用），通过可观察内容的选择，测度不可观察对象的内容。

第四，T-语句是判断诠释理论是否正确的形式标准。戴维森认为，一个针对某一语言的诠释理论是恰当的，当且仅当这个理论可以针对对象语言的任何一个语句，导出一个作为该语句的诠释为真的定理，这个定理就是约定-T。因此，T-语句的全体正是适合这些语句为真的证据，一个语言的诠释理论能否为该语言导出所有的 T-语句，是判断该诠释理论是否正确的标准。在这种意义上，T-语句是测试诠释理论是否正确的形式标准（林从一，2004：24-25）。

3.3.2 持真态度与真理理论的结合

戴维森采取的诠释方法是一种以不预设诠释者对所诠释的对象语言具有任何语义知识为起点的彻底诠释方法。也就是说，在进行诠释之前，彻底诠释者并不理解诠释对象的大脑所接受的思想和意义，他在开始诠释时所诉诸的诠释资料，是限定在一定的外在环境和诠释对象在相关环境中的语言行为（Davidson，1993a：84)，而且对这种行为证据还只能用“非语义性词项（non-semantical term)”来描述（Davidson，2001a10：142)。显然，彻底诠释者将面临巨大的困难。在对信念和意义的内容没有确定的知识的情况下，他只能够通过观察言说者的语言行为和相关环境。而他所能够观察到的东西只是一些外在行为，对这些外在行为到底表达什么样的意义和信念，诠释者是不能直接知晓的。这样，我们就必须深抠细究在言说者的外部行为和相关环境中我们能够通过观察发现什么，以使诠释者得到有效的诠释资源。在这里，戴维森提出了他的创造性发掘成果，那就是：我们能够观察到的理解言说者话语的证据基础，是言说者持语句为真的态度。常常我们会认为这样的情况是合情理的：我们不知道一个言说者用一个语句表达什么意义，或者他对这个语句的未知题材持什么样的信念，但我们能够说他认为这个语句是真的。因而戴维森说：“关于一个人在持语句为真的情景中的知识是诠释的中心……在语言情景中，尽管大部分话语不是关于真理的，但正是持真语句模式（the pattern of sentences held true）给出这些语句的意义。”(Davidson，2001a11：162）据此，在我们对语句的意义和信念有明确认识之前，或者说在诠释之前，我们就能够合乎情理地采取这样一个态度，因为诠释者可以知道当一个人打算说出一个语句时他表达一个真理，但他却可以对这是一个什么样的真理一无所知。因此，诠释对象在特定时间特定场合持各种语句为真就成为诠释的证据。

现在我们可以进一步追问：这个证据与真理理论怎样联系？

根据前面的论述，我们知道戴维森对约定-T进行了适当的修改，将约定-T纳入时空、人的坐标之中。这样，T-语句的形式可表现为（Davidson，2001a7：135)：

（T）当x在*t*时说出“Es regnet”时，它在德语中是真的，当且仅当于*t*时在x附近下雨了。

而验证这个T-语句的证据便是不同条件下（T）为真的证据，其形式为：

（E）库特属于讲德语的语言共同体，并且在星期六中午库特持“Es regnet”这句话为真，而星期六中午在库特附近下雨了。

显然，（E）是（T）的特定例示，可以作为（T）的个例证明。既然（E）是（T）为真的证据，而（T）是一个以全称的方式加以量化的条件句，故需要收集更多的证据来支持下述断言：

（GE）（x）（*t*）（如果 x 属于讲德语的语言共同体，那么在 *t* 时 x 持“Es regnet”这句话为真，当且仅当于 *t* 时在 x 附近下雨了。）

这就是说，（E）为真是（GE）或（T）的确证性证据，也即言说者持语句为真是诠释得以成立的证据。

但是，难题依然存在：在彻底诠释者方面，他根本不具备对有关言说者信念与意向的知识，就算我们找到了言说者最基本的意向态度——持真态度，并在做出诠释之前能够把它先在地固定下来。从这里可以看出，对持真态度的提炼在戴维森的诠释理论以至戴维森纲领中有着重大意义：持真态度不仅是诠释理论的重要基础，而且是一个能对意义现象做广泛说明的切入点，它起到了锚定的作用。因为通过持真态度，可以让诠释者紧紧抓住理解对象语言的两方面的关键内容——语句的语义结构和语义内容。根据前面的论述，一方面，持真态度通过与真理理论相结合，使得诠释者能够破解语句的基本构成成分的语义性质和语句的构成规则；另一方面，言说者的持真态度将对象语言的语句与世界联系起来，使诠释者有可能通过观察诠释对象在什么环境中持哪些语句为真来理解言说者的信念及语句的语义内容（林从一，2004）。

我们如何能够通过观察言说者的持真态度达到对言说者话语含义和信念的理解？这是戴维森一直在思索和寻求解决的难题。在《信念与意义的基础》（1974）中他指出，诠释理论的这个难题类似决策论中的一个众所周知的难题（Davidson，2001a10：145-148）。这种难题是假定一个行动者在赌博方式之间的选择所面对的难题。假定一个行动者面临两种选择：一个是选择得到 5 美元；另一个是选择进行一场投币赌博，如果投中正面给他 11 美元，如果投中反面则不给他钱。当然在选择直接是得到 5 美元或选择投币的概率之间有一个可计算的值。假设行动者对这两个选择无所偏好，我们就需要对他的选择进行诠释。“要点是显然的。在赌博方式之间的选择是选择者赋予那些结果的相对值与他指派给那些结果的概率（这决定于他的选择）这两个心理因素的结果。假定有了行动者的信念［他的主观概率（subjective probability）］，便易于从他所做的选择中计算出他所赋予的相对值；给出他的值，我们就能推断他的信念。但是，假定所给出的仅仅是他的选择，我们如何能够既得出他的信念，又得出他的值？”（Davidson，2001a10：145）戴维森认为拉姆齐利用贝叶斯的决策论取得了对这个难题的“干净利落和令人满意”的解决。在《真理的结构和内容》（1990）中，戴维森重申了利用判定定理的机制解决诠释理论难题的作用和意义。3.4 节将对其中的技术细节做详细阐述。

3.4 决策论方法在语言诠释中的应用[①]

对思想、意义及行为的关注产生了相应的不同理论，它们之间复杂深刻的联系又让许多哲学家企图将这些理论进行互补性应用，并由此建立一个三者统一的理论。

人们按照不同的概率与外部世界的现象接触，由此形成各自对世界的理解并选择自己的行为和言说。决策论关注的焦点是人们的行为选择与可能结果之间的关系，而关于语言的诠释理论要解决的问题是对言说者的语言及其使用的理解。这两个看似不同的理论实际上是紧密联系的，因为决定人们行为选择和语言理解的相关环境和条件是共同的，与此关联的命题态度也是相通的。通过分析决策论与诠释理论的关系，我们将阐明决策论方法应用于语言诠释的可能性及合理性，进而具体分析应用决策论方法解决诠释难题需要做的修正。为此我首先介绍拉姆齐、杰弗里（R. Jeffrey）和戴维森的修正方案，重点阐明戴维森方案在彻底诠释中的应用，最后对这种应用做出评价。以此为据，一方面积极肯定以决策论方法来处理诠释难题的新视角，另一方面对其应用的局限给予客观的评价。

3.4.1 决策论与诠释理论的关系

基于贝叶斯决策论的方法主张，人们选择一个行动方案，而不是另外的；或者，偏好（preference）获取事件的一个状态，而不是另外的。主要基于两种考虑：其一，我们认为一个行动方案或者一个事态有价值，是因为我们设定在其可能性结果上的值（value）；其二，给出我们所采取的这个行动方案或者获得了这个事态后，我们在多大程度上会相信这些结果会如此。因而，当在各种行动方案或者事件的数种状态之间进行选择时，我们是在一些相似性结果之间选择一个最大的结果相对值（relative value）。这样的行动进程通常像是在赌博，因为此时的偏好是一种很弱的选择，我们并不确切知道事情会向何处发展，会呈现怎样的结果。通常说来，一个行动主体（agent）倾向于选择概率（probability）较大的结果，并且期望可以获得自己所相信的最大赌注（预期效用最大化（maximizing expected utility）），在这个意义上，我们说行动主体是理性的（Davidson，1990：316；2004a：153）。正因为选择与结果之间联系的这种或然性，使行为决策呈现出不确定性和风险性。贝叶斯决策论方法着眼于处理两种最基本的命题态度：一

① 这部分内容发表在《自然辩证法通讯》，2010 年第 3 期。收入本书略有改动。

种是信念，另一种是愿望（desire）。首先需要对序偏好（ordinal preference）（或优先选择（choices among options））、信念度（degree of belief）和基值（cardinal value）进行解释。贝叶斯方法的特征是，将直接体现在优先选择行动中的序偏好看做相对可观察的，而将涉及信念度和基值的解释机制看做不可观察的（Davidson，2004a：153）。

问题自然在于不可观察的东西：如何知道一个人对某个命题具有某种信念度，或者他的相对偏好力（relative strengths of preference）？困难很显然：所知的东西（排序的或者简单的偏好）产生于两种未知的东西（信念度和相对偏好力）。如果知道一个人对结果的基本偏好（cardinal preferences），那么，他对行动的选择将显示出他的信念度；如果知道他的信念度，他的选择也会显露他赋予结果的相对值。但是，如果这两者都不知道，如何仅仅从简单的选择或者偏好决定它们？（Davidson，2004a：153）这正是决策难题所在。下文将表明，这个难题与诠释难题相似。

以蒯因为代表的经验主义的语言研究方法，采取的是一种还原（reduction）方法。其基本主张是：我们不可能有直接的方法观察到言说者所言意谓什么，所有用在交流中的证据必须是可公共获取的。那么，可公共获取的既可直接观察又可引出意义的相关证据是什么？自然是在相关环境中的言语行为。所谓还原方法，就是将语言的意义及其理解的证据建立在公共可观察的言语行为上（自然，这样的语句也可以直接推出其中的命题态度），并且以非内涵性语词（non-intensional term）来描述这些行为。在蒯因那里，可观察到的行为关键是由言说者周围的事件引起他的同意（assent）或不同意（dissent）行为。戴维森受此启发，提出在诠释他人言语时，可观察的行为关键是由某种事件引起的言说者选择一个语句而不是另一个语句为真的行为——即持语句为真的行为。偏好一个语句而不是另一语句为真是在一个主体和两个语句（以及一个时刻）之间的外延关系，因为我们能够在不知道语句意谓什么的情况下对其进行观察。一个建立在持真语句偏好基础上的诠释理论正是希望由此迈出从非命题状态到命题状态的关键一步（Davidson，1990：318-323）。其思路是，由持语句为真的行为可以直接推知持语句为真的态度。戴维森认为，持真态度是一种最基本的意向性态度。一个言说者考虑什么样的语句为真，一般来说会涉及两个维度：第一个是语句的意义；第二个是言说者的信念。这样，理解语句的三种基本要素——持真态度、意义、信念——就交织在一起了。我们期望借助其中的一个或者两个来分析其他的。但是，意义和意向的结合是如此的紧密，这种结合在命题态度中显出一种结构，需要系统地对待它们，故我们很难对其或先或后做出分析。并且，在戴维森看来，与其说意向和意向性行为不能直接解释意义，不如说意义、信念和愿望将被看做在行为理解中的充分协调要素（Davidson，2004a：152）。

问题的突破口还是得从持真态度着眼。持真态度联系了对命题态度的说明和行为的解释，在对持真态度的标准解释中，同时产生对言说者语句的诠释以及对其行动内容的指派。从这个意义上说："诠释理论是一个关于意义和行为结合的理论，那就是说，诠释理论的目的既赋予言说者语句的诠释，也为他的行动指派内容。前者的基本证据是持真语句，而后者的是言说者展现在他的行动中的偏好。"（LePore，Ludwig，2005：249）如同决策论的处理方法，我们可以将言说者持什么样的语句为真的态度看做可以观察的，而语句的意义和言说者的信念是不可观察的。诠释者如何能够通过可观察的对象（持真态度）达到对言说者话语含义和信念内容的理解？这正是诠释理论的难题，其与决策难题的相似处显而易见。

正如戴维森所说："关于语言习性和技能的直接心理环境，产生于被描述为内涵性习语（intensional idiom）的命题态度、陈述或者事件中。这些内涵性习语包括：意向性行为、愿望、信念，以及与其近似的希望、害怕、祈愿和企图等。不仅这些不同的命题态度及其伴随的概念形成了言语行为发生的场景，而且，除非我们对核心的认知和意动态度（cognitive and conative attitudes）之间相互联系的说明已有一种理解，就没有机会达到对语言事实的深度理解。"（Davidson，2004a：151-152）这表明，对他人言说的诠释，需要做语境整体考虑，特别是要将对言说者态度的说明与对言说者行动的解释结合起来。因而，关于言说者行为和态度的理论与对其言语的诠释是紧密而复杂地联系在一起的（LePore，Ludwig，2005）。换言之，在决策理论和诠释理论之间必定存在着诸多相似之处。具体地说，至少有如下三点：

第一，行动主体与诠释者的认知状态是相似的。戴维森的诠释理论是建立在他的真理-意义观和彻底诠释方法基础之上的。彻底诠释方法设定：诠释者在不具有对言说者语言的具体语义知识的背景下，通过观察言说者的持真态度，并将自己的真理模式映射到被诠释的语言中，对言说者的言语行为进行诠释。这就可能出现对一个语句的多个诠释都是合理的状况，即诠释具有不确定性。对持真语句的或然性选择如同在决策论中对行为偏好的或然性选择，都是在对选择对象不具有充分信息的认知状态下进行的。

第二，以公理化方法处理问题的模式相似。对于一个恰当的诠释理论来说，它必须能够给出对于言说者可能说出的潜在无限汇集的话语的意义，这就需要一个类似公理化的模式，即需要一个递归性理论从一个话语或语句的部分意义中引出其整个语句的意义。在这个方面，诠释理论必然与决策论相似，因为决策论同样要在潜在无限多的可选项中预测选择，因而同样需要一个经过限制的公理化模式来解决问题（Davidson，2004a：155）。

第三，决策难题与诠释难题具有相似性。在语言诠释中，持真态度、意义和信念相互纠结在一起；与此类似，在决策论中，选择偏好、信念和期望也彼此缠绕在一起。这种相似性如图 3.1 所示。

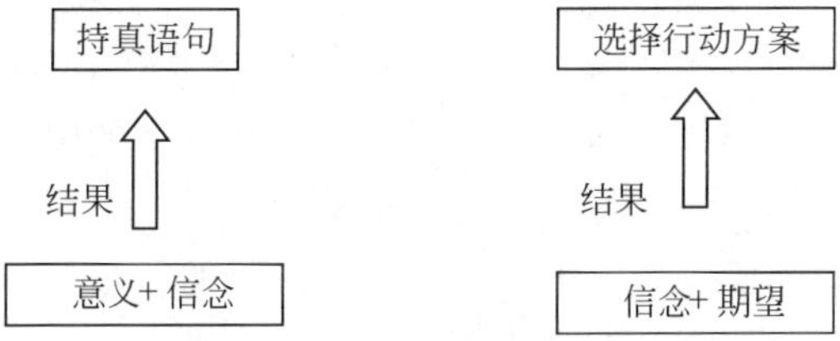

图 3.1　诠释和决策中的选择语境

由图 3.1 可见，持一个语句为真是意义和信念的结果，正如选择一个行动方案是信念和期望的结果一样。诠释者在通过观察言说者的偏好，从而知道他选择一个语句为真及其为真的强度时，他既不知道这个语句的意义，也不知道它所表达的信念。这就如同在决策论中可以观察行动主体选择一个行为的偏好，不详知其信念度是多少，也不详知其所期望的结果一样。相似性语境产生相似性难题：如何在不预设意义或者信念的基础上，仅仅凭借对持真语句的选择给出意义或者信念——诠释难题；如何在不确切知道信念和期望的基础上，仅仅通过行为偏好给出它们的值——决策难题（Davidson，2004a：156）。当然，难题相似，可以类推解决难题的方法也有些相似，但不尽完全相同。

进一步说，不仅戴维森的诠释理论与贝叶斯决策论具有以上三点相似性，而且它们显然具有如下所述的互补关系：

其一，决策论决不能假设具有一种已独立确定的意义知识，而诠释理论则需要一个关于信念度的理论，以严格地利用证据支持关系。既然已如上述，在行动选择和语言诠释之间存在着明显的相似性，那么可以预期在决策论和诠释理论之间理应存在某种互补性依赖关系。当然，这种互补依赖关系受到以下条件的制约：两种理论之间的依赖不是以谁为基础先建立起一个，然后再建立另一个，也没有简单地把一个加入另一个的方法，这是由于要着手建立任何一个理论，都需要从另一个理论中抽取基本元素（Davidson，2004a：158）。正是基于这些考虑，根据戴维森的分析，可以这样来简要地表述两种理论之间的互补依赖关系："假定在不具有关于信念和意向的精确信息的情况下，我们能够诠释语言行为，那是不合情理的；反之，设想在不能对言语行为做出诠释的情况下，我们能够合理辨明在复杂选择中的偏好的性质，那同样是不合情理的。一个彻底的决策论必须包含一个诠释理论而不能预设它。"（Davidson，2004a：147）这个结论也将在下面的论述中得到体现和深化。

其二，贝叶斯决策论面临的一个批评，就是“它预先假定我们能够识别针对如信念和期望（或偏好）等态度的命题”。如果我们从语言理解能力的角度回应这个批评，就可以说：“我们识别和区分一个行为主体所拥有命题的能力，是不能与我们理解其所言说的能力分开的。一般来说，我们仅仅通过诠释一个人的言说就能准确发现他所想要的、偏好的或者相信的。”（Davidson，2004a：154）这个辩护突显在决策论过程中，当期望的对象通常是复杂的赌注，而且其结果在具体事件上被描述为偶然的时，尤为有益。这清楚表明：“一个企图以解释偏好或者选择引出态度和信念的理论，如果它不想做跛脚的假设，那么，它必须包含一个言语诠释理论。”（Davidson，2004a）

其三，尽管贝叶斯决策论并没有基于非内涵概念给出信念和偏好概念的定义，相反，它利用了一个内涵性概念——在赌博或者结果中的序偏好，借助这个概念将内容进一步给予其他两个概念，即信念度和价值比较。如果只看这一点，指望靠这样的理论来把内涵性概念还原为什么，那将是一个错误。然而，我们必须注意到这是重要的一步，因为它指向了将复杂的和相对理论性的内涵概念还原为在应用中更接近于公共可观察的内涵性概念。虽然这个理论没有直接指向我们的诠释目的，但是它显示出一种可能性，那就是如何将有用的内容赋予两个基本的而且联系紧密的命题态度而不预设预先理解其中之一（Davidson，2004a：154）。

3.4.2 决策论的修正性方案

如前所述，将决策论应用于行为解释时，遇到的难题是如何从所知道的简单偏好中得出信念度和期望值（desirability）。即如何把主观概率（或者信念度）和期望值（或赋值）指派到待解释的行为中，这种分配在诠释“非观察”词项时尤其重要（LePore，Ludwig，2005：248）。

拉姆齐设计出一个巧妙的方法，如同在打赌行为中，行动者在其选择或者偏好中有一个排序，而这个选择是信念度和相对期望值两者的函项，将没有办法量化一个而后再去量化另一个。要解开这个“结”，需设定行动者在事件中先准确固定其主观概率，对此任意赋一个先验概率（a priori probability），再根据容易观察的序偏好或优先选择中的内容，据此得出一个后验概率（a posteriori probability）。再根据计算先验概率和后验概率之间的函数值，得出一个信念度的值，这样，效用就能够像理论所要求的那样被唯一地分配。如此，我们根据行动者的选择，既得出他的信念又得出他的值，除了简单的偏好外不用知道其他东西（Ramsey，1931；Davidson，1985，1990）。我们用图3.2简示（Lorenz-Meyer，1993）。

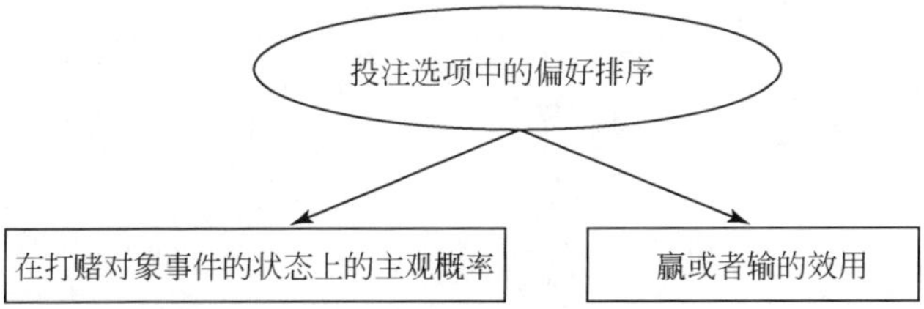

图 3.2　拉姆齐修正的决策论

不过，在处理信念与意义结合的诠释理论中，不可能直接应用拉姆齐的方法。一方面，诠释所要处理的对象是言说者的话语而不是具体的打赌行为；另一方面，包容在各种诠释理论中的资料，在提供这些理论时也同时伴随了一些恰当的信念理论。杰弗里对贝叶斯决策论的修正为解决这些问题提供了可通达之路。他注意到，许多行为是被陈述句所描述的，我们易于识别以这些语句表达的命题所描述的行为。那么，一个行为就是在行动者的能力内使其为真的一个命题（Jeffrey，1983：84）。因而，杰弗里不是把对赌博行为的偏好作为出发点，而是将行动主体对命题真实性（truth of proposition）的偏好作为出发点。这样，选择或偏好的对象、主观概率和期望值的指派对象等统统都是命题了，我们需要观察的就是主体在选择命题时，是偏好命题 P 的真，还是命题 Q 的真，以此提取其主观概率和期望值（Jeffrey，1983）（图 3.3）。

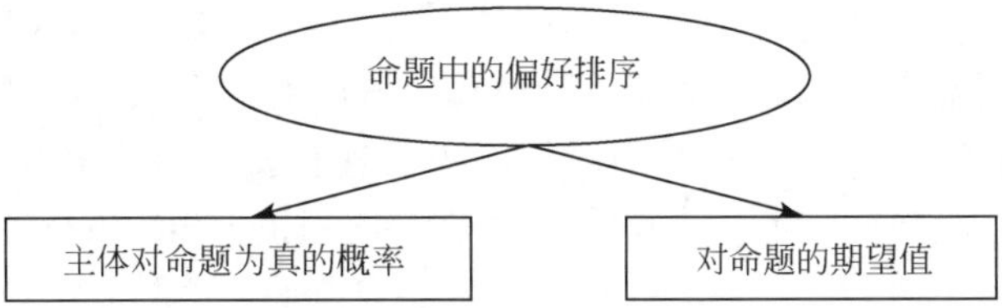

图 3.3　杰弗里修正的决策论

杰弗里的理论与标准理论在决定概率和效用上有所不同，在理论上和实际上恰当地缩小了不确定性，使得在决策论中所能允许的某种不确定性也能如我们所希望的那样在语言诠释中出现。正如在决策论中，你会考虑对应于概率函数的变化运用不同的效用函数一样，你也能够在一定限度内改变你归结于一个人语词的意义，倘若你随之补偿性地改变归属于他的信念。这是杰弗里决策论给语言诠释带来的光明前景，然而问题依然存在。虽然杰弗里用在命题中的偏好代替了拉姆齐的在赌博中的偏好，但是，一个突出的问题是，命题是可以判定意义的语句，倘若主体在命题中进行选择，就是在有意义的语句中选择（Davidson，2004a：160）。这在决策论中也许不算大问题，但与彻底诠释的立场是相悖的，因为彻底诠释者是不预设对言说者语言的语义知识，且不能用意义之类的内涵性概念来进行诠释的。因而，对决策论的修正必须朝着杰弗里的方向再迈进一步，那就是将选择的对象设定在未经诠释的语句中（图 3.4）。

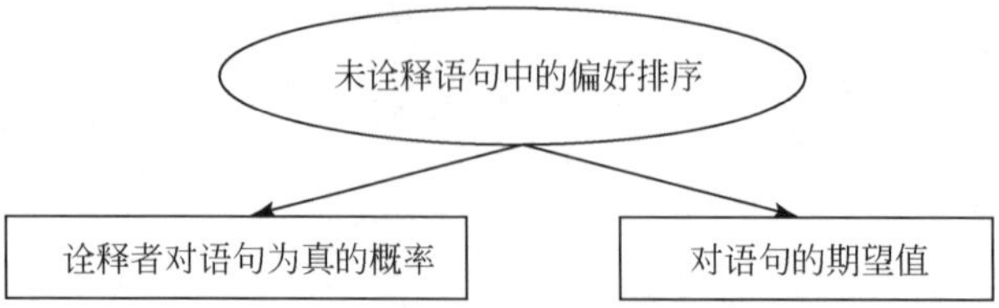

图 3.4　杰弗里/戴维森修正的决策论

通过应用决策论，诠释者可以获得言说者在语句中的两种具体心理态度：一种是量化的持真态度（quantified holding true），另一种是量化的期望为真（quantified desiring-to-be-true）（Lorenz-Meyer，1993）。

3.4.3　决策公理在语言诠释中的应用

将决策论方法应用在彻底诠释中，就是站在诠释者的角度观察言语行动主体或言说者在对象语言中选择什么样的语句为真，以及在多大程度上他期望其为真。彻底诠释者用于对象语言的资料是有限的，可资利用的主要有两个：一个是他自己的真理模式；另一个是言说者对持真语句的偏好。据此，则可将与此对应的应用过程分成两个步骤：第一步是诠释者将自己的真理模式映射到对象语言中，通过观察言说者的偏好来确定其持真语句，在对这个语句的意义和信念内容没有详细知识的情况下，依靠识别语句的逻辑连接词（即逻辑常元）来分析语句的结构及其真假状况；第二步是将概率等级（probability ranking）指派到言说者的对象语言语句中，接下来用这些反过来确定他的期望值。第二步工作已经由杰弗里做出，他的方法是仅仅依靠命题的真值函项结构来发现命题的主观概率和相对期望值——通过揭示复合命题如何由简单命题经过反复运用合取、析取、否定以及其他由这些定义的算子构成。如果我们从语句而不是从命题出发，需要克服的一个关键困难就是如何识别真值函项连接词，即第一步工作。戴维森的贡献恰在于此，他展示了诠释者仅仅依靠其有限的资料识别对象语言中逻辑常元的过程①。我们不详细讨论杰弗里第二步工作，重点阐述戴维森在彻底诠释的方法中

① 此段论述参考了 LePore 和 Ludwig（2005：第 16 章），但他们只是预先假设诠释者可以识别真值函项连接词。我们在这里强调了诠释者本身所具有的真理模式在宽容原则的指导下可以映射到对象语言中，具有发现语句的连接词并判定其是否是真值函项连接词的潜在能力。这是决策论方法得以应用在彻底诠释中的关键点之一。

应用杰弗里方案的过程。

识别逻辑常元必须先确定语句中的偏好模式，而发现偏好模式必然要用到杰弗里的公理。杰弗里对概率和期望的处理框架中包含两个公理，即概率公理和期望公理。以 prob（s）= 语句 s 为真的主观概率，以 des（s）= 语句 s 为真的期望值（以下应用步骤参见：Davidson，1990；LePore，Ludwig，2005），我们的表达有所修改）。

1. 概率公理（Probability axioms）

（1）概率是非负的：prob（s）≥0。

（2）真语句的概率等于 1：prob（T）= 1。（T 代表重言式）

（3）概率是可加的：如果“s and t”必然为假（即 s 和 t 是两个互不相容的命题），那么，prob（s or t）= prob（s）+prob（t）。这说明，如果命题 X、Y 互不相容，则 X∪Y 的概率为 X、Y 的概率之和。

2. 期望公理（Desirability axiom）

如果 prob（s and t）= 0 且 prob（s or t）≠0，那么

$$\text{des}(s \text{ or } t) = \frac{\text{prob}(s)\ \text{des}(s) + \text{prob}(t)\ \text{des}(t)}{\text{prob}(s) + \text{prob}(t)}$$

由于 s 和 t 是不相容的命题，所以 t= ~s，则由期望公理可得：

$$(1)\ \text{des}(s \text{ or} \sim s) = \frac{\text{prob}(s)\ \text{des}(s) + \text{prob}(\sim s)\ \text{des}(\sim s)}{\text{prob}(s) + \text{prob}(\sim s)}。$$

我们假设主体不关心重言式为真的值①，并对任何可以忽视其期望值的语句赋值为 0，则有 des（s or ~s）= 0。因为 prob（s）+prob（~s）= 1，所以 prob（~s）= 1−prob（s）。将这几个式子代入（1）替换，有：prob（s）des（s）+（1−prob（s））des（~s）= 0。易得：

$$(2)\ \text{prob}(s) = \frac{-\text{des}(\sim s)}{\text{des}(s) - \text{des}(\sim s)}。$$

设 des（s）≠des（~s），则（2）等值于（3）。

$$(3)\ \text{prob}(s) = \frac{1}{1 - \dfrac{\text{des}(s)}{\text{des}(\sim s)}}。$$

① 这个假设可以有合理的辩护：一方面，全真命题在任何条件下都真，如“明天或者下雨或者不下雨”，它没有给出或多或少的信息，对人们的选择提供帮助；另一方面，只有一个人直觉上不相信一个事情必然为真，他才会对其抱有期望。

（自然，需设 des（~s）≠0。）因为概率必须在 0 和 1 之间，重言式的期望值为 0，显然，从这个公式容易看出，des（s）和 des（~s）不能够同时大于 0 或者同时小于 0，否则，prob（s）将大于 1。这说明，就任何非重言式的语句而言，对语句本身及其否定句的期望值不能同时大于或者小于重言式。如果以好、坏来衡量选择的话，显然，不可能一个选择（语句）本身和它的否定都同时是好的或者坏的。这就告诉我们，我们将发现在语句及其否定句、任何逻辑真理（T）之间的偏好模式，即：

（4）如果 des（s）>des（T），那么 des（~s）≤des（T）；如果 des（~s）>des（T），那么 des（s）≤des（T）。

现在的问题是，如果我们不是已经对逻辑常元做出解释，我们就不可能识别逻辑真理。所以，我们需要在对象语言中找到一个结构，以保证在对象语言的持真语句中，它是一个逻辑真理。这样，首先需要在对象语言中找到一个真值函项连接词的模式。找寻的思路很明显，如果能够找出持真语句中的逻辑常元及其否定，就容易得到逻辑真理的结构了。戴维森利用了 Sheffer 竖“|”（Sheffer stroke “|”）作为逻辑连接词，其定义恰恰是“并非–合取”（not-and），即“并非（p 合取 q）”。这样，一个语句 φ 的否定即表示为“φ|φ”，等值于“并非 φ”。逻辑真理可表示为“ψ|（ψ|ψ）”，等值于“并非（ψ 并且非 ψ）”。用这些表达替换（4），得到：

（5）如果 des（φ）>des（ψ|（ψ|ψ）），那么，des（φ|φ）≤des（ψ|（ψ|ψ））；如果 des（φ|φ）>des（ψ|（ψ|ψ）），那么，des（φ）≤des（ψ|（ψ|ψ））。

现在，假定我们发现在需要诠释的对象语言中有任意逻辑常元“|”，而且我们还发现对于主体（言说者）来说，有：

（6）对于所有对象语句 φ、ψ：如果 des（φ）>des（ψ|（ψ|ψ）），那么 des（φ|φ）≤des（ψ|（ψ|ψ））；如果 des（φ|φ）>des（ψ|（ψ|ψ）），那么 des（φ）≤des（ψ|（ψ|ψ））。

于是，我们会容易发现（6）对于主体来说是真的。如果我们知道（6）对于所有语句 φ、ψ 是真的，并且像“φ|φ”这样形式的语句不是一个全真式（或者全假式），那么对于语句 φ、ψ 来说，des（φ|φ）≠des（ψ|ψ），我们就能断定“|”是 Sheffer 竖，而不可能还有其他诠释。显然，如果“|”果真是 Sheffer 竖，那么，对于言说者语言的所有语句来说，（6）将是真的。这样，仅仅依靠语句中的偏好，在诠释者不知道意义的情况下，在限制性真理理论的引导

下，诠释者就能识别语句连接词。可见，一旦我们识别了“｜”，就可以识别其他逻辑常元。例如，“$\phi | \phi$”是 ϕ 的否定。由于逻辑等值的语句其期望值也是相等的，所以我们现在就可以诠释所有其他真值函项连接词了，因为根据“｜”可以定义它们。例如，对所有语句 s，如果有

$$des\ (s | s) = des\ (\sim s)$$

我们会得出“~”是一个否定符号。

当然，我们不可能指望任何对象语言中都包含像“｜”一样的二元逻辑连接词，但是，我们根据复杂连接词与“｜”之间的等值关系，同样可以应用以上技术。

如此，确定了逻辑常元后，就可以应用杰弗里公理在给出偏好的语句中指派概率。以逻辑真理值为 0，为语句指派一个数字以确定偏好排序。假设对于欧洲足球冠军杯，“巴塞罗那队会赢得冠军”（ϕ），“曼联队会赢得冠军”（$\sim\phi$）有以下排序：

$$\begin{array}{cc} 2 & \phi \\ 0 & T \\ -1 & \sim\phi \end{array}$$

根据（3），prob（ϕ）= 1/3。如果对于 ϕ，$\sim\phi$ 有同样的期望值，即 des（ϕ）= des（$\sim\phi$），则 prob（ϕ）= 1/2。如此，给出一个如何决定语句期望值的假设，一个人从语句的全部排序中，从详尽的成对排序中找寻，就可以找到涉及主观概率的所有信息（Davidson，1990）。

综上所述，我们已经看到如何基于对语句为真的信念度来诠释简单的语句。给出信念度和对诠释语句为真的相对期望力度，就能够把命题内容赋予主体的信念和期望（Davidson，1990：328）。由此可以达到戴维森希望构建的一个关于思想、意义和行动的统一理论。该理论的框架结构见图 3. 5。

3. 4. 4　几点拓展性分析和评论

按照以上步骤和方法，如果在理论上所有语句中的概率和期望值都确定了，是否意谓语句的诠释就完成了？或者说，我们在现实生活中是否真的用此方法来诠释他人语言？这涉及对决策论方法在语言诠释中应用的定位和评价。对此，我们给出以下几点分析和评论：

第一，以决策论方法来处理基本的命题态度信念和期望，其本身在偏好、信念和期望之间的关系上就有一个先在的限制，将其用于语言诠释时，这种限制方式也必然制约着对主体言语行为的诠释。例如，我们是在期望值、主观概率和偏

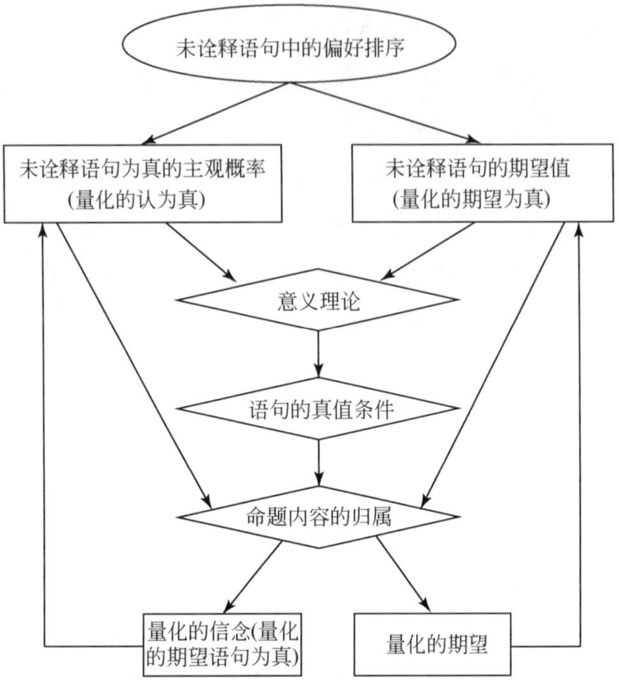

图 3.5　戴维森关于思想、意义和行为的统一理论

好的先在限制基础上，引出对逻辑常元或其配置的限制性解释模式，这种限制模式确实为我们提供了有力阐明对诠释的整体限制的重要线索，不过其人工化痕迹却很重。实际上，上述方法并不具有唯一性，因为还有很多识别和解释逻辑常元的其他方法（LePore，Ludwig，2005：259-260）。

第二，不管是在决策论中还是在语言诠释中，都必须以宽容原则为前提。就是说，我们必须总体上认为一个人的命题态度与他归结于语句和行为中的是一致和正确的，信念之间的关系是一致的，并且，一般来说，在他人对其言语行为进行诠释时，他对待真理的标准和选择与诠释者的认知模式是一致的。这是理解言语行为之可能的前提。但是，这个前提是设定在理想的语言理解交流状态中，因而并不排除在实际应用中有例外情况。

第三，如戴维森在多处反复谈到的，这个应用是一个理论上或者概念上的应用，它既不对实际生活中人们的相互理解，也不对我们如何掌握我们的第一个概念和第一语言给出直接的启示。这个理论应用的目的是显示："在一个层面上，我们的基本命题态度之间的依赖关系具有基础性，它足以避免假设我们能凭借一次一个的方式最终把握这些命题态度，或将它们归结为其他命题态度。实施这种应用业已要求显示同时把握所有这些命题态度是如何可能的。显示这一点，相当于展示这样一个非形式的证明，即证明我们已经赋予思想、愿望和言语以一个使其诠释得以可能的结构。”（Davidson，1990：324-325）

第四，假设我们应用决策论方法确定了所有语句的概率和期望值，尽管真值函项连接词已经被识别，而且凭借句子的逻辑能够认知语句的真或假，但是所有这些工作并不能诠释一个完整的语句。要完成对所有语句的完整诠释，需要在主体语言中构建一个真理理论。也就是说，需要在宽容原则的指导下，利用诠释者已有的真理模式为基础，建构一个适合自然语言诠释、经过修正的塔尔斯基模式真理理论（王静，张志林，2007）。进一步的诠释要求还很多，例如，需要详细阐述理论的经验基础，其所需要同时具有的，不仅仅是言语主体对语句的偏好，还包括导致他的偏好（以及由此拥有的信念）的在世界中的事件和对象。这就需要结合戴维森的语义外在论、整体论等语言认知基础。不仅如此，对常见谓词的诠释还要特别依靠言说中的索引因子，如指示词和时态等，因为正是这些东西将谓词和单称词项与世界中的对象和事件联系起来（Davidson，2004a：164）。这些都需要在修正的塔尔斯基真理模式基础上，提出进一步的规范要求。

总之，要对语句做出完整的诠释，只有决策论方法的应用远远不够。但是，这并不意味着以上所列出的过程和方法毫无用处。实际上，在许多决策论的实验数据中，实验者让行动主体所做的选择，就是书写或者言说中被描述的选择项，只是一般情况下假设主体如实验者一样知道这些描述。但正如我们已知的那样，戴维森意义上的语言诠释者则无需这种关于行动主体的认知假设。除此以外，语言诠释与行动选择的过程和方法都是相似的。因此，既然行动主体能够靠以上所说的过程和方法得出数据，理论上语言诠释者也能够据此理解言说者的简单语句。当然，要使这个方法真正能行可操作，还需要增加一些规范，而按照思想和语言的错综复杂关系，我们目前还很难准确地说出增设什么样的或者多少规范是恰当的。换言之，要想对语言理解做出完整的诠释，需要做的工作还很多。尽管如此，本研究试图表明，决策论方法的确有助于解决著名的诠释难题，从而推进完整的语言诠释理论之建构。

如此，通过对 T-语句的形式限制以及通过持真态度这个经验限制，我们就能够合乎情理地得到对语句含义的诠释。在戴维森所说的彻底诠释语境中，这也就是对“诠释者理解言说者的语言行为是如何可能的”这一先验问题的部分回答。为了更好地理解和深化对这个问题的解答，有必要对“彻底诠释”方法做专门的讨论，这正是第 4 章的任务。

第 4 章　语言理解的诠释方法：彻底诠释

在第 3 章对诠释的形式和证据基础做了全面论证的基础上，本章开始阐述彻底诠释方法何以可能用于解决语言理解或交流的可能性这一先验问题。换句话说，本章关注的核心问题是：彻底诠释是如何可能的？为了回答这个先验问题，我们首先阐明彻底诠释与彻底翻译的联系与重要区别，在此基础上弄清楚在彻底诠释过程中诠释者和被诠释者可资利用的资料到底有哪些，再分析彻底诠释应用于反怀疑论的策略和方法。其次，我们讨论诠释的不确定性论题，找出诠释不确定性与翻译不确定性的关系，深入剖析诠释不确定性的理论内涵。最后，我们根据对“彻底诠释如何可能？”这一先验式问题的分析和理解，试图阐述彻底诠释理论的哲学意蕴。

其实，严格地说，彻底诠释如何可能的问题是一个大问题，在本章中我们只能对这个问题做出部分解答。具体地说，在此我们只是根据戴维森 20 多年研究中散见在其论著中的相关论述，就彻底诠释的理论背景即它与彻底翻译的理论承接（更重要的是区别），在诠释者和被诠释者方面所提供的诠释资料，彻底诠释预设了哪些观念作为支撑，作融贯分析和清理，并尝试做一些拓展性探讨。我们之所以说这些分析、清理和探讨只是对彻底诠释的可能性这个先验问题的部分解答，主要是因为在这里我们还没有澄清彻底诠释方法与戴维森的语义外在论、三角测量模式的关系。因此，只有将本章的讨论与第 5、6 章的讨论结合起来，我们才能完整地回答彻底诠释如何可能的问题。

4.1　彻底诠释的内涵及应用

4.1.1　彻底诠释与彻底翻译

蒯因提出的彻底翻译是指对一种我们根本不具有相对应的语义知识的从未接触过的语言（如某个土著语言）的翻译。对于这样的语言，由于我们没有相应的句法结构知识，故只能将特定情景中土著人的语句即场合句（occasion sentence）与产生语句的刺激条件联系起来，通过反复比较听到的语句与看到的刺激，试图找出其间的联系，再根据询问土著人，观察其言语行为倾向，由此逐渐列出一个土著语词汇表，尝试性地与对之做出翻译的语言（如英语）匹配，建立一种对应关系，从而达到翻译和理解这种语言的目的。彻底翻译是蒯因基于行为主义立场设计的一个思想实验，其旨在通过一种极端的语言翻译情形，清楚地揭示语言及语言学习与行为刺激（模式）之间的关系，从而达到他拒斥语言的“博物馆神话”，主张行为主义的语言意义理论的目的。(Quine，1960)

戴维森说自己采用“‘彻底诠释’这个术语，旨在表明与蒯因的‘彻底翻译’有着十分密切的关系”。但是，“密切不等于同一，用‘诠释’替代‘翻译’，它标明的差别之一是：更加强调前者中明确的语义性质”（Davidson，2001a9：126，n.1)。因为翻译更多的是从句法着眼考虑从一种语言转换成另一种语言，而诠释则需要观察语句中某些结构，对语句意义如何依赖其结构做出说明，例如，通过揭示基本表达式对语句的真值起到什么样的作用而明确其特定的语义性质。不仅如此，“彻底诠释与彻底翻译之间有一个关键的区别，这种区别在于对支配诠释的原因所做出的选择的性质”（Davidson，2001b10：151)。如我们在 2.1 节中指出的，蒯因使诠释依赖于感觉刺激的模式（patterns of sensory stimulation)，而戴维森则使之依赖于对语句做出诠释所论及的那些外在事件和对象（external events and objects)。正如埃文宁（S. Evnine）所说：“戴维森的彻底诠释不同于蒯因的彻底翻译，在于前者抛弃了刺激意义的观念，而在直接依据外在世界的持真语句上构建条件。”（Evnine，1991：124）

这导致蒯因和戴维森两个根本不同的观点：一个是对感觉刺激作为意义标准的看法不同，另一个是对观察语句（observation sentence）赋予认知意义的看法不同。

对于前者，戴维森说，蒯因的意义概念受感觉标准（即某种他认为也可以被当做证据的东西）的约束。“同一个原因（如一只兔子跑过）显然可能会在言说者和观察者那里引起不同的信念，从而促使对不可能受到同样诠释的语句持赞同态度。毫无疑问，正是这一事实使蒯因把注意力从兔子转向刺激模式，把刺激模式作为诠释的关键。”（Davidson，2001b10：152）而戴维森认为：“感觉刺激的确是这根导致（lead to）信念的因果链（causal chain）上的一个环节，但是，不能（造成混乱地）把感觉刺激看做对那些被刺激引起的信念的证据（或辨明的根据)。”（Davidson，2001b10：151）在戴维森那里，“诠释者可运用的唯一的（因而是无懈可击的）方法是自动地使言说者的信念与诠释者的逻辑标准一致起来，从而相信言说者具有很明白的逻辑真理”。“因为，他是根据在外部世界中的、使语句被作为真的事件和对象来诠释被认为是真的语句”。因而，“一切充当一个信念的证据或证成的东西，都必须来自这个信念所属的同一个信念整体”（Davidson，2001b10：149-153)。①

① 从这里也可以看出，正如戴维森所说，他是在一种“全面”的基础上应用宽容原则，而蒯因则仅仅是在识别（纯粹的）语句联结词时才强调宽容原则。

对于后者，戴维森说，蒯因将观察语句赋予认知意义以区别于其他语句，因为蒯因认为："观察语句直接受感官的制约，因此可以设定它们具有一种语言之外的辨明（extralinguistic justification）作用。"（Davidson，2001b10：151）而戴维森则认为：观察语句与理论语句的区别最终建立在观察语句直接以某种像感觉（感觉刺激模式）那样的东西为基础，而一旦以这种追溯到经验、所与、感觉刺激模式、处于信念和我们的信念通常所论及的对象之间的认知中介作为我们辨明的基础，我们便向怀疑论敞开了大门（Davidson，2001b10）。

对于这些区别，从源头讲，我们可以归结为蒯因是一个行为主义者，而戴维森则不是。因而，在为理论寻找证据时，他们诉诸的概念不同。对于戴维森，对证据的要求最重要的不在于它们应该是行为的证据，而仅仅应当是非语义的证据。这就意味着任何非行为的、非语义的证据，都可以为戴维森而非为蒯因所用。另一方面，以戴维森的观点看，描述某人持一个语句为真并不是简单地描述一个人的一个未经诠释的行为，在某种意义上，它可以被看做以心理词项描述一种心理状态，选择什么样的语句为真是一种意向性的行为。这样，通过承认意义理论的证据不全然是行为的，戴维森反驳了还原论（Evnine，1991：99-100）。较之蒯因，他更鲜明地表达了一个立场：语义事实终究不能像行为主义者和其他还原论者所希望的那样的从纯粹的非语义事实中抽取出来。并且，"信念，就像其他所谓的命题态度一样，是伴随着各种不同的事实而产生的……指出这一点的理由在于：我们不鼓励人们把心理现象从定义上或从规律上还原为某种更基本的东西"（Davidson，2001b10：146-147）。因此，我们发现戴维森希望采取一种温和的方式，那就是：如第3章已经表明的那样，他力主从人们关于语句（描述为未经诠释的）为真的信念这种相当简单的结构中建立起对那些语句做出诠释的理论。

4.1.2 彻底诠释的资料基础

在戴维森几十年所撰写的关于诠释理论的论著中，"彻底诠释"这个术语主要有两个用法：一个是指从没有双语言说者或词典编撰者帮助的草案中给出的任何诠释，另一个是指基于有限的和指定的资料基础进行诠释的特定行为（Davidson，1993a：77）。当然，这两个用法是相互关联的。我们一般在后一种意义上应用这个术语，显然，在这种用法中其实也暗含了对另一种语言的诠释是没有使用双语的人或词典编撰者帮助的。下面我们就来具体分析什么是彻底诠释的"有限的和指定的资料基础"。

既然彻底诠释的两个主体是彻底诠释者和被诠释者，当然就可以从两个角度考察诠释资料，即一个从诠释者的角度考察，诠释者在进行彻底诠释时应当具备或不具备什么样的知识，或者说，要使彻底诠释得以进行，彻底诠释者需要预设什么样的背景；另一个从被诠释者的角度看，要使诠释得以完成，被诠释者需要处于什么样的状态。因为彻底诠释是由诠释者的进路理解言说者的语言，所以我们着重于从诠释者的角度切入分析。

我们知道，彻底诠释者在开始诠释时，不预设他具有关于对象语言的任何特定的语义知识。对此，许多人心存置疑。在实际的语言交流中，我们能找到这样的一个彻底诠释者吗？诠释者真对对象语言一无所知吗？如前所述，彻底诠释来源于彻底翻译，类似的诘难也在蒯因那里遭遇到，只不过在蒯因那里的焦点集中在语言之间的可译或不可译及达到何种程度的互译上。在彻底诠释中，一些人从置疑根本不存在这样的一个彻底诠释者着手［例如，福窦（J. Fodor）和莱叵洛（E. LePore）认为无论是实地语言学家还是孩子都不可能是一个真正意义上的彻底诠释者（Fodor，LePore，1993）］，否定对彻底诠释者的设定的合理性，从而否定彻底诠释的可能性。戴维森在最初提出彻底诠释方法时，除了说明彻底诠释者不具有关于对象语言的特定语义知识外，对于他还可能具有什么样的知识或预设什么样的背景并没有作说明。后期在回应福窦和莱叵洛的文章中，戴维森强调："一个彻底诠释者已经具有一种语言和一整套或多或少与被诠释者相匹配的概念。如关于真理、意向、信念、欲望、断言（和更多）的概念。他知道许多关于世界和关于人们在不同的情况下如何行动的东西。"（Davidson，1993a：81）毫无疑问，诠释者是以一个观察者的身份出现的，这个观察者既不同于实证主义的没有任何主观先见的中立理想观察者，又不同于哈贝马斯（J. Habermas）的允许存有价值判断和主观先见的观察者。那么，怎样定位作为彻底诠释者的观察者呢？我们知道，丧失主体性的中立观察者在科学哲学中业已被驱逐，过多带入主观先见的观察者往往注重观察中的价值取向而淡化了科学的客观性。而戴维森的彻底诠释者不是没有主观的意向和概念，当然不会是一个中立的观察者，但他又决不被允许带着主观意向在诠释过程中长驱直入。戴维森对诠释者不知道什么同样做了明示："他不是一个能看透他人心思的人（mind-reader），并且他还不懂得某人通过开启他自己的大脑所思考或者意谓的东西。而主要的限制在于他不会知道有待诠释的人的任何命题态度的具体内容：他不知道这个人通过他自己的言说所表达的意向、信念、欲望或者意思。"（Davidson，1993a：81）事实上，我们可以同样不认可戴维森的限制，甚至可以说这样的限制在实际诠释中是根本做不到的，它不过是戴维森的一种设定而已。不错，这样的限制的确是一种设定，而问题不在于它是不是一种设定，更不在于像戴维森这样聪明的哲学家意识不到实际上不存在这样的一个诠释者；而在于为什么要做这样的设定，这样的设定是否合理，或者说较之其他观察者，以这样的诠释者作为观察者是否更为合适。首先我们需注意，语义事实不同于科学事实，尽管戴维森在对行为证据的观察中用了一些科学（如物理学）中证据观察与理论的关系作类比，但我们不能简单把对语言行为的观察等同于科学观察。正如戴维森本人所说，在彻底诠释中给出的“这些限制的理由是哲学的而非科学的，而且是在我实际关注的彻底诠释中不得不成立的理由”（Davidson，1993a：81）。换句话说，这些限制理由不是以科学的量化标准给出的，它所表明的是一种哲学立场。戴维森不是不知道实际诠释中诠释者会存在这样那样的先见，但为了达到尽可能正确地诠释他人的目的，诠释者在对言语行为的观察中必须抑制自己的先见。当然，我们可以置疑“将那些人们在学习语言中必须以某种方式观察的东西称为‘证据’”是否恰当，或者认为根本不能称之为“证据”，但这些对于戴维森来说并不重要，因为，“为彻底诠释的可能性作辩护的重要问题在于：一个带有他自己语言的成熟的观察者如何把它当做证据”（Davidson，1993：82）。

进一步问，“人们在学习语言中必须以某种方式观察的东西”是什么？根据蒯因和戴维森，语言学习者也是理解他人语言的人，也就是他人语言的诠释者，因而在学习语言中所必须以某种方式观察的东西也就是言说者的言语行为，说得更彻底一点，就是这些言说者在具体语言环境中持什么样的语句为真。

> 一个希望他的话被人理解的言说者不可能就他在什么场合赞同语句（即认为这些语句为真）这个问题系统地欺骗将要成为他的诠释者的人。因此，原则上，意义及与意义相关的信念都易于公共地确定……对一个具有充分信息的（a fully informed）诠释者关于一个言说者的话语的含义所要获知的，他都能全部获知。同样，对这样的诠释者关于言说者的信念所要获知的，他也能全部获知。（Davidson，2001b10：147-148）

其具体做法可以类似地“把真理理论结合决策论进行诠释，将言说行为的某些可观察的方面作为真理理论的证据，进而作为一个统一的信念、意义和欲望的理论的证据”［Davidson，1993（1）：84］。我们在 3.4.3 节中已简要阐述这种类比诠释方法。

彻底诠释的资料于被诠释者方面，则要求提供给诠释者的资料是无遮蔽的，换句话说，可供诠释的是公共可获取的资料（publicly accessible data）。戴维森说：

> 我认为，自然语言的言说者能够——并常常是——被正确理解，而且这种理解是基于如你我都既可以获得又易于获得的非语言事实。这个观点推不出我们没有圈固（wired in）一个普遍语法，或者我们没有把

个或 50 个语言的语法包括在内。但是它确实包含对排除没有结构的单称词项和谓词的指称的确信。如果我们理解一个言说者，我们就知道他的语词如何与世界联系，而这不是生而知之的。语词与世界的联系是在社会的相互作用（social interaction）的语境中针对言说者与诠释者两者而建立起来的。（Davidson，1993a：82）

我们认为戴维森的这段话包含几层意思：①自然语言是认知可通达的（epistemically accessible）；②彻底诠释需要的证据是基于讲自然语言的普通言说者（像你我一样）都容易可获取的证据，这种证据是非语言的事实；③之所以要求彻底诠释基于易于获得的证据（非语言事实），在于自然语言是认知可通达的，讲自然语言的言说者能够并且确实是通过非语言事实达到对其语言的理解的；④对语言的理解是在社会的公共脉络中进行的，是在言说者和诠释者之间的相互作用及其与世界的联系中进行的，这一方面说明对语言的理解需要主体间可交流，另一方面说明主体间的交流需要依据社会的规范或约定，参照同一个外在客观世界。诠释者和被诠释者只有相对于同一个对象，该对象在具体语言环境中为真的条件才可能同时为诠释者和言说者所辨别；或者说，只有参照同一个客观对象，诠释者才能够正确地将言说者持语句为真的条件与该语句在实际中为真的情况结合起来，从而根据言说者的选择推定他的话语含义及信念。如此，彻底诠释才有可能。

但是，如果我们再作分析，就会发现，对诠释资料的充分界定只是诠释得以可能的必要条件而不是充分条件。一些重大的问题横在诠释的大门前：如果诠释者的信念不一致，如果诠释对象的资料是假的，如果诠释者与被诠释者的对真假的看法不同……在这些情况下，诠释如何可能？如此，我们不得不进一步分析诠释得以可能的理论预设（请见第 5 章）。

4.2　诠释的不确定性

根据戴维森的观点，在建构意义中的那些形式的和经验的限制不能唯一地确定（fix）诠释理论。或者换个更好的表达：我们不能从言语行为中唯一地构建信念和意义。戴维森认为这个理由已由蒯因令人信服地做出了论证：一个言说者持什么样的语句为真决定于言说者借由他的话语表达什么含义以及他对世界的信念，而对这些决定的方式我们只能部分地清理出来（Davidson，2001c：256-257）。这个观点被称为戴维森的诠释不确定性。我们可以这样来分析这个观点所言说的几层意思：①即使在意义的理论构建中，纵然其形式的和经验的限制条件不是任意的，我们仍然不能从这些限制条件中得到一个唯一的诠释理论，也就是说，可能存在众多可行的诠释理论，我们原则上缺乏认知判断标准，无法决定哪一种诠释是唯一正确的。②当所有的诠释资料都纳入考虑了，我们仍然可以从言语行为中对言说者的信念及语句的意义做出不同的诠释。③诠释的不确定性与蒯因主张的翻译不确定性有理论上的关联（林从一，2004）。

4.2.1 诠释不确定性与翻译不确定性

蒯因的翻译不确定性论题源于他所主张的自然主义的语言观和行为主义的意义论。他认为："语言是一种社会的技艺。我们大家都只是根据他人在公共可认识的环境下的外部行为来习得这种技艺。"（Quine，1969：26）翻译不确定性论题的内容是："可以用不同的方式编撰一些把一种语言翻译为另一种语言的翻译手册，所有这些手册都与言语倾向的总体趋于一致，但它们彼此之间却不一致。在众多场合，它们可能以这样的方式表现出一些歧义：相对于同一种语言的一个语句，当它们用另外一种语言分别翻译这个句子时，这些翻译句之间彼此却可以不具有任何似乎合理的等价关系。"（Quine，1960：27）例如，"一个表达式能够以两种同等可辩护的方式译为英语，但这两个翻译句在英语中意义却不同"。由此，蒯因对人们通常持有的意义和指称的确定性观点提出了如下批评："不确定的东西不仅是意义，而且是外延，即指称。我关于不确定性的评论开始是对具有相同意义的挑战……意义相同确实是一个模糊的概念，一再受到挑战。对于两个在外延上相同的谓词，从来不清楚何时能说它们在意义上是相同的或不同的……翻译的不确定性，同等地贯串于外延和内涵……指称本身证明在行为上是不可测知的。"（Quine，1969：35；陈波，1998）蒯因的不确定性论题在当代哲学中引起了广泛而热烈的讨论。大家认同：翻译不确定性论题的主旨是拒斥作为心理实体的意义概念。

戴维森在建立其著名的彻底诠释理论的过程中发展了翻译不确定性论题，通常称之为诠释不确定性论题。戴维森说："当一个诠释理论只是根据单个言说者对语句的态度来诠释他的话语时，我们可以确信，会有许多同等合格的相互竞争的诠释理论，因为在诠释上的差别会被在信念归属上的适当差别所抵消。"（Davidson，2001a10：153）其理由是：

> 一个言说者持何种语句为真，取决于该言说者借由他的话语表达的意思以及他关于世界的信念，而对于这些决定的方式我们只能部分地清理出来。换个更好的表达：意义和信念不能从语言行为中单一地构建出来。（Davidson，2001c：256）

这里包含几层含义：①在意义和信念的构建中，纵然其形式的和经验的限制条件不是任意的，我们仍然不能从这些限制条件中得到一个唯一的诠释理论。也就是说，可能存在众多可行的诠释理论，我们原则上缺乏认知判断标准，无法决定哪一种诠释是唯一正确的。②当所有的诠释资料都纳入考虑了，我们仍然可以从言语行为中对言说者的信念及语句的意义做出不同的诠释（林从一，2004）。③语言诠释中真理、意义和信念是缠结在一起的。

根据戴维森的诠释理论，可将诠释的几个阶段用图 4.1 简示（LePore，Ludwig，2005）。

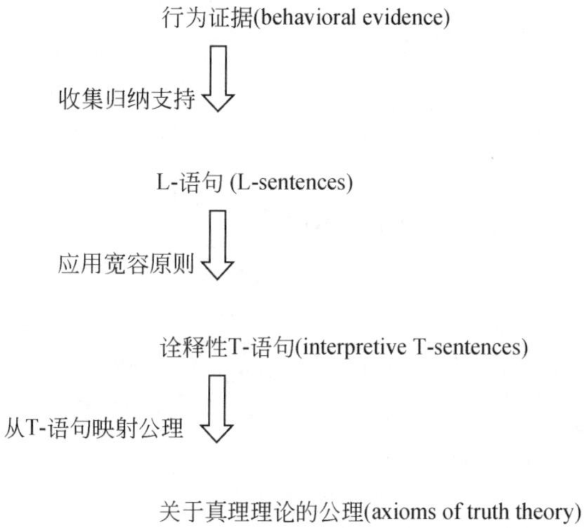

图 4.1　诠释的几个阶段

在戴维森看来，诠释的不确定性就产生在第二和第三个阶段，可能存在不同的向语句指派真值的方式。这样，“在某种情况下，戴维森允许能够有不同的、非同义的元语言语句——所有的这些语句实际上对一个对象语句都给出了诠释”（Evnine，1991：122）。

翻译不确定性和诠释不确定性具有共同的理论预设：①语言的意义通过对他人的语言进行诠释（或翻译）而得到理解，这也被称为意义研究的第三人称进路，以第三人称的观点切入作为原初的和基本的认识论立场，这一点很关键，彻底不同于传统的以笛卡儿为代表的基于第一人称（the first person）的认识论立场。②语言意义是公共可观察的。③语言意义依赖于言说者在特定环境中的外部行为而探明。④主张意义及指称具有不确定性，其共同的理由是：从反面看，那种基于语词-对象模式的指称和意义概念均不具有一一对应的关系；从正面看，整体论加上意义具有公共可观察性的主张，使得证据与意义之间也没有一对一的关系。⑤意义及指称的不确定说的主旨是反对意义或指称实体论。它证实了这个看法是正确的：“如果意义是实体的话，那么，关于原则上必然具有意义的这个

尖锐问题就是虚伪的。”(Davidson，2001a7：101)

诠释不确定性与翻译不确定性主要不同点在于：

第一，其最重要的区别是，诠释不确定性是建立在戴维森的彻底诠释理论基础上的，是建立在彻底诠释方法的可能性和彻底诠释者立场的合理性基础之上的(王静，张志林，2007)。

第二，对思想及言说的对象的界定不同。蒯因主张语言的特定言说对象(“说什么”和“何时说”)完全依赖于“主体间可资利用的提醒物”；而戴维森认为，我们的思想和言谈的对象，既是关于一个主体间分享的世界，又是关于一个独立于我们的客观世界①。这样，戴维森杜绝了把言说内容只框定在主体间或观念之间而对其仅做融贯理解的可能，而将语言所关涉的对象联结到相关环境中的事件和对象上(Davidson，1990：320-321)。

第三，对意义及信念的证据理解不同。蒯因认为，一个观察语句有什么样的意义(信息值)，都是由使得一个言说者对该语句持赞同或不赞同的感觉刺激模式所确定的。戴维森却反对蒯因的行为主义立场，坚拒将感觉刺激作为诠释的证据。他对证据的要求只是非语言学词项描述的，而不是如蒯因所要求的那样应当是行为的。“这就意谓着，任何非行为的、非语义的证据，包括关于大脑和它工作的信息等都可以为戴维森而非蒯因所用。尽管如此，实际上，戴维森很少或几乎不使用这样的证据”(Evnine，1991：100)。不过，戴维森仍然主张语言意义依赖于言说者在特定环境中的外部行为而探明。须注意的是，戴维森所界定的外部行为是不借助于仪器就可观察得到的。他不把神经末梢的刺激本身也作为一种反应行为，因为那是我们不借助仪器就观察不到的。他之所以强调这一点，其目的是为了强化言语行为的公共可观察性，彻底地把言语行为置于公共可理解的视野下，不给语义内部论留下可钻的空子。再者，戴维森把蒯因由感觉刺激引起的对语句的赞同或反对态度，提升为依据外部世界条件对语句的持真态度。他认为理解语言意义的根据之一，就是我们可以观察到在什么条件下，行动者持何种语句为真。根据戴维森纲领的意义真理观，持真态度与约定-T结合，为真理理论增加了形式的和经验的限制(王静，2005)，从而也缩小了意义不确定性的范围。

第四，对感觉刺激作为认知的中介认识不一样。蒯因把观察者核实(collating)语言意义的证成依据于“人们的与生活可观察的刺激物明显相应的倾向(dispositions)”(Quine，1960：ix)。从这里我们也可以做出两点分析：一是蒯因把语言意义的证据依赖于人们生活中可观察的刺激物；二是蒯因将“倾向”既看做与刺激物明显相对应的东西，又将其看做对意义的核实论据。如此，我们

---

① 不过需注意，戴维森的“客观世界”有其独特的界定，我们将在5.3节、6.2节中详细说明。

可以将这种倾向理解为语言意义与刺激物之间的中介。与蒯因截然不同的是，戴维森反对任何形式的意义中介。他认为，感觉之类的东西仅仅在引起某些信念这个意义上被看做信念的原因（即因果中介），感觉不是信念或其他命题态度，它们不能成为信念的理由（即认知中介）。既然我们无法保证这些认知中介的真实性，就不应当允许它们插在我们的信念与这些信念在世界中的对象之间。因此，对于认识上的中介我们必须防范（Davidson，2001b10：144）。

戴维森之所以极力反对把感觉刺激作为认知中介，在于他认为这样的方法会导致怀疑论。他说："蒯因和达米特（M. Dummett）都赞同这样一个基本原理，即无论什么样的意义，都必须以某种方式追溯到经验、所与、感觉刺激的模式、处于信念和我们的信念通常所论及的对象之间的某种中介。一旦我们采取了这一步骤，我们便向怀疑论敞开了大门。因为在这种情况下我们必须承认，大量的（或许是大多数）在我们看来为真的语句可能实际上是假的。这是具有讽刺意味的。试图使意义成为可通达的，结果却使真理成为不可通达的。当意义按这种方式变为认识论上的意义时，真理和意义就必然分离。"（Davidson，2001b10：144-145）

对蒯因的建议即无论一个观察语句有什么样的意义（信息值），它都是由使得一个言说者对该语句持赞同或不赞同的感觉-刺激的模式所确定的，戴维森认为其具有双面刃的作用。一方面，这是在不必谈论意义、感觉材料或感觉的情况下抓住关于证实主义理论（verificationist theories）吸引人的部分的一个极具创见的方式。尤其让戴维森欣慰的是，它可以使人们在无需所谓的意义实体的情况下，合理地从事戴维森所定位的意义理论的研究。另一方面，戴维森认为："蒯因的建议就和其他形式的证实论一样，对怀疑论有利。很清楚，一个人的感觉刺激可能就像它们所呈现的那个样子，而外部世界则非常不同。"（Davidson，2001b10：145）所以，戴维森从一开始就拒斥观察语句与其他语句的区分，因为在他看来，观察语句赖以成立的感觉刺激基础会导致怀疑论。

第五，对指称及指称不确定性的看法不同。根据蒯因的论证，一方面，任何真正的语义事实都只能被看做行为的；另一方面，以行为证据为基础又不足以确定意义或翻译。因为对蒯因来说，认识一种语言仅仅在于根据一系列倾向以各种方式对各种不同的刺激做出反应。如果在这一系列倾向中采取各种可能的相互竞争的分析假设（analytical hypotheses），亦即把待翻译的话语分解排列成一个土著语词汇表，再尝试性地与英语的词汇或短语匹配，这势必导致不同的翻译（即所谓的翻译不确定性）（Quine，1960：68）。因此，不存在什么东西可以确定意义或翻译。不仅如此，蒯因还从意义及翻译的不确定性引出了指称的不确定性，或称指称的不可测知性（the inscrutability of reference）。他特别指出，通常说来，人们认为，“指称、外延，一直是确定的东西；意义、内涵，则是不确定的。不过，我们现在所面对的是翻译的不确定性，它同等地贯穿于外延和内涵。词项‘兔子’、‘兔子的部分’及‘兔子的时间段’不仅在意义上不同，它们也对于不同的东西为真。指称本身证明在行为上是不可测知的”（Quine，1969：35；陈波，1998）。但是，从这里也引出了指称的荒谬性，即一个词项可以指称不同的东西，而这种不同的东西之间没有差别。为了摆脱这种荒谬境地，蒯因发展了他本人关于本体论的相对性（ontological relativity）的学说。他认为，尽管我们不可能以行为证据为基础绝对地确定语句的意义和指称，但通过诉诸分析假设，可以相对地确定表达式的意义和指称。换言之，“除非相对于一个协调的体系，否则，指称就是无意义的”（Quine，1969：48）。

然而，戴维森认为，蒯因并没有对翻译和指称的实际情况做出充分的表述。依戴维森之见，当我们确实依据翻译手册把一种语言翻译成另外一种语言时，如果我们真的能从其中“总结出旨在诠释语言的可容许的证据，那么，这种证据与指称问题和本体论问题无关。因为一个翻译手册仅仅表明从一种语言中的语句转换成另一种语言中的语句所采用的方法，我们从中无法推导出有关语词与对象之间的关系的结论。当然，我们知道（或我们认为我们知道）在我们自己的语言中的语词所指称的东西，但是翻译手册并不包括这种知识。翻译只是一个纯句法概念（purely syntactic notion）。指称问题并不在句法问题中出现，更谈不上在其中加以解决了”（Davidson，2001a15：221）。进一步说，蒯因在此的重点虽然不在讨论指称问题，而是强调指称的不确定性，但他仍然是在语词-刺激的经验模式上考虑指称概念；而戴维森所要做的是“坚决主张我们必须拒斥将指称概念作为经验的语言理论之基础”（Davidson，2001a15：221）。

戴维森认为，以彻底诠释方法处理诠释过程，不确定性程度不会如蒯因所视为可能的那么严重。何以见得？戴维森本人这样解释：“这部分因为：我是在一个全面的基础上倡导采用宽容原则。部分因为：倘若满足约定-T，显然就确保了量化结构的唯一性（the uniqueness of quantificational structure）。”（Davidson，2001a10：153）相比而言，蒯因则仅仅是在识别（纯粹）的语句联结词时才强调宽容原则。戴维森彻底诠释方法中的语义限制条件，要求必须对语言中的量化结构做出诠释，而这种以递归方式做出的满足约定-T的量化结构，就可能根本没有为逻辑形式的不确定性留下余地（Davidson，2001a9：136，n.16）。恰如他本人所说，像“‘雪是白的’是真的当且仅当雪是白的”这样的语句确实很平凡，然而，这样一些英语句子的总体却唯一地（uniquely）为英语确定出真理概念的外延（Davidson，2001a13：194）。

4.2.2　诠释不确定性的理论意义

对于诠释不确定性在意义理解中的影响，戴维森说："不应将留有不确定性判断为诠释的失败，而应将其作为意义理论本身性质的一个逻辑结果。"（Davidson，2001c：256）其实，在语言理解的实际过程中，诠释不确定性可能并没有那么大。"给定一个言说者共同体，其中的成员显然都讲同一种语言，那么，理论家就会力求一种单一的诠释理论：这会为每个单独的言说者极大地缩小他对一些初始理论的实际选择。（在长久的交谈中，人们必须从一种可适用于社会的诠释理论入手，并随着其他言说者所特有的证据的积累而使这种理论日趋精致。）"而这种基于社会交流脉络的诠释理论得以可能的原因在于："我们可以通过建构信念，来调整在个体对语句的持真态度与以公共标准衡量的语句的真（或假）之间的松弛关系。"（Davidson，2001c：256）在全面应用宽容原则的前提下，虽然不同的真理理论会对同一个语句指派不同的真值条件，但我们可以有理由断定这些理论对语句在语言中的作用的看法是（大致上充分地）一致的。而且，"对关于 T-语句的诠释增加的一些合理的经验限制（我们依据这些限制条件来判定 T-语句为真）以及形式限制，会充分地在那些不同的真理理论之间确定出不变因子"（Davidson，2001a15：224）。根据这些论述，只要我们知道这种真理理论（并且知道它正是满足那些限制条件的理论这一点），便可以知道 T-语句唯一地提出了语句的真值条件。这样，我们就能理解为什么戴维森说恰恰是在显示不确定性的过程中，同时显示了确定的东西。就哲学传统看，这里从一个独特的视角重构了思想交流过程所具有的变中求恒和异中求同的机制，庶几可视为另一种有别于哈贝马斯意义上的"交往理性"。我们认为，与哈贝马斯的"交往理性"相比，这种意义上的"交往理性"所具有的显著优点是：它能有效地避免囿于主体间性层面，仅仅从协调意见而求得共识的的进路，为进而彰显诠释脉络中的语言意义和信念内容的客观真理性规定了相应的理性原则、形式条件和经验限制。

与此密切相关，诠释的不确定性论题还从一个侧面批判了概念图式需要组织或适合实体（或经验）的教条（即图式–内容的二元论区分的所谓经验主义的第三个教条）。因为根据戴维森的观点，就语言诠释而言，并不存在彻底不同的理论结构，关于诠释的不同理论可以看做"参照共同部分在可理解的概念图式中做出转换和对比"（Davidson，2001a13：195）。但须强调，这里所谓"共同部分"绝非只是"意见共识"，而是由内含于三角测量模式中的诸多因素（特别是语义外在论）所确认的语言意义和信念内容的客观真理性。

正因如此，戴维森强调，必须把诠释不确定性放在意义整体论的架构下思考：

> 这种不确定性的重要性仅仅在于它使人们注意到，对言语的诠释为什么必须普遍地与对行为的诠释结合，从而必须与对欲望和信念的归属紧密结合……每个诠释和对态度的归属都是在一种整体论的理论中所使用的一种方法，这种整体论的理论必然由关联到真理的一致性和普遍的融贯性的东西所支配；而且正是这一点，使这些关于意义和信念的理论永远有别于那些描述与心智无关的对象，或把对象描述为与心智无关的理论。(Davidson，2001a10：154)

根据戴维森，意义或翻译的不确定性并不表示我们无法把握一些重要区别，而不过是表明某些明显的区别并不是重要的（类似的如用不同的方法表示温度的测量，或决策论中以不同的数字表示不同的选择之间在主观值上的有意义的关系）。

最后，不确定性论题对语言哲学研究还有一个重大贡献。正如戴维森所说："通过显示如何在没有确定的意义这种东西存在的情况下进行语言哲学研究，消除了分析与综合的区分，这保全了语言哲学得以成为一门真正的学科。"(Davidson，2001b10：145) 依此提示，语言哲学的关键任务是：在抛弃意义实体论及其按此理解的分析-综合区分的前提下，首先阐明语言具有意义的可能性条件，进而揭示语言意义的内在一致性和客观真理性，最终显示语言、心灵与世界之间可理解的合理关系。

4.3 彻底诠释理论的哲学意蕴

戴维森说："彻底诠释如何可能的问题应当被看做一个非形式的证明(informal proof)，在这个证明中，假定可获取的证据加上满足在一个人的信念、价值和语言模式的结构上的限制，从而产生一个理解那个人的诠释理论。"(Davidson，1993a：84) 在对彻底诠释的理论渊源、理论基础、诠释过程、方法特点予以论证、梳理和说明后，现在我们试图对戴维森彻底诠释理论的哲学意蕴做一阐述。

第一，以真理理论作为彻底诠释的基础对诠释理论的贡献。正如前面已表明的那样，不同于选择其他理论知识作为诠释的必备条件，戴维森将彻底诠释理论的基础奠定在对塔尔斯基真理理论的修改和运用上。这基于戴维森的以下观点：如果一个理论能将某个语言的所有语句的真值条件清楚地界定出来，那么它就将是一个能够表明该语言的所有语义内容的恰当的诠释理论。而如果某人具有这样的诠释理论的知识，他也就能够理解该语言（Davidson，2001a4；林从一，

2004）。

第二，彻底诠释理论预设以宽容原则和意义整体论作支撑。戴维森认为，一个言说者的表达之所以具有这个真值条件，仅当言说者想让其话语被诠释为具有这些真值条件。也就是说，真理理论描述了言说者潜在的和现实的语言行为的至关重要的内容，那就是言说者想使他的表达如何被诠释。在这个理论框架下，“言说者能够像他相信诠释者会以这个理论所描述的方式诠释他那样说话，而且诠释者准备这样诠释他”（Davidson，1990：312）。至于诠释者和言说者之间何以会达成这种一致，这背后要预设一个宽容原则作为支撑，即诠释者和言说者都是理性生物，他们所分享的信念在大体上是相同的；并且诠释者相信言说者的大多数表达都是关于他真实意愿的表达，诠释者通过观察言说者的持真态度得以把握言说者的意义。而且，在戴维森看来，对语词的诠释必须放在语言交流中进行，即在语句（语词）的特定使用环境中理解它们的意义，这彰显了戴维森意义整体论的思想。

第三，诠释理论展示了语义外在论的立场。戴维森的彻底诠释理论采取的是从诠释者的角度切入对言说者话语的理解，即以第三人称进路诠释和理解语言。戴维森在后期对此有一个明确而完整的阐述：“这里我们有了一个理由去说明，为什么对语言采取第三人称进路不仅仅是一个哲学上的操作。研究彻底诠释的目的，乃是要去掌握一个人如何可能理解另一个人的言谈和思想，因为就我们有一个独立于我们自己的世界的概念而言，也因而对于思想的可能性本身而言，这个能力是根本性的。第三人称的是你的进路，也是我有的进路。”（Davidson，1989：6；林从一，2004：12）第三人称进路的确定为戴维森采取语义外在论的哲学立场奠定了基础。而根据戴维森的观点，只有基于语义外在论的立场，我们才能回答彻底诠释如何可能的问题，才能有效地论证语言理解或交流的可能性问题。

第四，诠释理论要求一个客观真理。彻底诠释要得以可能，必须预设整体论、宽容原则和语义外在论的支持。这就是说，在彻底诠释过程中，作为诠释者不仅要有整体一致的信念，还要求诠释者和被诠释者拥有主体间一致和为真的信念，更为重要的是，还必须使诠释者和被诠释者能够共享由一个客观世界（objective world）作支撑的客观真理概念。对客观真理的诉求是戴维森的哲学立场和方法论的必然驱使。

第五，将持真态度作为诠释的证据基础的意义。如我们在 3.2 节和 3.3 节中所指出的那样，以持真态度作为诠释的证据基础即经验限制条件具有重要的意义。经过这样的经验限制，陈述对象语句的命题内容就是对某些特定对象的情况做出真假判断，诠释者通过观察言说者的这些真假判断而把握对象语句的语义特征。如此，我们可以借助诠释理论与贝叶斯决策论的相似联系，运用类似决策论的科学方法，获得对言说者关于语句的意义和信念的内容的诠释。这种类比诠释方法为诠释理论注入了新的活力。

第六，彻底诠释理论对怀疑论的批判。彻底诠释理论的一个重要应用是对怀疑论的反驳。如上所述，针对怀疑论关于我们的信念不可能普遍为真的质疑，戴维森基于对感觉经验作为认知中介的批判以及通过对信念真实性的证成这两个维度对怀疑论做了批判。由此，“在一种相当强的含义上，我们可以被说成是知道存在这样一种推断，它支持任何一个人的信念（包括我们自己的信念）在总体上是真实的”（Davidson，2001b10：146）。然而，要知道并全面理解存在这样的一种推断，必须预设整体论、宽容原则和语义外在论的支持。这样，我们才可能有理由推定一个人的大多数信念必定是真的。更为重要的是，我们所相信为真的东西与外部世界中对象及事件为真的条件是一致的。彻底诠释只有得到这些观念的支持，才能够保证获得交流所需的一切，才能够最充分地理解他人的思想和语言的含义，才能使彻底诠释得以可能。最终，在这样的正确诠释之下，怀疑论不走开不行。(详细论述见 13. 2 节)。

第 5 章阐述作为彻底诠释以至语言理解之本体论-认识论根据的整体论、宽容原则和语义外在论。

第 5 章　语言理解的本体论-认识论根据：整体论、宽容原则和语义外在论

通过前文的分析，我们已经知道，为了回答“语言理解如何可能”这一先验问题，戴维森开辟的独特之路是立足于真理与意义的内在联系，提出彻底诠释的方法。于是，出现了如下关键性追问：一个彻底诠释者理解一个言说者的语言行为是如何可能的？或者简洁地说，彻底诠释是如何可能的？我们认为，根据戴维森的有关论述，只有把整体论和宽容原则合理地与语义外在论结合起来，才能解决“彻底诠释如何可能”这一先验问题。换言之，我们认为，整体论、宽容原则和语义外在论的结合足以充当彻底诠释的，进而成为语言理解得以可能的本体论-认识论根据。本章将为我们的这种主张提供合理的分析和论证。

需要特别指出的是，这里所说的“认识论”具有特定的含义：它不同于近代哲学中以主体-客体和图式-内容等二元区分的认识论（不管是传统的经验论，还是传统的唯理论），而是以语义外在论这一本体论立场为约束条件，将整体论观念和宽容原则统摄起来的“外在化的认识论”（externalized epistemology）（Davidson，2001b13）。正是基于这种独特的外在化的认识论，我们发现整体论、宽容原则和语义外在论的关系清楚地呈现出一幅既相互关联又层层递进的图景。以信念为例，这幅图景表现为：整体论本身足以保证一个信念系统的融贯一致，加上语义外在论的约束，这种融贯一致就与客观真理联系起来了；宽容原则进而保证主体间信念的一致性和真理性，加上语义外在论的约束，这种一致性和真理性才可能与主体外的世界有关系；语义外在论本身强调的是信念内容依据导致它的外部原因而具有客观真实性，它一旦与整体论和宽容原则结合起来，就能确保信念系统本身和主体间的信念具有客观的一致性和真理性。我们认为，正是这里所简述的这些关系，为彻底诠释，从而也为语言理解的可能性奠定了坚实的本体论-认识论根基。基于上述分析，在本章中，我们依次讨论整体论、宽容原则和语义外在论各自的理论内容和戴维森对其在彻底诠释及语言理解中的应用，其中对宽容原则戴维森特别强调要加以全面的应用。我们把讨论的重点放在语义外在论，力图通过阐述两种主要的外在论即知觉外在论和社会外在论的基本观点及其各自的局限，揭示戴维森如何在对这两种外在论创造性地吸收的基础上提出他独特的语义外在论思想，这个思想对论证信念的真有何帮助，它如何在彻底诠释中

发挥作用。

5.1 整 体 论

5.1.1 整体论观念的基本内容

整体论的基本思想在蒯因的《论经验论的两个教条》中得到全面阐述。其主要内容是：我们的信念或知识是作为一个整体面对经验法庭的，具有经验意义的是整个科学；整体内的各个陈述是相互联系的，都可以被修正，通过对各个陈述的修正进行调整和再评价，重新分配其真值。戴维森赞成蒯因对经验论两个教条的批判，在他所采用的以塔尔斯基真理理论为基础的诠释中，“真理定义并没有在分析语句与其他语句之间做出区别”（Davidson，2001a2：31）。应该说，戴维森对经验主义的批判更彻底，他将概念图式与内容的区分称为经验论的第三个教条并予以了批判，由此他还反对蒯因对观察语句与其他语句的区分，反对观察语句在认知上的优先性。他认为凡是可以通过T-语句表达的语句都是包含经验内容的，都能通过对语句的真值条件和言说者的持真态度的观察得到理解。当然，戴维森对整体论的贡献主要体现在他将对整体论的应用贯穿在他的整个纲领之中。

5.1.2 整体论在戴维森纲领中的应用

整体论在戴维森纲领中的应用可以从以下几个方面看：

第一，整体论思想在戴维森纲领中的有机渗透。整体论贯穿于整个戴维森纲领之中，这不仅是说戴维森纲领的每个主题都渗透着整体论的支持，还表示应该将戴维森纲领的各个主题有机联系起来作为一个整体看待。戴维森说：“如果要按照我所提议的那种方式从真理理论中得出形而上学结论，那么研究语言的方法就必定是整体论的。”（Davidson，2001a14：203）如我们在第4章讨论中所看到的，在诠释理论中，戴维森关于真理、意义、信念、欲望以及言语行为的理论更是有机结合在一起的，即对言语的诠释“必须普遍地与对行为的诠释，从而必须与信念和欲望的归属紧密地结合起来”；我们所做出的“每个诠释和对态度的归属都是在一种整体论的理论中所使用的一个步骤，这种整体论的理论必然由关联到真理的一致性和普遍融贯性的东西所支配”（Davidson，2001a10：154）。在这个意义上，其中任一单独的理论都不是自足的，都需要其他理论作论证或说明，以语言理解的可能性这一先验问题为主旨发挥其各自及相互联结的作用。

第二，意义研究的整体论进路。戴维森概括了意义研究的两种进路，“一种是堆积木式的方法（the building-block method），即从简单的语词开始然后逐步建构其他表达式的语义特征；一种是整体论的方法（the holistic method），即从复杂表达式（至少从语句）开始然后提取其组成部分的语义特征”（Davidson，2001a15：221）。戴维森主张的是“把语言与以非语言词汇描述的行为连接起来”（Davidson，2001a15：221），因而把语句作为观察的单位这种整体论方法是戴维森采取外延进路研究意义的必然取向。不仅如此，他还认为我们不能孤立地理解一个语句，强调必须把一个语句（语词）的意义放在语境之中加以考察（Davidson，2001a2：22）。也就是说，一个语句的意义取决于其他一些语句的意义（Davidson，1993a：80）。换言之，如果你要知道言说者的一个语句的语义，你需要知道他的其他许多语句的含义。

第三，整体论的真理理论研究。戴维森是从真理理论的研究中总结出他所认同的研究语言的方法的。这表现在：①约定-T 的定理作用。所有的 T-语句都可以用约定-T 来表达，也就是说我们可以用一种有限的形式整体地表征无穷的语句。②“我们对语句的真实性检验必须整体地而不是一个一个地进行。”（Davidson，2001b：144）从句法检验角度看，以 T-语句为真对语句进行检验是从整体上为一个语言建立一个检验标准，我们可以用这个有限的形式检验所有以 T-语句形式表征的语句。从经验检验角度看，我们不能将某个语句或某个语词与其所论及的对象作一一对照来证实语句的真，而应把言说者的行为及相关环境作为证据整体来证实语句的真，并且“诠释者可获取的证据的整体不是决定于一个给定言说者的唯一的真理理论，不仅因为在实际可获取的证据是无限的同时，这个理论具有无限的可检验结果，而且因为所有可能的证据不能把可接受的理论只限制到一个”（Davidson，2001b14：214）；再者，一个语句的真是与其他语句的真联系在一起的，如同不能单独理解一个语句的意义一样，我们也不能单独确证一个语句的真。

第四，思想或信念的内容部分地由信念所属的整体网络所决定。戴维森特别强调：“所有算作是对一个信念的证据或证成的东西都必须来自这个信念所属的同一个信念整体。”一切信念在这种意义上得以证成：“它们为众多的其他信念所支持（否则，它们便不会是实际所是的概念了），并且具有支持其真实性的根据……并且，不存在什么孤立的信念，也不存在没有支持其真实性的根据的信念。”（Davidson，2001b10：155）信念系统是由不可胜数的信念根据它们的相关主题或证成根据以及逻辑上的关系而相互联结，这样一个信念系统通过将一个思想置于逻辑和认知的空间而识别这个思想（Davidson，2001a11：157）。并且，“……拥有概念，涉及了某种程度上的整体论。许多概念与世界之间有着相当直接的因果联结，但是如果它们与其他概念之间不具有它们所具有的联结，它们就不会是（具有）那样（内容）的概念，而且如果它们与其他概念没有任何关系，它们就不会是概念”（Davidson，1989：2；林从一，2004：64）。戴维森关于思想和信念在存在论层次上的主张，在诠释的层次上产生了一个整体论上的限制：一个思想或信念的内容或主题只能在一个以其他思想和信念所组成的整体网络中，才有可能被认识、描述和界定（林从一，2004：64）。

第五，一个人的信念与他的其余大多数信念是一致的。“一个人的诸多信念不可能不趋于一致，因为信念部分地是通过它们的逻辑性质（logical property）而被个体化（individuate）的；不在很大程度上与其他许多信念相一致的东西不可能被识别（identified）为一个信念。”（Davidson，2001b10：155）这里有几个关键词：“信念”、“逻辑性质”、“个体化”和“识别”，我们可以从中解读出几层意思：其一，信念有特定的逻辑性质。这个逻辑性质就是信念可为真和可为假的性质。当信念在整体上与其所论及的对象一致时，这个信念就是真的，反之则是假的。其二，信念是依据其逻辑性质而被个体化的。这里的个体化至少有两层意思，另一层是信念被具体化，另一层是一个特定的信念与其他信念区分开来。信念依照其真假逻辑特性，自然会由其所拥有的具体的性质而被归类而与其他信念区别开来。其三，被个体化的信念不能不与其所属的信念集合趋于一致。被个体化的信念在其所归类的集合中与其他信念有着相同的逻辑性质，因而这个信念集合总体上是趋于一致，因而一个人的诸多信念不能不趋于一致。其四，信念要与所属信念集合的大多数相一致才能被识别。只有一个信念所拥有的逻辑特征与其所属信念集合一致（与其他信念不矛盾），它才能成为这个集合中的元素，才能被识别为这个信念集合中的一个信念。当然，“信念也是（直接地或间接地）由它们的原因来识别的”（Davidson，2001b10：153）。至于什么是引起信念的原因及如何识别信念，我们在5.3节中详述。其五，对信念的识别不是一对一进行的。不管信念所论及的对象是什么，或者说什么可以作为信念证成的根据，戴维森决不主张将这些东西与信念进行一一对照来识别一个具体的信念。戴维森说：“在我们自己的知识与我们关于世界的性质的知识之间的概念联系（conceptual connection）不是定义性的而是整体论的。”（Davidson，2001b14：214）其六，“信念内在地是有理由证实的”（Davidson，2001b10：154）。什么东西可以证成信念，这在哲学上是争论不休的问题，典型的如符合论与融贯论各持一端。戴维森认为，信念的证成所需的是理由而不是证据，这种理由既不是符合论的“感觉经验”也不是融贯论的“融贯一致”，它涉及戴维森对信念与真理和意义之间根本联系的整体看法，因而是“内在地”有理由证实的。对此我们在后面将作具体阐述。

综合地看，戴维森关于整体论的应用主要体现在他对语言研究所持的是一种整体论的方法，表现在他对真理理论、意义理论和信念理论都持一种整体论的研究进路。如果将关注点集中在信念上，他强调一个信念与其所属信念是作为一个整体联系在一起的，并且在这个整体内各个信念是一种基本一致的关系。更强一点地说，一个人的大多数信念是一致的（当然，我们不能将这种一致仅仅看做逻辑一致，不能将一个人的信念系统机械地理解为一个逻辑系统而要求单一的逻辑一致性）。感觉证据或融贯主张单独不能证成信念，信念是由信念与真理、意义的根本联系而被内在地证实的。戴维森在语言理解中的整体论方法给我们的启示在于，对一个人的知识，包括他的思想、信念、欲望、态度及话语含义的理解都统摄在整体协调一致的体系中。言说者不断根据自己的背景知识调整对对象的认识和看法，诠释者也应随着这些变化在相应的背景资料中去诠释和理解对象。

但是，我们可以继续追问，整体论只保证了一个人的大多数信念是一致的，而语言的理解，交流是在主体之间进行的，我们如何保证我们的信念与他人的信念是一致的？或者，在彻底诠释中，如何保证诠释者与被诠释者的信念是一致的？要回答这个问题得求助于宽容原则。

5.2　宽容原则

在语言的理解和诠释中讨论信念的性质，即使我们相信一个人的大多数信念是一致的，或者我们相信一个诠释者和被诠释者他们各自的信念大多数一致，但这并没有阐明诠释者与被诠释者这两者之间的信念是否一致。根据前面对诠释理论的论述，我们知道主体间信念的一致性是诠释得以可能的基本条件。而这同时也成为怀疑论者质疑的问题：在诠释中，就算我们能够根据被诠释者的意向性行为而辨认出他的信念和欲望，但是，如果被诠释者的理性原则与诠释者的理性原则极为不同，诠释者如何能理解被诠释者的行为？对此我们需要回答，诠释双方的理性原则大体是相似的，诠释双方主体间的信念可以达成一致。

凭常识思维我们可以简单地说，一个人的大多数信念是一致的，只要我们是理性的人，我们关于同一对象的看法也大体是一致的。这在日常生活中是很平凡的事实，因为，如果设想我们关于同一对象的看法有根本的不一致，我们在社会生活中就根本无法进行交流。

在戴维森的立场看，从理论上考察主体间信念的一致性与我们日常思维的结果是相似的。当然，在理论上对如何达成这种一致性的说明或论证，不能仅靠直觉常理。戴维森诉诸的法宝是宽容原则。

5.2.1　全面应用的宽容原则

宽容原则作为对诠释的一种限制，是由威尔逊（N. Wilson）命名的（Wilson,

1959)。蒯因将它应用在对言语行为的诠释中。对于蒯因来说，在言语行为中可观察的最重要的东西，是由言说者周围的事件所引起的言说者赞同或反对的行为。而这些赞同或反对的态度是由多种因素决定的，要厘清这些因素是麻烦的。蒯因的解决办法中关键的一步是发现一种方法：使一种因素在一定的情景中是稳定的，同时确定另一种因素。至于在语言诠释中最好确定什么因素为稳定的，蒯因的主要观点是：如果诠释者和被诠释者在信念方面存有某种性质和程度的差异，诠释者要对被诠释者做出正确的诠释，那是不可能得到理解和承认的。有鉴于此，诠释者有理由在开始诠释之前对关于行动者的信念做出某种假设，即假设被诠释者的信念大体与诠释者的是一致的（Davidson，1990：318-319）。

戴维森承认自己对宽容原则的应用是受蒯因启发的。但在有些地方与蒯因不同甚至根本不同。我们在4.1.1节讨论彻底翻译与彻底诠释的关系时阐明了两者在理论上的承接和差别。戴维森明确地指出："蒯因关心的是把一个言说者的语言成功地翻译成另外一种语言所需的条件；而我则强调的是关于言说者语言的语义诠释者所需要知道的东西，那就是由一个真理理论蕴涵的T-语句所传递的东西。"（Davidson，1990：319）这就是说，由于要求诠释理论满足约定-T的约束，就需要对更多的语句结构做出说明。在对宽容原则的应用上，蒯因仅仅是在识别（纯粹）的语句联结词时才强调宽容原则，而戴维森则要求对宽容原则加以全面应用（Davidson，1990：319，2001a9：136，n.16）。请看戴维森的如下论述：

> 如果假设一个言说者对语句持赞同的模式反映了逻辑常项的语义，那么就有可能察觉和诠释这些逻辑常项。这里的指导原则和在决策论中的一样，是从规范的（normative）考虑得来的。信念之间的关系起着决定性的建构作用。一个诠释者不可能接受与他自己的理性标准有着巨大或明显偏差的标准，而不破坏所有诠释所依赖的可理解性（intelligibility）的基础。理解一个人言语或行为的可能性取决于一个基本的理性模式（a fundamentally rational pattern）的存在，作为一般概括：这个模式必须为所有理性生物所分享。因此，我们除了把我们的逻辑映射到别人的语言和信念上之外，别无选择。这意谓着，对持真语句可能有的诠释的一种约束是：这些诠释［在理性内（within reason）］逻辑上是相互一致的。（Davidson，1990：319-320）

根据这段论述，我们可以抽取出理解宽容原则的几个要点：其一，宽容原则是一个理性原则，对它的使用不需要前提条件，凡是理性生物都可以、能够甚至必须接受这个原则。从这种意义上说，它是一条先验式限制性原则。其二，对言语行为的理解必须接受宽容原则的指导，必须预设存在着一个基本的——为所有生物所分享的理性模式，语言的理解和诠释是在理性生物之间进行的。其三，诠释依赖于一个“可理解性[①]基础”，那就是诠释者和被诠释者的理性标准是基本一致的。其四，应用宽容原则可以把言说者对语句持赞同的模式理解为逻辑常项，也就说把这个模式当做一个常量，在言语行为的理解中诠释者与被诠释者首先能在对语句的赞同（或反对）的态度上共享一个标准。当然，我们知道，戴维森并不会仅仅将对语句持赞同的态度作为逻辑常项（参见 5. 2. 2 节）。

5. 2. 2　宽容原则与彻底诠释

在蒯因那里，言说者周围的事件所引起的是言说者对所持语句的赞同或反对行为。戴维森则认为，从这些行为中可以推论：言说者持语句为真是由一定种类的事件引起的。并且，如果诠释者观察言说者恒常地赞同（assents to regularly）一个语句，那么，诠释者便把这些条件视为言说者所说语句的真值条件（Davidson，1990，2001b10）。同样是应用宽容原则，对于蒯因，可以将言说者对语句的赞同模式作为逻辑常项；对于戴维森，则可以将言说者对语句的持真模式作为逻辑常项。从言说者的赞同态度推论到持真态度，这一步是非常关键的，也是蒯因没有（或者就他的研究而言也不需要）清楚阐释的，这是戴维森对言语行为理解的重大贡献，也是理解他的诠释理论以至整个戴维森纲领的基础。

对语句的持真模式也就是一种真理标准。如前所述，在彻底诠释中，诠释者关于言说者的知识不过是言说者持什么样的语句为真，而我们又无法设定诠释者与言说者使用的是同一种语言。在这样的情况下，要迈开诠释的第一步，诠释者唯一能做的就是依据他自己关于真理的某些标准的认识，向言说者的语句指派真值条件，并把这个真值条件当做言说者在持这些语句为真时实际获得的真值条件（Davidson，2001a13：196）。这样，诠释者与被诠释者所面对的是他们共同分享的世界，即主体间世界（intersubjective world）。他们关于这个共同的世界的理性标准是基本一致的，根据宽容原则设为逻辑常项的真理标准是可以共享的。虽然诠释者在开始诠释时是以自己的某些真理标准去观察和理解被诠释者，但由于宽容原则设定了他们的真理标准是基本一致的，所以他能够相信他向言说者语句指派的成真条件正是言说者语句的成真条件，并且相信言说者自己所认为的语句的成真条件正是语句实际为真的条件，总之他相信被诠释者是以他所理解的方式而行动而思想的；反过来，言说者也需接受宽容原则的指导，他也相信自己对语句的成真条件的认识与诠释者的标准是大体一致的，并且他相信语句为真的情况就

---

① 我们认为有必要对“可理解性”多说几句。“intelligible”是戴维森使用频度非常高的一个词，它既指对言语行为的诠释必须是可理解的，也指我们整个的诠释理论必须是可理解的。要使诠释成为可能必须接受宽容原则，甚至，“宽容原则的要旨就在于使言说者成为可理解的（make the speaker intelligible）”（Davidson，2001b10：148）。

是语句是真的情况，总之他也相信自己是以诠释者所理解的方式而行动而思想的。如此，以宽容原则为指导，诠释者相信他对言说者的诠释和理解是正确的，被诠释者也相信他希望自己被这样诠释。根据信念的相互关联性质，他们可以发现他们对这个共同世界的大多数信念是正确的，彼此间能够达成一致。

如此看来似乎可以做这样的理解，由宽容原则所保证的诠释主体理性标准的大体一致不是一种论证，而是一种先验式前提条件。我们认为这种理解本身没错，不过有必要强调一下，戴维森对分析哲学的重要贡献之一是他打破了概念图式与经验内容的二元论区分。根据戴维森，在不存在根本不同的概念图式的情况下，我们不应该相信他人具有根本不同于我们的信念框架。这样，我们有理由说，被诠释者没有与我们根本不同的理性原则，因此回答了怀疑论者关于诠释双方理性标准的相似性以及主体间信念一致性的质疑。

但是，怀疑论者会满意这样的回答并将怀疑止步于此吗？非也。他们可以分析，对于诠释中以宽容原则为前提的一致和真，可能存在这样的情况：诠释者与被诠释者的信念是基于对主体间的世界的认识而达成一致的，他们的真理标准是彼此约定的，因而，这种一致只能在主体间奏效，这种真也只不过是一种人为的设定。如果是这样，那么完全有理由质疑：为什么我们的全部信念不可能既和谐一致又对现实世界都是假的？诠释者和被诠释者为什么不可能根据他们所共有的错误信念而彼此理解？戴维森在《论概念图式这一观念》（*On the Very Idea of a Conceptual Scheme*）（1974）中对宽容原则做了很强的辩护：

> 既然宽容不是一种选择，而是具有一种切实可行的理论的条件，因此，认为我们也许会由于赞同宽容而犯大量错误的看法是毫无意义的。直到我们成功建立起持真语句与持真语句的系统联系，都不会犯什么错误。宽容是强加于我们的，不管我们是否愿意，倘若我们想要理解他人，我们必须认为他们在大多数问题的看法上是正确的。如果我们能创造一种使宽容与一种理论的形式条件相协调的理论，那么我们就做到了确保交流所能做的一切。只有这种理论才是可能的，只有这种理论才是需要的。(Davidson，2001a13：197)

我们可以看出，戴维森在此对宽容原则做了一种先验式辩护，因为这种辩护的主旨在于揭示宽容原则是语言理解或交流之所以可能的一个必要的理论前提。应该承认，戴维森这个辩护的力度是够的，但是论证却是非常概略的。什么叫做“持真语句与持真语句的系统联系”？如何理解并“创造一种使宽容与一种理论的形式条件相协调的理论”？这是需要我们系统地加以论证的。我们认为，要完成这种系统性论证，就必须考虑戴维森独特的语义外在论对整体论和宽容原则的限制和支持。

5.3　语义外在论

应用宽容原则，我们强调了诠释者所可能有的诠释在逻辑上是一致的，我们的信念在主体间可以达成逻辑一致。然而，正如戴维森所说：

> （无论我们把什么看做逻辑的局限性和逻辑常项的目录），逻辑一致性产生的不过是对逻辑常项的诠释。其他诠释则要求诠释者和言说者之间其他形式的一致。假定已经形成了识别一阶量词结构所要求的逻辑常项的方法，那么就可以识别诸如单称词项和谓词之类的东西。这就提出了如何诠释这些词项的问题。这里的进展取决于不仅要注意行动者的持真语句，而且还要注意世界上引起他持这些语句为真的事件和对象。(Davidson，1990：320)

这段论说既是对前述宽容原则作用的一个小结，又是从宽容原则到语义外在论的一个过渡，更是语义外在论主张的一个显示。

我们先看宽容原则的作用：毋庸置疑，宽容原则是主题间交流的必要条件——因为它给出了逻辑一致（以至逻辑真）这个前提；然而宽容原则并不是语言理解的充分条件——因为仅仅依靠它我们不可能得到一个关于客观世界的客观真理。而要得到这样一个客观真理，必须要有外在论的支撑，宽容原则在语义外在论的进路中将发挥更广泛的作用。最后，戴维森纲领的关注焦点问题之一是：语句的真或语句的意义到底由什么决定？而外在论进路给我们显示的恰恰是语句的真与外部世界中事件与对象的关系。那么，我们为什么将戴维森的外在论称为语义外在论？我们如何在与其他外在论联系中发现其独特性？这正是本节要论述的问题。

5.3.1　戴维森的外在论主张与两种典型的外在论

外在论的基本观点是信念的内容或语句的意义至少部分地由心灵（或大脑或神经系统）之外的因素所决定。许多哲学家如维特根斯坦、蒯因、帕特南和伯吉都对外在论做了各自的阐释。限于主题，我们不扩展哲学上相关的浩帙论述，这里只简单从与戴维森思想联系最直接和最重要的蒯因思想中对相关论题的不同取向来看戴维森的外在论进路。戴维森说：

> 蒯因的思想是以令人钦佩的科学方式（scientific form）把握了这样的经验主义思想：意义依赖于每个言说者直接可得到（directly available）的证据。而我的进路则是比照外在论的（by contrast

> externalist)。我的建议是，诠释（在最简单和最基本的情形中）依赖于对言说者和诠释者都十分明显的外在事件和对象，而言说者的话恰恰被诠释者看做在谈论这些对象和事件。(Davidson，1990：321)

蒯因与戴维森一样，都是从第三人称进路切入对语言意义的研究，两者思想中都包含了语义外在论的基本思想：语句的意义或信念的内容至少部分地是由言说者之外的因素决定的。但这仅仅是基本范式的相似，他们间最重要的区别“关系到决定可交流的内容（communicable content）的事件或对象”。在蒯因，决定可交流内容的东西是“引起对一个句子持赞同的神经末梢模式”——“如果一个言说者和一个诠释者会在同样的相似刺激模式下，分别接受或拒绝他们的语句，那么言说者的观察语句与诠释者的观察语句就具有‘同样的刺激意义’（stimulus synonymous）。”（Davidson，1990：320-321）而在戴维森，决定可交流的内容的东西是外在世界的事件和对象，而且这种事件和对象是不需要诠释者和被诠释者借助仪器就可以发现的，故而是十分明显的。而把外在的事件和对象与诠释主体紧密联系在一起的是持真语句——如果诠释者和被诠释者对于事件和对象指派的成真条件与事件和对象在外在的社会环境中的状况是一致的，那么，“言说者的话恰恰被诠释者看做在谈论这些对象和事件”，即：言说者的T-语句是真的。

我们认为，对持真语句的提取是戴维森语义外在论的基石。它表明：①持真语句是T-语句形式与持真态度的结合，是戴维森为自然语言精心打造的真理理论所定义的语义单位。②持真语句将语言与世界联系起来，消除了思想、语言、信念以及欲望等概念图式与内容、经验、客体以及所与之间的二元对立，简单说，避免了词-物二元的对立模式。持真语句作为命题语句，它的内容中就包含着外在的事件及对象，通过分析持真语句就能发现这些内容和对象，我们再也不需要在外在世界中去为语句或语词寻找对应的实体或对象了。③我们的思想、信念及欲望等所有的意向都是用语句表达的，而自然语言中所有的语句我们都可以用T-语句模式来表达。在对这些表达意向态度的持真语句内容的分析中，我们同样能够发现它们所论及的事件和对象，那种与某个意向态度所对应的实体或对象再也不复存在了。因而，我们称戴维森的外在论为语义外在论，不仅仅限于语句的含义部分地由外在因素决定，戴维森所要表达的是，我们所有的命题态度和意向态度都可以在表达它们的语句中找到它们的内容，它们的内容至少部分地是由外部因素决定的。因而，我们应该这样理解戴维森的语义外在论：它既是关于语义的，也是关于思想、信念和欲望等意向的。因此，我们在以下论述中关于语句内容的界定，同样适用于思想内容和信念内容等（除非需要，我们不再一一注明）。

那么，到底是哪些外在因素决定语句的内容？我们先看看哲学上两种典型的外在论：一种称为社会外在论，另一种称为知觉外在论。社会外在论者声称社会的角色和语言规范（linguistic norms）决定心灵内容，认为一个人语词的意义及思想的内容部分地是由在人的共同体中的语言实践决定的（甚至在个体关于相关实践是错误的情况下也是如此）。其代表人物主要有后期维特根斯坦（1955）、早期的伯吉（1979）及后期的克里普克（Kripke，1982）等（Carpent，2003；Davidson，2001b13）。知觉外在论者认为"言说和思想的内容依赖于个体的特别是关系到感觉的构成的因果联系的历史（causal history）"（Davidson，2001b13：198），外在于心灵的客观事件和对象决定我们言说和思想内容的客观性。其代表人物主要有帕特南（1975）、后期的伯吉（1986）和早期的克里普克（1980）。

戴维森在《认识论的外在化》（*Epistemology Externalized*）（1991）中以伯吉早期的社会外在论和后期的知觉外在论为例，阐明了他对这两种外在论的赞同和批评之处。首先，对于社会外在论，戴维森指出了他不赞成的三条理由：第一，社会外在论认为，对一个行动者的言语和思想的理解和诠释要依照其他说同样语词的人会有的含义。对此，或许我们的直觉会表明强烈地赞同，而在戴维森看来这是错误的。第二，戴维森认为或许伯吉并没有意识到他的社会外在论将言说者的意义与一种精英使用（elite usage）联结起来，而这样的社会外在论与第一人称权威之间存在着冲突。第三，对那些貌似显示了在一些条件（实际上它们从来不会发生）下，我们将会说些什么的思想实验（thought experiment），戴维森总的来说是不信任的，他对外在论的阐述依据于他所思考的东西就是我们的实际使用（Davidson，2001b13：199）。戴维森的这几点理由之间是有联系的。第三点表明了戴维森解释外在论的方法特点，这也是需要我们注意的他的外在论特色。相对于这里的主题，我们着重看看他的第一条理由。戴维森之所以认为即使有我们强烈的直觉支持，这种看法也是错误的，在于其中存在这样一个问题，那就是我们如何决定什么样的群体去确定这些规范。而更为重要的，我们对言说者最好的理解在于：当我们去诠释他时，能够正如他所意愿（intended to）被如此诠释的那样去诠释他；这样的诠释比假定我们设想他所说所想的也就是其他人"正确"地使用同样的语词所说所想的东西要好得多（Davidson，2001b13：199）。戴维森所做的说明道出了他对语言规范的看法：虽然语言的意义具有共同可理解的基础而为公共可观察的，但语词的意义不是按照一种社会习规而确定的；虽然语言的使用要遵循一定的规范，但一个人对他所使用的语词是有他自己的意向的。当然，这并不是说社会因素在语言的理解和诠释中不重要。早在戴维森发表《彻底诠释》（1973）的第二年，他就在《信念与意义的基础》（1974）中提出了构建一个诠释的社会理论（a social theory of interpretation）如何可能的问题。戴维森认为这种可能性在于：

> 我们能够构建众多的私人信念结构（private belief structures）：建立信念是要去收紧被个体持为真的语句与按公共标准为真的（或为假的）语句之间的松散联系。关于信念的私人性并不是说信念仅仅通达于（accessible to）一个人，而在于信念可能是特异的（idiosyncratic）。信念的归属与诠释一样是公共可证实的，它们都基于同样的证据：如果我们能够理解一个人所说的，我们就能够知道他所相信的。（Davidson，2001b13：153）

那么，如何才能“收紧被个体持为真的语句与按公共标准为真的（或为假的）语句之间的松散联系”？一个诠释的社会理论以什么样的模式构建？待我们先看看戴维森关于知觉外在论的分析以后再回答这些问题。

戴维森赞同知觉外在论的两个认识论看法。一个看法是知觉知识可以直接获得，不需要我们单独地知道使知觉知识可能的条件是如何取得的。例如，当我们看见一头牛时，我们就可以说具有“看见一头牛”的知觉知识，无需单独地去弄清楚我们怎样获得提供这种知识的条件，或者不必要单独去确证我们是否被某种方式蒙骗了（如那是一幅画得像牛的马等）。另一个看法就是我们思想和言说的内容部分地决定于相对于环境的因果相互作用的历史（history of causal interaction）。我们知道，知觉外在论的这些观点与戴维森几十年一贯主张的观点是一致的，那就是“我们最初学会的和最基本的语句（‘妈妈’、‘小狗’、‘红色’、‘火’、‘Gavagai’）的内容必定决定于在世界中引起我们持这些语句为真的原因”（Davidson，2001b13：200）。第二点看法涉及对决定我们言说和思想内容的原因呈现方式的界定。也就是说，在最简单和直接的情况下，当我们看见一头牛时，我们会说：“这儿有一头牛。”这个心灵状态或信念直接由外部对象引起，我们可以毫无困难地说我们的言说（或思想、信念）的内容由外在的事件或对象决定。但是，当某些心灵状态的内容与引起它们的原因不是直接相关时，也就是说，倘若我们的一种特定的心灵状态是典型地（typically）由一种原因引起的，而当这种原因实际并没有出现时，我们也会具有这种心灵状态。例如，“这儿有一头牛”的心灵状态是由我们看见一头牛这个典型原因引起的。但是，我们有时也会具有这个心灵状态而实际上牛并没有出现。在这两种情形下，牛的出现和不出现都引起了我们相似的心灵状态。自然，决定这些相似的思想（和表达它们的语词）的内容的东西就是对象典型地引起了它们的东西。知觉外在论把这种情况称做因果作用的历史，其要点是，虽然引起相似性思想的原因不是当下直接的，甚至不是同一原因，但这种相似性的思想终归是由某种原因引起的。以牛的例子而言，当下的一头活生生的牛、记忆中见过的牛、电视中出现（或看见过）的牛、画中的一头牛（甚至像牛的东西）等，总之，外在于我们心灵的有一个“似牛”的刺激。对于知觉外在论的这种因果历史说戴维森也是持赞同态度的。如此，我们是不是可以说，戴维森的语义外在论就是一种知觉外在论思想？回答当然是否定的。针对上述两个看法，我们来具体剖析戴维森在对其持基本赞同的态度下而在哪些地方有所不同。

对于第一个看法，戴维森毫无疑问是赞同的，他在不同文章中都表达过相似的意思，那就是在最简单、最清楚的情况下我们必须把语句、信念或思想的内容与引起它们的原因联结起来。这一点与知觉外在论是相同的。但问题并不只是确立因果联系这么一个简单的问题，需要把握两个要点：原因与内容是如何联系的？内容的客观性是如何确定的？知觉外在论的回答是，原因（外部事件和对象）与内容是一对一联系的，即有一个外在的事件或对象，就相应地引起同样内容的信念；内容的客观性是由对象或事件本身的客观性决定的，因为世界本身是客观的。戴维森不会这么看待这两个要点。他决不会赞同原因与内容一一对应的联系，虽然他并没有对因果联系的类型和作用机制作具体分析，但他把握住一点，那就是事物是“系统地引起（systematically causing）某些经验（或言语反应）的”（Davidson，2001b13：201）；在他看来，单个的因果联系容易出错，而系统的因果联系模式则排除了整体出错的可能性。再者，戴维森虽然一直要求有一个客观世界的概念，但是他并不认为对世界的客观性描述是脱离我们的信念系统而以无涉信念的方式进行的。所谓完全独立于我们心灵而具有真假性质的客观实在是以上帝之眼观察的，那是不为戴维森所允许的。在戴维森看来，我们不可能以不涉及信念的方式来描述世界，并把这样的世界作为我们产生客观性概念的一般性对比基础。我们所描述的是我们相信的（林从一，2004：156）。这就是说，世界本身不会向我们证明内容的客观性，要知道我们的思想和言谈的内容是否是客观的，必须掌握主客观的对比，而这是单个生物无法做到的。必须在相似生物对共同导因所做出的相似反应中，才能使这些相似性的东西成为他人分析那些相似反应的事实，进而这些事实作为社会共享的反应使得内容的客观性成为可取的（Davidson，2001b9：130）。这必然涉及以下内容。

从第二个看法即因果历史观引出的问题是：什么东西典型地已经引起这些相似的思想？知觉外在论认为在自然原因（natural causes）或自然原因与心灵反应之间的中介之前的原因使得对内容的描述复杂了，而这种描述的方式从来没有被全部弄清楚。但是，戴维森不循着这种思路去考虑问题，他根本不去追问原因的情况到底怎样复杂，为什么弄不清楚，他要问的是这种“复杂”是对谁而言，是谁没有弄清楚。不仅如此，是谁在将这些相似的原因和相似的反应作归类，回答是——作为人的我们（Davidson，2001b13：202）。而除非我们能够对所共享的语言中为这种相似性提供一条客观的标准，否则将不能在我们“认为情况是什么”与“情况本身是什么”之间做出区别，而没有这种区别就没有什么东西可以被称做思想（Davidson，2001b14：210）。然而，单个生物是不能够提供这个标准的。至此，联系上述的单个生物不能掌握主客观对比的论述，到了戴维森引出他独特的语义外在论的精彩之处了，那就是——引出社会因素，使其与知觉外在论建立直接的联系，“这样，就将社会这个角色置于（locating）在包括人和其余生物之间的相互作用的系列因果联结之内（within the causal nexus）”（Davidson，2001b13：201）。其具体做法是建立一个独特的三角测量模式：一个生物和另外的生物各占一端，共同面对引起他们相似性反应的同一个对象，这就形成了一个三角。如此“就可以把对思想的对象的识别建立在一个社会的基础（social basis）上。而如果没有一个生物对另一个生物的观察，就不可能有在一个公共空间中固定相关对象的三角测量发生。”（Davidson，2001b13：202）这就是说，两个生物之间互相观察是一种社会的互动，是反应的相似性得以建立的社会基础。戴维森着重指出：

> 并不是说通过一个生物对另一个生物的观察，就对其中哪一个提供了客观性概念；两个或更多生物的彼此间的相互作用以及相对于一个共同的环境——这种情况的存在充其量是客观性概念的一个必要条件。只有交流（communication）能够提供客观性概念，因为关于对象和事件的概念占据一个共有的世界，关于对象和事件的概念的性质和存在是独立于我们的思维的，拥有一个客观性概念，要求我们意识到，我们与其他人分享了思想和一个世界的事实。（Davidson，2001b13：202）

这就是说，三角测量只是客观性概念产生的必要条件。如果一个生物观察另一个生物只是在彼此间的共同环境，所形成的三角也只是内在三角，产生不了客观真理。只有将三角测量放在语言交流的背景下，将引起思想或语义内容的共同导因界定在外部可观察的事件及对象之上，我们才能够获得客观真理的概念。在交流的语境中，三角测量模式中的第一个生物具有由外在对象引起的刺激反应，但他既要观察第二个生物对同一原因做出的反应，也要观察第二个生物对自己做出的反应的反应。这样，他一方面通过观察外在世界对象使我们的语句或意见为真或为假的情况来判断自己的对语句的持真态度，另一方面也通过观察其他生物的反应来调整自己对字词的理解。简言之，通过对外在因素的观察和两个生物间彼此的诠释，生物之间的相似反应才能建立，借此才能获取相似性判断标准。关于三角测量模式具体如何发挥作用及其论证的目标和取向，我们在第 6 章给出。

综上分析，戴维森语义外在论的特点业已显然：我们的言说和思想的内容（至少部分地）决定于因果相互作用的系统模式，这个因果相互作用存在于我们、与我们有相互的语言作用的他人、我们在世界中感知的事件和对象三者之间，共同组成一个“三角的外在论”。值得强调的是，这些因果相互作用的模式既不同于传统的知觉外在论通过世界自身来决定这些相互作用的模式，也不同于社会外在论通过一个语言共同体的约定或规范来决定这些相互作用的模式。在戴维森看来，最为重要的是：这个系统的因果关系既存在于言说者与他的社会因素之间，也存在于言说者与他的物理环境之间（Carpenter，2003）。

5.3.2　语义外在论与信念的真

依据整体论，我们明确了一个人的大多数信念是一致的；依据宽容原则，我们可以承认信念在主体间的一致和真。现在，我们把整体论和宽容原则置于语义外在论的背景下，讨论一个人的大多数信念是真的，诠释者和被诠释者能够共同面对一个客观世界，共享一个客观真理。①

戴维森对信念的基本看法是：“信念是带有意向、欲望和感觉器官的人的状态；信念是由信念持有者身体之外和之内的事件所引起的状态。”（Davidson，2001b10：138）他反对将一个信念的证成诉诸感觉或融贯的进路，而强调“信念持有者身体之外和之内的事件”是引起信念的原因，所以“因果关系在确定我们的言说和信念的内容中起着不可或缺的作用”（Davidson，2001b10：150）。当然，使用这种因果方法也面临一些困难：①仅仅在场合句（即那些对其持赞同态度是系统地由世界中的通常变化所引起的语句）中才能直接确定因果联系。但戴维森认为，这不是一个实质性困难，对此外的语句的诠释则可以依靠场合句对它们的制约条件，以及那些同时在这些语句及场合语句中都出现的语词。而对于有些场合句的信任程度会随着环境的变化和对相关语句的信任的改变而发生变化，可以根据这一点提出一些标准，以便根据内在基础来区别可观察性程度，而不用在信念系统之外去求助信念的基础这一概念（Davidson，2001b10：151-152）。②信念与原因之间可能引起错位。同一个原因在观察者和言说者那里可以引起不同的信念。例如，对婴儿啼哭，可能引起“饿了”、“尿湿了”、“哪儿不舒服”等不同的解释，观察者和言说者可以根据各自不同的理解对相应的语句持赞同态度。这种出错的现象在语言理解交流实践中是无法避免的。首先，我们应看到，即使信念出了错，但这个错误的信念同样是由同一个原因引起的，因而这个错误也是客观的，也是可解释的。换个角度说，正是有了这些错误的信念，我们才知道哪些信念是正确的。其次，既然在最简单的层次上出错都不可避免，并且谁也

---

① 需要说明的是，在以下语义外在论的脉络中，我们在行文中不严格区分真与一致。因为在戴维森的应用中，讨论真时一般就预设了一致，或者说在他的思想中，只要是从语义外在论的进路谈论真，自然就预设了整体的一致。

无法逐个解决每个语句的出错难题，因而正如戴维森所说：

> 我们最好能做的是以整体论（holism）的方法对付错误，那就是说，给出一个行动者的行动、话语以及他在世界中的位置，我们对他的诠释应尽可能地使他成为可理解的（as intelligible as possible）。我们会发现他犯错，这是作为我们发现他在别处正确的必要代价。特别强调在这些最简单的情况下，发现一个人是正确的，这大致意谓着：把他的信念的原因认同（identifying）为他的信念的对象，而且在对错误能够做出最好的解释的情况下容忍错误。（Davidson，2001b10：152）

那么，这样的信念观对于说明“一个人的大部分信念是真”有什么帮助？请看第11、13章的详细分析。

5.3.3 语义外在论与彻底诠释

要使彻底诠释者和被诠释者共享一个客观的真信念，需要宽容原则和一个特定的真理理论在外在论的脉络中联合作用。首要的是“使宽容与一种理论的形式条件相协调”。根据5.2.2节中我们对宽容原则在彻底诠释中应用的分析，我们知道在彻底诠释中设为逻辑常项的是一种真理理论，在戴维森的那里就是“一种应用于一个言说者（或一群言说者）的真理理论”，这个理论的形式条件就是经过戴维森修改的约定-T。易言之，“使宽容与一种理论的形式条件相协调”就是要将宽容原则与约定-T结合起来。这种结合立即产生几个结果：一是不但将宽容原则只用于对逻辑常项的限制，还要对T-语句的其他结构如单称词项和谓词进行诠释，实现对宽容原则的全面应用。二是对单称词项和谓词的诠释涉及外部世界的事件和对象，“对普通谓词和名称的诠释尤其依赖于言语中诸如指示词和时间这样的索引因素，因为正是这些因素最直接地允许谓词和单称词项与世界中的对象和事件联系起来”（Davidson，1990：320）。三是将T-语句从单纯的形式结构转换到包含外部事件和对象内容的语句，对T-语句为真的检验从句法层面转向内容层面。如此就可以将彻底诠释奠定在一个新的起点上。

那么，这种“使宽容与一种理论的形式条件相协调的理论”在彻底诠释中是如何发挥作用的？

如彻底诠释理论所展示的，我们的诠释进路是从诠释者开始的，也就是以第三人称的进路诠释言说者言语行为的意义。采取这样的进路显然做出了一个设定：诠释必须建立在一种共同的基础（a common ground）上——不管是判定诠释双方的一致，还是判定双方的区别。这种共同的基础就是我们在前面分析的以约定-T为形式基础以及以言说者持T-语句为真的证据基础。宽容原则“指导（direct）诠释者进行翻译或诠释，以便把他自己的某些真理标准纳入言说者持真语句的模式中”（Davidson，2001b10：148）。“从形式方面看，宽容原则通过限制所允许的信念的自由度（the degree of freedom）同时确定如何诠释语词，从而有助于解决意义和信念相互作用的难题。”（Davidson，2001b10：148-149）因为正如我们已分析过的，信念和意义在语言理解中是两个变量，它们相互依存、相互作用，谁也不能定义或决定谁。因而在诠释策略上，需要先相对确定一方，再同时确定另一方。因为持真信念也是一种基本的信念，而持真信念必须受到约定-T的约束，由于“信念之间的关系起着决定性的建构作用”（Davidson，1990：319），因而在宽容原则与约定-T的协同作用下信念的自由度受到了限制，这有利于我们先将信念作为相对确定的一方，再同时确定如何去诠释语词。也就是说，我们“在解决意义时尽可能地把信念作为常项以解决信念与意义的相互依存的问题”（Davidson，2001a9：137）。在证据方面，对于带有索引或指示要素的语句，按照蒯因，对它们持赞同的原因依时间、地点而异，这时宽容原则将发挥重要作用。“当诠释者发现言说者的一个语句在诠释者辨认（recognizes）的条件下，言说者恒常地赞同这个语句，那么，诠释者便把这些条件视为言说者所说语句的真值条件。”（Davidson，2001a9：137）戴维森不满足于仅仅是“恒常地赞同”，他认为我们应尽可能地将言说者所接受的东西诠释为真，并把这个真值条件看做仅在他持这些语句为真时实际获得的真值条件，这样就可以将宽容原则拓展去支持那些尽可能保真的诠释（Davidson，2001a9：137）。只要我们能够尽可能地将向语句指派的真值条件当做言说者实际持语句为真的条件，诠释者和言说者共享一个真信念的目标就接近完成了，或者说离我们创造一种使宽容与约定-T相协调的理论的目标就不远了。在外在论的支持下，我们是能够做到这一点的。因为在方法论上，我们是把一个信念的对象作为该对象的原因，并且，我们的诠释者必须如实地看待这些对象。“交流开始于原因交会（converge）的地方：你的话语的含义正合我的话语的意思——只要话语的真实性信念是系统地由同样的一些事件和对象引起的。”（Davidson，2001a9：151）而三角测量模式所要解决的正是信念的共同导因问题，有了三角测量的描述，我们当然能确定诠释者和被诠释者的话语的真实性是由同样的事件和对象引起的（关于三角测量的具体作用我们在第6章详述）。

当然，在考虑所持信念的真实性时，诠释者与被诠释者是有所不同的。根据诠释者进路，方法论加强了诠释者对关于作为一个整体的信念的主体的真实性做出推定的一般根据，他可以不费力气地确定：在他的信念中，他最有把握持有的、与他的信念的主体相融贯的信念最有可能是真的。但是，当他用这个一般根据去推定被诠释者的信念时，他不能确定被诠释者的每个特定信念都是真的。情况可能相反，他可能发现被诠释者的一些信念是假的（Davidson，2001b10：

153)。这看起来是不妙的，却也是在诠释过程中不可避免要遭遇的。但是，我们必须看到，能够被用来作为指出言说者出错的背景的东西，正是诠释者认为一个人的大多数信念是真的这个“一般根据”。正是有了这个一般根据，诠释者可以用自己总体的信念态度去理解言说者的信念态度，他会自动地将言说者的信念与他自己的逻辑标准一致起来，从而相信言说者具有很明白的逻辑真理。不仅如此，诠释者还可以在相信言说者的大多数信念是真的基础上判断他的信念的真假，如果他的某些信念与其他信念不一致，就可以断定这个信念是假的。戴维森还明确说明了他所设计的这套方法的目的：

> 它并非旨在消除不一致，它也不可能这样做。它的目标是要使有意义的不一致（meaningful disagreement）成为可能，而这完全依赖于在一致上有一种（或某种）基础。这种一致可以采取讲“同一种语言”的一些言说者广泛共有的持语句为真的形式，或者表现为在很大程度上一个诠释者为讲另一种语言的言说者设计的真理理论所促成的一致。(Davidson，2001a13：196-197)

换句话说，由于有言说者的持真态度和真理理论为基础，在整体论、宽容原则和语义外在论的支持下，言说者对语句的持真态度源于外部世界的事件和对象的实际状况，诠释者对言说者持真语句的诠释同样是根据外部世界中的事件和对象的实际状况以及言说者对其的反应，来判断言说者认为语句成真的条件与实际的成真条件是否一致。由此，也就不会存在诠释者能据以发现言说者关于世界的看法在很大程度上是错误的任何方式（Davidson，2001a13，2001b10）。这样，我们就会将我们所相信为真的与对象实际的状况结合起来，弥补信念状态在“相信为真”与“是真的”之间的差距。

最后，非常有意思的是，“当我们以一种很乐观的一致的方式来进行诠释时，我们才能最充分地理解他人的语词和思想的含义。这种乐观的一致方式正如我们所说的那样，包括为可辩明的错误（explicable error）即意见的不同留下余地”(Davidson，2001a13：197)。这就是说，在语言理解中，给了他人犯错误的空间，我们才能最充分地理解他人，“我们才可以认为一个旨在理解言说者的诠释者，他自己的语句与言说者的话语和心灵状态是相互匹配的”　(Davidson，2001b14：214)。

第6章　语言理解的总体性模式：诠释脉络中的三角测量模式

一般认为，与三角测量联系最为紧密的是语义外在论，有许多人把三角测量模式作为戴维森论证他的语义外在论的关键模式。诚然，如我们在第5章中所展示的，三角测量在说明戴维森语义外在论的独特性中扮演着关键的角色，说得强一点，没有三角测量模式，我们无法准确理解戴维森独具匠心的语义外在论。但是，我们要说的是，三角测量的内涵远比仅仅作为外在论的有力支持丰富得多。

在本章中，根据解答“语言理解或交流如何可能?”或“彻底诠释如何可能?”这类先验问题的需要，我们着重讨论三个密切相关的问题：①什么是三角测量模式?②为什么语言理解或交流需要三角测量模式?③在语言理解或交流的过程中，三角测量模式是怎样发挥作用的?在对这些问题做出尝试性解答以后，我们还将简要地陈述三角测量模式所具有的几点哲学意蕴。[①]

6.1　三角测量的基本结构和关系

6.1.1　三角测量的基本结构

“三角测量”本来是一个几何学的术语。“Triangulate”作动词时表示“用三角测量法测定”、“对…作三角测绘”；作形容词时表示“由三角形组成的”、“用三角形表示的”。“triangulation”的意思是“三角测量”或“(作三角测量时划定的)三角系(或网)”(陆谷孙，1993)。戴维森根据语境分别采用了这两种形式的表述。用一种数学测量方法来表示一种哲学论证结构，戴维森究竟想要告诉我们什么?

根据林从一的阐述，戴维森“最早用三角测量来说明思想对语言的依凭性……而这个思路起源于他早期的两篇文章”(林从一，2004：75)。这两篇文

---

① 林从一在他的《思想·语言·社会·世界——戴维森的诠释理论》中对戴维森的三角测量及其在知识论上的一些含蕴做了重要的阐明，对我们理解戴维森三角测量有较大的启发作用。本文采取的是从先验论证的进路考察三角测量的结构、内容、论证目标及其根本作用。

章就是《思想与言说》(*Thought and Talk*)(1975)和《理性的动物》(*Rational Animals*)(1982)。而其中真正直接提到三角测量的是后者①。戴维森说:

> 如果我被拴定在地上,我将没有办法确定从我到对象之间的距离。我仅仅会知道它们处在从我朝向它们的某条线上。我或许能够成功地与这些对象进行相互作用,但我没有任何办法对它们在哪里这个问题给出内容。如果我不被拴定,我就可以自由地去做三角测量(free to triangulate)。(Davidson, 2001b7: 105)

这个叙述表明,所谓三角测量,就是测定“我”与对象之间的距离。之所以要用三角的方法去测量,源于一个简单的道理,即当我们不能直接测量线段两端之间的距离时,我们可以移动位置或找另一个参照点,应用三角测量法,根据两个点与对象形成的角度和另外两条边的距离,计算出“我”与对象的距离。如此看来,靠单个生物移动位置或者在想象中有另一个生物作为参照,就可以画出一个三角了。然而,戴维森认为单个生物不能确定对象的位置,要求必须要由实际的第二个生物介入才能完成理解语言的三角。假设刺激对象是一个铃铛或一张桌子,戴维森说:

> 因为只有在两组(或更多)的相似性反应(similarity responses)的相互作用中才能识别铃铛或桌子……要具有一张桌子或一个铃铛的概念就要去辨认一个三角形的存在。在这个三角形的一端是一个人自己,第二端是另一个类似自己的生物,第三端是对象(桌子或铃铛),这个对象位于一个公共的空间中。(Davidson, 2001b8: 120-121)

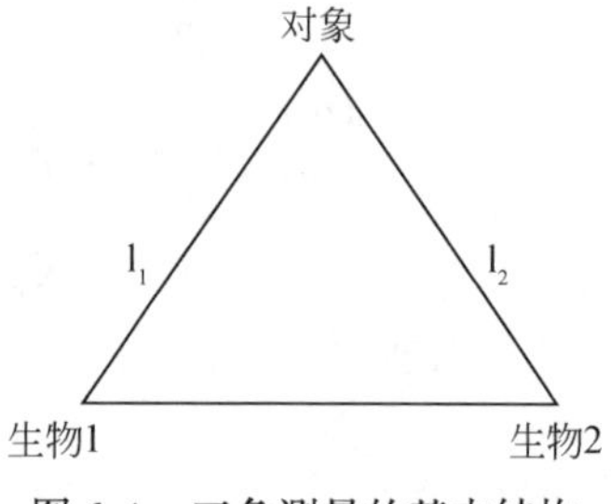

图 6.1　三角测量的基本结构

这就是说,必须要有第二个生物的介入,即需要在对两个生物与对象的距离的测定中,我们才能够知道我们的言说对象位于一个独立于我们位置的三度空间之中。这样,三角测量的基本结构就是两个生物与一个对象三者之间的连线组成的一个三角形(图 6.1)。

l_1表示生物 1 与对象之间的联系,l_2表示生物 2 与对象之间的联系,l_3表示生物 1 与生物 2 之间的联系。当然,我们可以说这个结构实际上是在想象中画出的一个三角形,或者说这种测量实际上是一种类比的说法。但是,我们将看到,有了这个结构我

① 戴维森明确说明,他的三角测量的隐喻是在《理性动物》中介绍的(Davidson, 2001b8: 119, n. 17)。

们才能更好地理解戴维森纲领的相关主题。

6.1.2　因果–社会关系的三角测量模式

戴维森想用三角测量表达什么样的关系？我们先来看看三角图形各条边的内容。如图6.1 所示，l_1和l_2表示两个生物与同一个对象之间的联系，l_3表示两个生物主体间的联系。根据知觉外在论，外部对象与主体之间的联系是外部事件和对象与引起主体思想或语句内容之间的因果联系，也就是说 l_1 和 l_2 是两条因果连线；根据社会外在论，两个生物之间的联系是一个语言共同体中的成员对语词使用的约定或语言的规范，这就是说可以把 l_3 称做一条社会连线。戴维森会认同他所描述的三角形是两条因果线与一条社会线的连接吗？回答是否定的。戴维森说："所有这些联系都是因果联系。"（Davidson，2001b13：203）根据戴维森的观点，l_1 和 l_2 是因果连线自不待言了，关键是为什么 l_3 也是因果连线。如我们在 5.3 节中所言，戴维森反对社会外在论的诸多看法，但是他也强调社会因素在语言理解中起着不可或缺的作用。这里的关键就是要看社会因素的内涵是什么。戴维森认为，社会因素的重点不在于言语的约定（convention）或社会的约定，即使两个生物所处的文化背景不同、所用的语言不同甚至所持的观点也不同，他们仍然可以交流对同一对象的理解。即使在同一语言共同体中，表达式的意义也不取决于是否符合社会的约定，而在于我们所持为真的语句与语句所论及的对象在世界中的状况是否一致（Davidson，2001b10）。因而，主体间所交流的是由他们共享的世界中的事件和对象对他们所引起的相似性反应。更为重要的是，主体间的交流是社会互动的，一个生物的语句或思想的内容既是外部的事件和对象引起的结果，同时也是另一个生物的相似性反应对他影响的结果。以图 6.1 中的生物 1 为例，他的思想和语句的内容同时由对象和生物 2 的相似性反应引起，因而对他而言 l_1 和 l_3 都是因果连线。同理，对生物 2 而言，l_2 和 l_3 也是因果连线。因此，l_1、l_2、l_3 都是因果连线。从这个意义上说三角测量是因果的三角测量（causal triangulation）。

戴维森论证了三角测量中所有的关系都是一种因果关系，按此思路，我们可以接着戴维森说：三角测量中所有的关系也都是社会的关系。据前，很明显我们要说明 l_1 和 l_2 也是社会连线。如戴维森所指出，一个生物的思想是客观的，在某种意义上是说这个思想的内容的真或假是独立于这个思想或思想者的存在的。按照维特根斯坦的建议，倘若没有相对于我们与其他人之间的相互作用，就不会具有或取得事物错或对的概念。戴维森"描述的三角表征了最简单的人际情景。其中，两个（或更多）生物各自把他们对外在对象的反应与他人的反应联系起来。一旦这些联系建立起来了，每个生物就处于这样一个位置，当它感知到另外的生物的相互联系的反应时，它就可以预期外在现象（的存在）。引入错误的可能性的东西在于这种预期偶然会失败——在这些反应并没有相互关联时”（Davidson，2001b9：129）。正是有了与他人的交流，我们才知道我们可能出错；而正是有了错误的概念，我们才会具有意向性态度，才可能获得客观性概念。因而，要使我们的语言和思想的内容具有客观性，必须要观察他人对同一对象的反应，这个相似性的反应反过来作用于我们对外在对象的观察和对比。换句话说，我们对外在对象的观察渗透着我们与其他主体相互作用的结果，无可讳言，这样的观察是渗透着意向性的观察。外部的现象通过这样的观察赋予我们思想和语言的内容。戴维森说：

> 社会的相互作用（三角测量）也唯一为我们描述了经验如何给出我们的思想一个具体的内容。没有其他的对相互环境分享反应的人，就无法回答引起我们反应的东西在世界中是什么的问题。（Davidson，2001b9：129）

这充分说明对外在对象的识别同样依赖于我们与他人的社会性互动，我们与外在对象的联系也是社会的联系。从这个意义上说，三角测量中的所有关系也是社会的关系。因而我们可以合理地说三角测量是社会的三角测量（social triangulation）。

综上所言，戴维森三角测量之间的所有关系都既是因果的又是社会的。以戴维森喜欢的表达来说，我们以因果-社会的关系来表达这个三角关系应当是可以理解的（intelligible）。联系第5章中我们所展示的戴维森语义外在论的特点便可得知：以因果-社会关系来表述三角之间的关系与戴维森语义外在论思想是一致的。

6.2 理解语言为什么需要三角测量模式？

6.2.1 相似生物的三角互动是理解语言的必要条件

如我们在本书一开始就陈述的，戴维森的意义理论是以他的真理理论为基础的，对真理理论的知识的明确阐述会使人们能够理解言说者的话语，而它之所以能够做到这一点在于它“描述了言说者的潜在的和实际的语言行为的至关重要的核心：言说者如何意欲让他的话语被诠释”（Davidson，1990：312）。所谓潜在的语言行为指的是言说者将要做出的言语行为，就是说，我们不仅要能够对言说者已经说出的话语做出正确的诠释，还要对言说者接着说的语言进行诠释。“如果你（诠释者）不知道言说者将如何说下去，不管你知道迄今为止他说了多少，你都没有了解他所说的语言是什么。”（Davidson，2001b8：110）这就是说，我们必须要对言说者进一步说什么的意图有认识才能理解他将要说出的话。换个角度说，一般情况下，一个言说者都希望自己说出的话语能被别人理解。他如何才能让自己的意图得到别人的理解？问题自然会落到对“意向”的理解上。戴维森当然不会从自敛的内省或反思的角度去关注意向，他赞成格赖斯等的看法，将意向置于语言交流的背景中加以考察，认为意向在语言交流中扮演着主要的角色。他认为，要获得交流的成功，对言说者意向的关注是必不可少的。因为“通过允许在意向与实现之间产生偏差的可能性，意向的存在给出了对错误做出一种归属的内容”（Davidson，2001b8：112）。但是，他不赞同像克里普克对后期维特根斯坦的解读那样，将言说语言仅仅看做遵循规则的活动。按照克里普克，所谓的规则就是与他人或语言共同体采取同样的方式。因而对一个语言的言说和理解必须“第二人”的参与，言说者必须与其他人以同样的方式言说和理解语言，由此形成一些约定、规范或规则。在这样的理解下，言说者的意向被诠释成以某种方式提供这些“规范”（norms），诠释者仅需判断言说者是否如他的诠释者们一样遵循同样的规则，就可以由此判断言说者将会按什么样的方式说下去。简单地说，对言说者的语词意义的诠释要依靠其他说相同语词的人赋予语词的意义（Davidson，2001b8；Kripke，1982）。我们知道，戴维森对语言的理解和诠释上采取的是诠释者进路，这条进路所蕴涵的基本思想是语言意义是公共可理解的，言说者的语言当且仅当能够被诠释者成功地诠释才具有意义。表面上看，戴维森同样要求语言的言说和理解需要“第二人”，但是戴维森的要求与克里普克的有根本的区别。戴维森主张：

> 说一种语言，并不要求需要有两个或更多的言说者以同样的方式进行言说；它仅仅要求每个言说者有意向地使他自己成为别人可诠释的（interpretable）［这个言说者必须或多或少如他人所期待的那样“说下去”（“go on”），或者至少使他为诠释做好准备］。（Davidson，2001b8：115）

这里，戴维森清楚地表达了两层意思：其一，在特定条件下，诠释者和言说者根本不需要说同一种语言也可以达成相互理解。尽管约定、习规、习俗等在语言理解中是可以考虑的因素，但它们并不起什么主导作用，因此，没有必要要求两个或以上的人以同样方式言说。其二，言说者要尽可能使自己的言说成为可诠释的，这是成功交流的必要条件。

当然问题也就出现了，如何才能使言说者的意向成为可诠释的？戴维森说，一旦我们以某种方式成功地诠释了言说者的意向，也就在“我们认为一个人意谓了某物”与“他确实这样意谓了它”之间做出了区分。那么，该如何着手诠释言说者的意向？诚然，我们界定言说者说某种语言的证据，主要是基于他继续如我们所期望一个言说者的那样照那种语言说下去这个事实，当然还有其他一些证据，例如，言说者的着装、他的同伴以及他所处的位置等都是他的语言线索。但是，戴维森认为，能够给出确证的东西最终还是关于他的言语行为的详细情况（Davidson，2001b8）。一如我们在诠释理论的形式和证据基础中所论证的，要对言说者的意向做出诠释，同样必须诉诸基于约定-T 的形式限制和基于言说者持 T-语句为真的态度的经验限制。只不过在我们目前关心的意向性主题上，这实质上关涉到诠释的另一方面："一个诠释者能（正确地）诠释一个言说者的话语仅当他知道这个言说者意欲让诠释者对他的（这个言说者的）话语指派某种真值条件。"（Davidson，2001b8：111-112）回溯前文，言说者的这个意向诉求对于我们来说也并不陌生，实际上我们在 5.2 节和 5.3 节中已涉及言说者如何可能接受对诠释者向他指派的真值条件的问题。在那里我们主要从整体论和宽容原则的主张出发论证这个问题，现在，我们着重把这个问题置于社会的场景中阐述，其重点在于考察在社会的环境中对言说者的要求。

语义外在论的维度已经确立了语言的公共特征。戴维森以三角测量模式描述外在论的最根本的目的之一是要把语言的公共特征置于社会的脉络下。在早期的语义外在论中，戴维森认为外部世界的事件和对象引起我们言说和思想的内容。自戴维森提出三角测量的模式后，他仍然坚持外部的事件和对象对引起我们的内容的作用，但他多了一个维度，那就是强调单个生物与外部原因的作用只会得到一些反应，不管这些反应多么复杂单个生物也不可能正确认识和定位这个原因；同时，如果没有第二个生物对第一个生物的反应，也不可能回答一个生物所说的语言是什么的问题。"因为把一种语言表明为言说的语言要求所表达的话语与世界中的对象和事件相匹配。"（Davidson，2001b8：120）戴维森由此对言说者的社会环境提出了这样的要求：

> 在任何人能够说一种语言之前，必须存在另外的与言说者相互作用的生物。当然这还不够，因为单纯的相互作用没有显示出相互作用的因素是如何关联到这些生物的。除非我们能够说这些生物注意到对这个相互作用做出反应，否则他们就没有办法能够在认知上利用赋予我们的观念以内容的三个方向的关系，说明他们的反应是相对一个事物而不是另外的。（Davidson，2001b8：120）

这段话非常重要，我们可以认为其中暗含了戴维森语义外在论与行为主义语言观中合理因素的有机融合。从中我们可以提炼出理解戴维森语言行为理论的几个关键词：刺激反应、言语行为、相互作用、意向反应、三角测量。在此，我们根据这些关键词来分析戴维森关于语言理解的核心内容（Davidson，2001b8，

2001b13；林从一，2004）。

第一，生物间相互作用是言说的必要条件。以戴维森常用的原初的孩子咿呀学语的情景为例：一个孩子和一个老师共同面对一张桌子；老师对着桌子说“桌子”，当孩子发出一种像“桌子”的声音时，他得到奖赏，如此反复这个过程。每当桌子出现时教孩子说“桌子”，这实际上是教会了孩子以一种特定的方式对一种或一类刺激做出反应。毫无疑问，这个过程是一个倾向性的刺激-反应过程。虽然孩子从嘴里发出了类似“桌子”的声音，但在他能够正确应用这个词之前，准确地说他这个发音行为仍然是非语言的行为。但是按照戴维森，不应该把这种行为简单地看成机械的刺激-反应行为。其实在这个模仿发音的过程中，孩子已经观察到许许多多的相似性，例如，桌子是相似的，他自己发“桌子”这个音是相似的，老师给出奖赏这个的反应是相似的，在桌子面前老师的反应是相似的，在桌子面前自己的反应也是相似的。通过这样一个反复的过程，孩子就可以把老师的反应与桌子联系起来，把自己的反应与桌子联系起来，逐步得知老师的所有反应是相对于桌子的，自己的所有反应也是相对于桌子的。需要注意的是，在把刺激与对象联系起来的过程中，孩子关于概括和相似性观察的表现起着至关重要的作用。另一个有感知力的生物（老师）在这个过程中的作用就是帮助言说者（孩子）建立关于概括和相似性归纳的能力。只有具有这样的初步的意向性能力，孩子才能把反应与刺激对象联系起来。

第二，只有在相似的生物之间才能建立相互作用。具有初步意向性的孩子可以观察到老师与桌子之间的相似反应连线，以及他自己与桌子之间的相似反应连线。实际上在他学习“桌子”一词时已注意到，当他的反应是相似的（嘴里发出“桌子”）时老师的反应也是相似的（给出奖赏）。他会感知到他自己和老师的反应是由同一个原因引起的。在老师的角度，是要训练孩子对他（老师）感知到的相似刺激做出相似的反应，帮助他知道他所发出的声音与刺激物桌子之间的正确或错误的联系。如果没有第二个生物的存在，孩子只会对相似的刺激产生一些相似性反应，而不会有意识地对这些相似性反应进行比较，并把这个反应与他人对同一刺激的反应联系起来。而通过对另一个生物的相似反应的观察，他们都会清楚地而自然地归结出他们产生的相似性反应大多数是相似的，由此建立起他们之间相互作用的第三条连线。如果相似生物对特定刺激的反应是语言的，那么这个相互作用必须建立在语言之前的相似生物之间的相互作用基础上。

第三，相似生物必须会意地（knowingly）和意向性地（intentionally）对特定刺激做出言语行为反应。如果相似生物对特定刺激做出的是语言行为方面的反应，那么对这个刺激-反应行为的界定必须要求：①它是对共同导因做出的反应；②在它之前已存在相似生物的相互作用；③它建立在具有意向性的相似生物之间。这就要求：

> 知道三角形的第二端——第二个生物或人——与自己所反应的是相同对象的唯一方式，是去知道这第二人心里有同一个对象。然而接下来第二人必须也要知道第一个人构成同一三角的一端，而他自己则占据这个三角的另一端。因为，两个人要彼此知道他们是被如此联系着，他们的思想是被如此联系着，就要求他们处于交流之中。他们中的每一个必须与对方交谈并被对方理解。如我所言，他们不必以相同的语词意谓相同的事物，但他们必须是彼此的诠释者。(Davidson，2001b8：121)

很明显，同是从外部行为入手理解语言，戴维森的观点决不同于蒯因等行为主义者的理解。其要点在于：①戴维森坚决反对将言语行为还原为物理刺激的倾向性反应，这种不可还原的因素主要基于语言中的指示要素和心理、意向因素。从另一个角度说，要对意向性态度做出有效的归属也只有通过语言交流才可能获得。②理解语言必须结合诠释的形式限制（约定-T）和经验限制（持 T-语句为真的态度）。③理解和诠释语言的模式必须置于三角测量的框架之下，诠释者和被诠释者与外在事件和对象必须处于互动的因果-社会联系之中，才能彼此诠释、彼此理解，不只是一方对另一方的诠释和理解。④三角测量模式不仅是理解语言的框架，也是构建语句的内容。对于前三点，我们在前面做了阐述，下面我们着重看三角测量如何在构建语句内容上发挥作用。

6.2.2 三角测量确定共享的相似性反应的共同导因

戴维森认为，生物之间进行交流必须要确定引起它们相似反应的共同导因。如前所述，如果“我”被拴定在地上，“我”将无法知道“我”与对象之间的距离，无论“我”与对象之间的反应多么复杂，也不能呈现出“我”所反应的或者思考的对象是某个距离之外的事件或者靠近我（比如就在“我”的皮肤上）。在戴维森看来，单个生物不能确定引起我们反应的相关刺激的位置，即使我移动位置，可以构成一个相像的三角，“我”也只能产生一些相似的反应，对这些相似的反应没有认识，因而对定位什么是确定内容（content-determining）的原因必须要求第二人的实际存在，并与“我”进行互动。但这仅仅是定位一种确定内容的原因的一个必要条件，即使有第二人的存在，即使“我”与第二人都知道有一个共同的原因，也不会知道这个原因坐落在一个公共的空间之中，也就无从知道我们对之反应的东西在世界中是什么。因为要知晓这个，就必须知道原因这个概念。如果没有第二人在一个共同的环境中对所共享的反应进行语言交流，就不会对彼此的反应之正确或错误产生对比，也就产生不了概念（包括原因的概念）（关于概念如何产生的问题我们在第Ⅱ部分阐述）。根据戴维森，要界定我们的内容到底是由什么原因决定的，必须要解决原因概念的模糊性（the ambiguity of the concept of cause）问题。原因具有双重不确定性。

一个是关于距离（distance）的不确定性问题。距离问题关系到引起我们内容的相关刺激是在近处还是远处，是什么东西使远处的刺激成为相关内容的决定者。要回答这个问题需要确定这个原因是共同的，并且这个共同导因坐落在公共空间之中。要做出这个回答，必须诉诸语言交流的三角测量（Davidson，2001b9，2001b13，2001b14）。如戴维森所言：

> 要给出一个思想的原因的位置，并以此定义思想的内容，需要有两个视点。我们可以把它看做一个三角测量形式：两个人中每一个对来自特定方向的感官刺激有差别地做出反应。设想一些从外面进来的线，共同的原因位于这些线的交叉点上。现在如果两个人注意彼此的反应（在语言，言语反应方面），每一个能够把这些观察到的反应与他的（或她的）来自世界的刺激联系起来，一个共同的原因就已经确定了。赋予思想和言语内容的三角就完成了。而要做出三角测量需要两个人。（Davidson，2001b14：213）

这就是说，要使远端的刺激关系到对内容的确定，首先需要一个基本三角的建立。而更为重要的是，两个生物在这个三角中必须进行语言交流，通过三条因果-社会的连线的互动作用，才会知道这些刺激连线在世界中交叉的地方就是原因所在的位置。由此，我们才知道我们所做出的相似性反应是由同一个对象引起的，而这个共同导因坐落在一个公共的空间之中。

另一个是关于原因的宽度（width）的不确定性问题（Davidson，2001b9：129）。要准确给出确定内容的原因，只知道原因的位置还不够，还必须知道一个信念的全部原因中有多少与信念的内容有关。按戴维森的话说，似乎存在相当多潜在的确定内容的原因，什么才是确定内容的典型原因？"简要回答就是：典型地引起相关的相似反应的全部原因的一部分或一方面"。因为"使这些反应相关的相似的东西反过来是他人发现那些反应相似的事实；进而这些事实是社会共享的反应，它使得内容的客观性成为可获取的"（Davidson，2001b9：129-130）。要发现反应的相关性，进而确定这些共享的反应中的客观内容，必须诉诸社会因素的介入和社会性的互动作用。只有通过三角测量，我们才能清楚地理解社会因素在界定确定内容的原因中的作用，也才能理解为什么三角测量中的社会的相互作用"唯一地为我们描述经验如何给出我们的思想一个具体的内容"。

通过三角测量的定位，我们解决了原因概念的双重模糊性问题，从而可以概括引起我们思想和语言内容的原因的几个主要的特征：①这些原因是共同可观察的。②这些共同的原因对我们引起的反应是相似的。③引起相似性反应的原因是同一的。④这些典型的原因是在社会-因果的三角测量模式中引起并确定我们思想的内容的。而更为重要的是，透过三角测量对确定内容的原因的理解，我们触及到哲学上的一个大问题，那就是关于思想的内容和对象的问题。在戴维森那里，引起确定思想内容的原因就是思想的对象，这些原因的定位就是对我们思想的对象的定位，这些原因的特征也即我们思想对象的特征。戴维森把所有的命题态度都看做思想，由此我们清楚地看到，戴维森关于所有命题态度的对象的考察都可以置于三角测量的模式下，也就是说，对所有命题态度，它们的内容和对象必须在社会的和因果的三角测量中进行考察和理解。

6.2.3 语言交流所需的信念-真理对比必须在三角测量中呈现

戴维森认为，对一个人际间语言交流系统来说，关系到它的存在之最为根本的东西，是语句“被认为是真的”与“实际上是真的”之间的差距。这个对于人际间语言交流系统的存在最为关键的区别，也可以表述为信念的“相信为真”与实在中“是真的”之间的差距。戴维森把相关于这个差距的对比称为“信念-真理”的对比或“相信所是”与“实情所是”的对比（Davidson，2001b7，2001b8）。根据前面章节的论述，我们知道这两个主题的联系和对比是戴维森诠释理论和语言交流得以可能的关键，也是他坚持语义外在论主张反对怀疑论的重要内容。有些人就批评戴维森没有对信念与真理的联系做出论证或所做出的论证是循环的，从而缺乏反怀疑论的力度。需要注意的是，这里所说的信念-真理的对比，强调所需的真理不仅仅是形式语义的真理，而且是具有命题内容的真理，在语义外在论的思想脉络中强调的是与实在匹配的客观真理。我们注意到，可能是源于这层意思，林从一直接把戴维森的“belief- truth contrast”（Davidson，2001b7：105）译成“主客观对比”（林从一，2004：99）。我们仍然称其为“信念-真理”对比，一则我们想沿袭戴维森以真理为基础讨论意义以及其他命题态度的一贯用法；二则我们也想通过这个对比来显示戴维森对真理概念的追求经历了怎样一个演进过程。简要地说，这一历程可表述如下：戴维森在《真理与意义》（1967）中主张塔尔斯基的真理理论足以作为研究自然语言的基础；在《彻底诠释》（1973）和《信念与意义的基础》（1974）中对用于自然语言的真理理论添加了基于约定-T的形式限制和基于持真态度的经验限制；在《思想与言谈》（1975）中提出了客观真理的概念（和错误的概念）必须在诠释脉络（the context of interpretation）中突现（emerge），而信念概念承担了收紧客观真理与持真态度之间的松散联系；在《理性动物》（1982）中论述了主体间真理，并提出了如何达到客观真理的问题，首次将客观性概念与三角测量的类比方式联结，提出我们关于客观性的含义是需要两个生物做出的三角测量的结果；在《关于真理与知识的融贯论》（1983）中，戴维森认为关于信念是什么的问题将信念与客观真理联系起来了，隐含了真信念就是与实在相一致的看法；在《认识论的外在化》（1990）、《第二人》（*The Second Person*）（1992）及《思想的突现》（*The Emergence of Thought*）（1997）等论文中，戴维森进一步论证了只有处于社会的、诠释的三角测量脉络中一个生物才具有思想，只有语言交流才能提供客观性真理概念的观点。

这里我们重点谈谈在三角测量的模式下信念–真理的对比是如何展开的，也从中看一看戴维森到底有没有把握信念与真理的联系，或者对二者联系的论证到底是不是循环的。我们试以图式结构图 6. 2 来表示这个论证展开所需涉及的概念和内容。

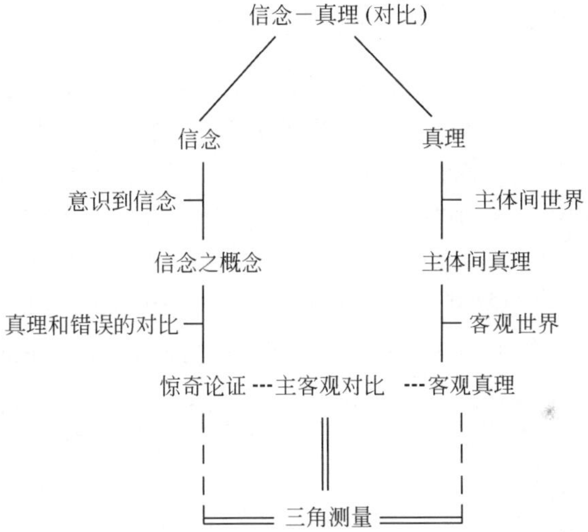

图 6. 2　信念–真理对比

戴维森认为，要有信念，必须具有信念之概念（the concept of belief），信念之概念是关于信念的信念；信念与信念之概念的区别可表示为“相信 that p”（believing that p）与“相信某人相信 that p”（believing that one believes that p）之间的区别，后者需要对相信某事有一个意识（Davidson，2001b7）。在这里我们需注意，戴维森之所以强调信念之概念，着重需要把握两个要点：一个是对信念要有意识，不能只有某个信念而没有意识到有这个信念；另一个是要注重信念所包含的内容，信念的内容一如语句内容（或意义），因为其中所包含的思想与对象的统一而在戴维森思想中占有重要地位。戴维森说：

> 如果一个生物没有信念之概念，它能够具有一个信念吗？对我而言这几乎是不可能的。其理由在于：除非某人理解信念有错误的可能性，

否则他不可能具有信念；而理解信念有可能错误要求把握真理和错误之间的对比——真的信念与假的信念之间的对比……而这个对比只能在诠释的脉络中实现，这就唯独强迫我们去面对一个客观的、公共的真理观念。(Davidson，2001a11：170)

由此，我们拟定关于信念-真理对比的论证思路：

A1. 信念概念与客观真理概念联系在一起。

A2. 具有信念之概念（把握真假信念之对比）需要一个客观的、公共的真理概念。

A3. 客观的、公共的真理概念只能在三角测量的诠释脉络中获取。

所以，信念-真理的对比只能在三角测量的语言交流中呈现。

我们先看对A1的论证。戴维森认为，信念概念的一个突出的特征是它可能与实在一致，也可能与实在不一致，因为对语句的持真态度也是一种特殊的信念。而语句在“被认为是真的”与“是真的”之间是有差别的，但是不管语句是真的或假的，对其持真的态度是一样的，这种持真态度直接与信念相对应；也就是说，不管语句是真的或假的，对语句的持真信念总是相同的，因而持真信念并不等于真信念。虽然我们的大多数信念是真的，但在考虑某个单个的信念时，我们必须考虑其出错的可能性。只有与实在一致的信念才是真信念，反之则是假信念。而信念概念（也就是关于信念的意识）就是要去收紧客观真理与持真信念之间的松散联系（Davidson，2001a11：170）。这样就把信念概念与客观真理概念联系起来了。

对A2的论证戴维森诉诸一个通常的现象——惊奇。他通过产生惊奇的过程来“论证”如何具有信念之概念。具体地说，他给出的如下一种“惊奇论证”：

假设我相信我的口袋中有一个铜板，但我翻空我的口袋却没有。我吃惊了。显然，如果我先前没有一些信念我是不会吃惊的……也许同样清楚的是，由具有一个信念可以衍推出（entail）惊奇的可能性……惊奇涉及了更进一步的要求：如果我只是先相信我的口袋中有一个铜板，而在翻空口袋后我不再相信，那是不足以产生惊奇的。惊奇要求我意识到（be aware of）我先前所相信的和我最终所相信的之间的一个对比。这种意识是一个关于信念的信念：如果我吃惊了，那么与其他事物一比较，我最后相信我起初的信念是假的……我要宣称的是：一个人不经历涉及关于自己信念之正确性的一些信念之惊奇，那他就一点也不能拥有要具有任何信念必需的一种关于信念的一般储存。(Davidson，2001b7：104)

所谓“惊奇论证”的要点是，要意识到自己的信念（即具有信念之概念），必须要具有对信念之真与假、正确与错误的对比。而能够帮助我们做出这个对比的——不在于我们具有两个不同的信念，而在于是什么最后促使我们有一个在真与假、正确与错误之间比较的判准——客观实在的状况。正如戴维森所言：

> 如果我相信我的口袋里有一个铜板，我或许是对的或许是错的；我是正确的仅当有一个铜板在我的口袋里。如果我吃惊地发现我的口袋里没有铜板，结果我相信我先前的信念与我的经济状况不符。由此我具有一个独立于我的信念的客观实在的观念（the idea of an objective reality）。（Davidson，2001b7：105）

由此可以看出，关于真信念与假信念的对比需要涉及关于客观实在的客观真理概念。那么，如何才能获取客观真理？且看戴维森关于论证 A3 的一种表述：

> 一个生物可以在不具有任何命题思想的情况下以复杂的方式去反应世界。它可以区分出颜色、味道、声音和形状等。它可以学习，通过以某种方式改变它的行为以延长它的生命或者增加它食物的摄入。它会在这样的意义上可以“做出概括”（“generalize”），即会像对原来的刺激一样对新的刺激做出反应。然而，无论它们有多成功，在我的标准下，所有这些都没有如信念所要求的那样显示出那个生物掌握了相信所是与实情所是之间的对比。（Davidson，2001b7：105）

掌握主客观对比才是信念所要求的最根本的东西，而在戴维森看来，对于没有命题思想的生物，不管它们的反应多么复杂都不能掌握这个对比。那么，什么能呈现出掌握了这个对比？显然，语言交流足够呈现主客观对比（Davidson，2001b7：105）。为了这个目的，交流者必须具有关于相同主题的命题和相同的真理概念，还要具有一个主体间的世界。如果仅就这一段话引申，联系戴维森接下来所说的“主体间的真理概念（the concept of intersubjective truth）足以作为信念的一个基础并由此作为所有思想的一个基础”，“一个人能够最终具有信念-真理对比的唯一途径是通过拥有主体间的真理概念”（Davidson，2001b7：105），似乎可以认为戴维森所要求的交流只在主体间进行就足够了，语义外在论对语言交流不不起什么重要作用。有人也抓住戴维森在这里把“信念-真理对比的唯一途径”定格在“主体间真理”，批评他的主客观对比并不彻底，实际上还是在主体间进行的主客观对比（参见 4.1.2 节）。我们认为，这样的批评是断章取义的。事实上，戴维森在这里称主体间世界是一个客观世界，是有前面“惊奇论证”所铺垫的一个客观实在为背景的。诚然，戴维森强调主体间的世界是客观的，主体间的真理是信念的一个基础，但是，他的这些断言是为了“完成”“语言是思想的必要条件”这一论证目标。这个论证的前半部分依据的是“惊奇论证”，后半部分依据的是语言交流；在“惊奇论证”中，戴维森强调的是独立于我们信念的客观实在；在语言交流中他强调的是交流者分享的世界和分享的真理。我们认为，只有把两个部分联系起来，才能完成戴维森的论证，才能理解戴维森设定的语言交流的社会环境和外部世界。

从戴维森的原文中我们也可看到，在他陈述了交流中主体间世界和主体间真理，以及在此基础上的信念-真理对比之后，他接着说，这些观点都不足以显示如何能够到达一个客观真理的概念。随后，为代替第一步骤的论证，他提出了著名的类比——三角测量：

> 如果我被拴定在地上，我将没有办法确定从我到对象之间的距离。我仅仅会知道它们处在从我朝向它们的某条线上。我或许能够成功地与这些对象进行相互作用，但我没有任何办法对它们在哪里这个问题给出内容。如果我不被拴定，我就可以自由地去做三角测量。我们对客观性的感受是另一种三角测量——要求两个生物做出三角测量的结果。它们中每一个都与对象进行相互作用，然而，是两个生物间通过语言形成的底线（the base line）给予了它们关于事物是客观的这种方式的概念。仅就它们分享一个真理概念的事实就可理解它们具有信念的断言，以及它们能够在一个公共的世界中确定对象的位置的断言。（Davidson，2001b7：105）

这是戴维森首次对语言交流的三角测量对客观性概念的意义所做的表述。需要注意的是，三角测量中两个生物通过语言进行社会互动，才能形成关于事物是客观的这方面内容的概念，其中包括客观性概念、客观世界的概念、客观真理的概念等；而理性生物“分享一个真理概念的事实”，就可以与信念和一个公共世界中指称的对象的位置建立起联系，如此，我们就可以进行信念-真理的对比。在戴维森90年代的数篇论文中，他强调，如果只有语言的社会交流（两个生物间的底线），则只能产生客观性真理的必要条件。因为关于对象和事件的概念的性质和存在是独立于我们的思维的；如果只有生物间三角测量的互动模式，而没有语言和命题意向，则只提供了客观性概念的充分条件。因为对外部对象的无意向的行为只能产生一些相似的反应，而决不能有命题思想的突现。只有处于语言交流中的三角测量，才为客观真理提供了充分必要条件（Davidson，2001b8，2001b9，2001b13，2001b14；林从一，2004）。因而，只有在语言交流的三角测量中，才能真正掌握信念-真理对比。

通过对A1、A2、A3的论证，我们一步步厘清了关于信念与真理的对比和联系。至此，我们回过头看戴维森关于信念与真理的对比和联系的阐述在方法是不是有循环的地方。据前论述，戴维森强调在语言理解中信念（特别是真信念）起着不可或缺的作用，语言意义的交流理解总是伴随相关的命题态度（特别是信念内容的），我们一般是先固定信念的内容而去理解意义的；而戴维森又强调只有通过在语言的诠释中信念所扮演的角色，我们才能获得信念之概念，只有在三角测量的语言交流语境中，我们才能获取信念与真理的对比和联系。这看起来确实是一个循环。其实，戴维森并不避讳这个循环，在一些地方他承认了这个循环，甚至说他的目的就是要论证这个循环。我们认为，这个循环的根本原因在于语言意义与信念的相互依存和缠结关系，在论证的策略上有时为了某一当下的目的设定另一个为前提或背景，反之又以另一个为前提或背景，因而会造成这种论证上的循环感。但是，我们应该看到，这种循环并不是在原地踏步，而是每一轮循环都深化了语言意义与信念之间的关系。因此，我们认为，纵然有某些小的循环，但这些循环是有益的，而不是恶性循环，它们不足以损害戴维森的整个论证。

6.3　三角测量模式与戴维森纲领各主题之间的关系

6.3.1　语言交流的三角测量是思想和语言的理解模式及内容的构成模式

在戴维森看来，三角测量模式描述了一种构成语言和思想的必要条件，这就是涉及两个或更多相似生物同时彼此相互作用，以及同时对它们所共享的世界相互作用的情形。而这个基本情形是一种前语言的（prelinguistic）、前认知（precognitive）的情形，是能够独立于思想并先在于思想的条件，通过观察非人类动物或者很小的孩子的活动就可以获得这个条件。只有三角测量的相互作用，不管那些原初的行为看起来多复杂和有目的性，也不由命题的信念、欲望或者意向支配，它们的交流模式也不构成语言。而只有三角测量的底线中两个生物的社会互动成为语言的社会互动，才能够完成命题态度的交流，两个行动者才能够利用三角测量的状况形成对世界的评价。

> 通过人和世界的某些部分和方面之间的因果相互作用建立起了三角测量。由此建立的对对象和事件不同反应的倾向成为关于正确诠释一个人思想和言说的关键。倘若情况不是这样，我们将没有办法去发现其他人所想的，或者他们以其语词所意谓的东西。（Davidson，2001b2：29）

语言交流的三角测量之所以能够成为思想和语言的理解模式以及思想和语言内容的构成模式，是因为它提供了思想和语言的两个最重要的方面：思想和语言的客观性和思想和语言关于外在世界的经验内容（Davidson，2001b9）。

在思想和语言的客观性方面，只有当我们所持为真的语句正是那个语句为真的情况，我们才能说我们的思想和语句是客观的。这就要求所有我们表达出来的信念是客观真实的。只有语言交流，能够为我们提供客观性概念。因为，关于对象和事件的概念占据一个共有的世界，关于对象和事件的概念的性质和存在是独立于我们的思维的，拥有一个客观性概念，要求我们意识到我们与其他人分享了思想和一个世界的事实（Davidson，2001b13：202）。只有在语言交流的三角测量中，我们才能将自己的相似性反应与他人由同一对象引起的相似性反应进行对比，同时根据分享的真理概念，将我们的信念与客观实在进行对比，从而发现我们的信念的正确或错误、真或假。通过不断的实践对比，形成对同一世界的客观评价。最后将信念与客观真理联系起来，达到我们所说的真语句就是实际的真语句的结论（参见6.2.3节）。

在思想和语言关于外在世界的经验内容方面，戴维森强调的重点是将语义外在论与三角测量模式结合起来加以论证。根据语义外在论，思想和语言的内容部分地由外在世界中的事件和对象所决定。在最简单的情况下，引起信念的原因给出了这个信念的内容。而在原因不直接出现的历史因果联系或其他复杂的情况下，三角测量通过帮助解决原因概念的距离和宽度不确定性问题，扫除了原因的模糊性，从而“使我们对事件和对象的共享成为可能。而也正是这个三角决定学习者的语词和思想的内容”（Davidson，2001b13：203）。由此可以看出，三角测量不仅是我们理解和诠释语言的模式，它还决定着语句内容的构成（参见6.2.2节）。换句话说，根据戴维森的立场，语句内容中包含着三角测量的结构，这个结构彰显着世界与我们的位置关系，而心与物的对立、词与物的对立消解在这个结构中，因为这个语言结构自身中包含着行动者和世界中的事件和对象。由此我们得出结论：语言交流的三角测量是思想和语言的理解模式和内容的构成模式。我们以为，这个结论是对三角测量应用在关于思想和语言的内容和对象上最出色的地方的概括。以语言交流的三角测量模式来看思想和语言的内容和对象，比其他众多的方法或理论更清楚明白、更具可理解性和合理性。

6.3.2 三角测量是贯穿戴维森纲领各主题的理解模式

虽然戴维森并不是在提出他关于真理与意义的理论之初就提出了三角测量的类比模式，但我们认为，这个建设性类比框架可以用来理解戴维森纲领的相关主题，这些主题放在三角测量的框架之中作简略分析。

首先，对作为戴维森纲领语义基础的外延性真理-意义理论，我们知道其内核是塔尔斯基的真理定义。这个理论在语言理解中最便利和最恰当的作用是言说者能够以一种他所知道的语言去表述对象语言的特征，也就是以一种元语言语句去表述对象语言语句。现在，我们可以构造这一一个三角测量的结构（图6.3）。

这里l_1和l_2表示元语言和对象语言共同面对需要表达的语句，l_3是元语言和对象语言之间的联结（这种联结以塔尔斯基的约定-T模式为基础，原则上它可表述所有的语言和所有的语句）。元语言和对象语言各自以约定-T模式对语句做出表述，其共同的结构对应的交叉点就是语句所在的位置。因为我们确切地知道元语言语句所具有的结构，因而，以大致相同的方式，可以把这些有意义的语句构成要件对应地去表述对象语言语句，从而用我们所知道的语言的语句的结构来理解其他的言说者的语句（Davidson，2001b9）。而对对象语言特征的表述反过来影响元语言对语句的表述和理解。由于约定-T结构表示的是一种“当且仅当”的关系，故元语言和对象语言的位置是相对而言的，它们因为是彼此的元语言和对象语言而相互作用。

其次，对理解语言的诠释模式而言，诠释者和言说者共同面对的是有待诠释的言说者的语句。根据诠释的形式和经验的性质，这个语句是言说者认为是真的或假的语句，即言说者的持真语句。因而，诠释者、言说者和言说者的持真语句共同组成了一个三角测量的结构（图6.4）。

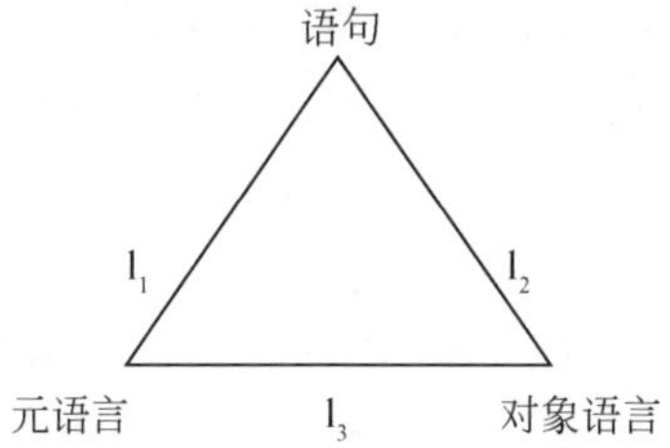

图6.3　基于塔尔斯基的语言分层三角结构

图6.4　基于诠释理论的三角结构

在这个诠释的三角测量结构中，诠释者和言说者对持真语句的认知地位是不同的。言说者对自己的语句拥有第一人称的优势，他可以假设自己的语句是真的，而诠释者则不能有这个假设。在彻底诠释者的立场上，他可以利用的唯一资料就是对言说者持真态度的观察。因为在戴维森的限制下，用于自然语言的语义真理理论是以塔尔斯基的真理理论为基础的，因而诠释者以这种真理标准对言说者的持真语句做出反应，这条反应连线与言说者对语句的持真态度的连线之交叉点就是言说者持真语句的位置。在这样形成的三角之中，诠释者和言说者所做的相似反应的共同导因就是言说者的持真语句。这里需要特别注意的是对持真语句的界定。持真语句是言说者在他的持真态度下有可能为真或为假的语句，而其为真或为假的导因在于外在的事件和对象所引起的刺激。根据三角测量，这些外在的事件和对象决定持真信念的内容。因此，持真语句中既包含外在的事件和对象，又包含信念的内容，还包含语句的意义。因此，对持真语句的理解涵盖了非常丰富的内涵。在诠释者的角度，从形式上他必须确认他与言说者同享一个真理概念，或者说他们对语句的持真标准是同一的。因而，他要用T-语句的形式标准检验言说者的语句；更重要的是，他必须诉诸经验证据来检验言说者的语句是否为真。在彻底诠释者的立场，他可资利用的证据是通过观察言说者在特定社会环境中对语句的为真（或为假）的选择，来判定言说者持语句为真的条件是否正是语句实际为真的状况。也就是说，他既要观察持真语句所传达的内容，又要观察言说者对这个语句的反应，他必须结合两方面的观察才能判断言说者的信念是否是正确的或真实的。而在言说者方面，要使自己的语句被正确理解，他必须考虑能够按诠释者所能理解的方式进行言说，如此他必须要求一个他的诠释者与他进行社会互动，他同样要观察诠释者对他的语句的反应，根据这些观察来对自己的相似反应进行归类和概括，判断自己信念的正确或错误，以此调整他对持真语句的选择，从而使得他的言说能够如诠释者所期望的那样进行。在这个过程中，共同导因和共享的相似性反应的概念是使彻底诠释得以清楚展示的重要概念，它们在语言交流的三角测量中得以获得。如戴维森所言：

> 使相关导因的选择得以减少的东西是对言说者及其诠释者而言都很明显的特征。这些明显特征是依据相似性反应而定义的。当面对多种不同距离的对象和事件或者在不同事件和不同背景的同一对象时，我们对同样的语句做出反应……使交流得以可能的是对这个承继的(inherited)和获得的相似性反应的共享。诠释者和言说者的言语反应所归类或识别的是同样的对象和事件。如果诠释者还能将言说者的言语反应归类，他就能够从他自己的类型中将两者联系起来，那就是将他发现的言说者相似的言语反应与他发现的相似的外在对象和事件联系起来。对于后者，诠释者有他自己的言语反应。由此，这个共同的导因变成言说者和诠释者所面对的共同主题。(Davidson，1991：77-78)

不仅如此，言说者与诠释者的语言互动，也可以帮助诠释者不仅以自己的真理标准理解言说者，而且以他们分享的一个真理概念去相对同一个世界来诠释对象语句，加上整体论和宽容原则的支持，帮助他们确定言说者的大多数信念是真实的。如上所述，处于诠释脉络中的三角测量使得他们可以拥有客观性概念，可以充分展开信念-真理的对比，从而把信念与客观真理结合起来。在这样的情况下，诠释者就可以在宽容原则指导下，先固定信念作为常项，同时去理解语句的意义。根据三角测量，语句的内容部分地是由外在的典型原因引起的，这个决定内容的共同导因交汇于语句所论及的对象上，因而，对语句的诠释也是对对象的诠释。如此，在清楚诠释语句意义的同时我们也清楚界定了导致信念的对象，我们就可以在进一步的诠释中对我们的信念有一个完整的理解。

现在我们回过头从另一个角度理解戴维森为什么要设定彻底诠释方法作为诠释的根本方法。三角测量模式告诉我们，只有在语言交流的三角测量中，通过其因果的和社会的联系和互动，言说者的思想才具有内容，他的言谈才具有意义。因果关系在确定信念的内容和语句的意义中有着极其重要的地位，这种因果关系是不能颠倒的，我们不能预设先有一个信念和意义及其对之的理解然后再去寻求引起它们的导因。如若那样，则会陷入传统认识论的泥潭，既不会正确理解信念等思想的内容，还会给怀疑论留下可钻的空子。我们认为，经过上述论证，最后我们在语言交流的三角测量模式中较好地回答了彻底诠释如何可能的问题。

再者，在语义外在论的框架下，外部评论者与行动者各占三角测量的一端，外部事件或对象位于由其引起的刺激反应连线的交叉点上，由此形成这样一个三角测量（图 6.5）。

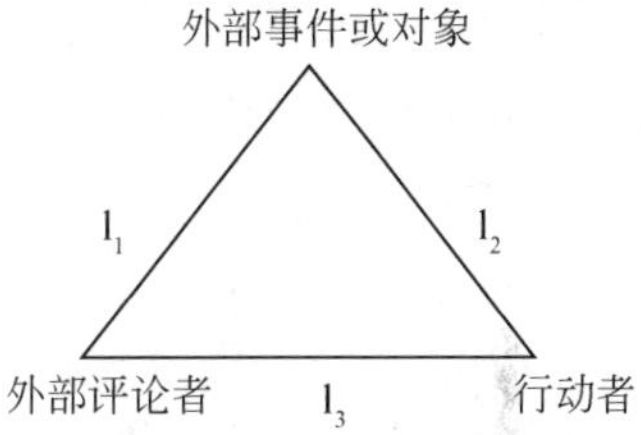

图 6.5　基于语义外在论的三角结构

外部评论者和行动者与外部的事件和对象所做的三角测量，如我们在 6.1 节和 6.2 节中所展示的两个生物与对象的关系。其实，戴维森最先提出三角测量的类比模式，就是为了形象地说明在语义外在论的脉络中，根据对象与两个行动者的因果联系和行动者之间的语言的社会互动，如何能够提供客观性概念。根据三角测量模式，我们能够更好地理解我们的信念和语句的对象大部分是外在世界的事件和对象，这些外在的事件和对象部分地决定我们的信念和语句的内容。只要我们是理性动物，只要我们所进行的是有意义的言说和有内容的思考，我们的大多数信念就是真的——客观地是真的（林从一，2004）。鉴于以上已详陈了整个论述过程，这里就不再赘述。

6.4　三角测量模式的哲学意蕴

三角测量是戴维森极具创意的一个框架性模式，它可以在许多地方发挥作用。以上就我们所关注的主题在三角测量的模式下可以得到怎样一种新的理解做了一个粗略的描述。林从一在他的论著中展示了三角测量对本体论和知识论上的一些重要理论的论证和说明可能具有启发作用，“其中包括：思想和社会的相互依凭性（interdependence），思想和语言的公共性（社会性），三类知识（关于自我心灵的知识，关于他人心灵的知识，与关于外在世界的知识）的相互依凭性，以及第一人称权威”（林从一，2004：74）。我们可以预期，以三角测量模式来理解戴维森的行动理论、心智理论等也会有新的视界。

根据上文有关论述，我们认为，三角测量模式对反怀疑论的最大贡献在于它给出了信念-真理对比的必要条件和充分条件，从而使信念建立在一个客观性基础上，以分享的客观真理标准填补了在“相信为真”与“是真的”之间的距离，从而有效地阻击了怀疑论从感觉经验或融贯论的角度对信念真实性的质疑。这也是三角测量模式的重要哲学意蕴之一。

在此还有必要指出，在第7章我们将看到，在戴维森纲领展示的先验论证的结构中，三角测量模式起到了关键的作用。

总之，据上论述，我们可以将三角测量的哲学意蕴归结为三个要点：①对于本书来说最重要的是：一方面，三角测量测量模式对于戴维森纲领的各个核心主题及其相互关系具有统摄作用；另一方面，三角测量模式在戴维森纲领所展示的先验论证结构中发挥了关键性作用。根据这两点，我们可以说，对于解答“语言理解或交流如何可能”这一先验式问题，三角测量是一种极具启发性的总体性论证模式。②正如上面所提及的那样，三角测量模式对于重新理解和深化哲学中的众多主题，有可能开辟新的视界。③也如上文所说，三角测量模式也为反驳怀疑论提供了一条独具特色的新思路。

第 7 章　戴维森的先验论证及其哲学意蕴

根据有关文献，我们大体上可以将关于戴维森先验论证的研究分为两类：第一类是先确定先验论证的一般方法论结构，然后试图把戴维森纲领的各个核心主题置于这个一般性方法论结构中。其要旨在于一方面深化对这些核心主题及其相互关系的理解，另一方面揭示戴维森先验论证的独特性。此类研究的代表人物是卡彭特（2003）和麦克（1991）。第二类的特点在于突出戴维森纲领中某一个或某几个主题与先验论证的关联。他们要么对相关主题提出新的理解［例如，罗维斯（C. Rovance）认为戴维森对“真理”这一主题的研究有助于揭示实在的一般特征（Rovance，1986）；鲁特（M. Root）认为戴维森对理解“他人”的研究为社会科学奠定了认识论基础（Root，1986）］；要么强调戴维森先验论证的显著特征［例如，罗蒂（R. Rorty）认为戴维森先验论证的根本特点是“自指性”（self-referentiality），进而主张这一论证奇特地宣告了一切基于知识合法性辩护的先验论证的终结（Rorty，1979）］。

以这里的分类为参照，我们便可发现上述各章所做的工作：①与上述第一类研究部分地相似，我们以“语言理解或语言交流是如何可能的”这一先验式问题统摄各章内容，力图深化对戴维森纲领各个核心主题及其相互关系的理解。②与上述第二类研究部分地相似，在具体阐述每章内容时，我们既关注相关主题与先验论证的关联，更着重于对主题理解的深入挖掘。易言之，上述各章基本上是以先验论证为思路，以主题阐述为重点。本章将以这些研究为基础，着重探讨戴维森先验论证的基本结构、独特之处及其哲学意蕴。

7.1　先验论证的方法论结构

根据卡彭特的论述，可以将先验论证的一般形式表达为如下三个步骤（Carpenter，2003）：

步骤 1：识别一种诸参与讨论者均同意其存在的现象；

步骤 2：探讨该现象可能性的必要条件；

步骤 3：考察对这种现象可能性的“先验分析”（“transcendental analysis”）结果的哲学意蕴。

卡彭特认为，这是一个关于先验论证的最小特征表述（the minimal characterization of transcendental arguments），它揭示了先验论证的方法论结构（methodological structure）。换言之，他认为只有满足这一方法论结构的论证才能称为“先验论证”。正是根据这一方法论结构，卡彭特断定康德式的先验论证与戴维森式的先验论证具有明显的相似性。

麦克也认为在康德式的先验论证和戴维森式的先验论证之间存在着相似性，但他所依据的一般性的先验论证方法论结构则是由如下两个步骤构成（Maker，1991）：

> (i) 客观性的主体化（the subjectification of objectivity），即将“客观性”理解为已被主体化（subjectivized）或内在化（interiorized）的概念，也就是说可从主体性领域获知的概念。换句话说，这一步骤在于表明：若不从主体性出发，则客观性概念便无认知意义。
>
> (ii) 主体性的客观化（the objectification of subjectivity），即主张在这样两种客观性概念——作为已被主体化的客观性概念（事物显现出来的方式，以及我们用语言描述事物的方式）与从主体性领域无法获知的客观性概念之间做出区分是不可理解的或不融贯的。换句话说，这一步骤在于表明：主体性具有独特的客观含义。

卡彭特本人认为他对先验论证方法论结构的重述优于麦克的重述，表现在：他避免了麦克过度依赖于康德某些特定主张的缺点（Carpenter，2003）。我们认为这一看法基本上是合理的，因为即使用“主观性-客观性”或“主体-客体”的概念框架能够展示康德式先验论证的方法论特色，也不能恰当地表达戴维森式先验论证的方法论特点。只要看看麦克把戴维森所谈的语言、意义、真理等概念统统归入主观性或主体性领域（Maker，1991），再与戴维森论语言、意义和真理之间关系的纲领性论文《真理与意义》作比较，便可发现他重述戴维森先验论证结构的不合理之处。此外，麦克未注意到自 20 世纪 90 年代以来戴维森借助三角测量模式对语义外在论的新颖论证，这也是一大缺陷。

正是根据这种判断，在本章中我们打算选择卡彭特所表述的先验论证结构形式，首先讨论康德式先验论证与戴维森式先验论证的相似之处，然后通过比较揭示出戴维森式先验论证的独特之处。

参照卡彭特表述的先验论证方法论结构，我们可以这样重构康德式的先验论证的思路：

按步骤 1 看，康德把“经验”（experience）或“知识”（knowledge）确定为需要探讨的现象，提出了如下典型的先验式问题：“经验是如何可能的?”或“知识是如何可能的?”在此需要指出，分析哲学界有一种流行的观念认为康德式的先验问题可适用于任何主题X，于是该问题可表述为："X可能性的条件是什么？"（Carpenter，2003）可是，正如卡彭特指出的那样，这一表述难以展示康德式先验提问的根本特征（Carpenter，2003），因为休谟（D. Hume）在康德之前就提出了"因果性（causality）是如何可能的？"问题。但是，康德并没有像休谟那样直接提出关于因果性的问题，而是提出"经验是如何可能的？"或"知识是如何可能的？"这类独特的问题，其深义在于康德认为这类问题是更加基础性（fundamental）的问题，对该问题的解决会自然地导致"因果性的可能性"之类问题的解决。

根据这种分析，似乎可以说，只有在特定研究领域中有资格充当基础性问题的现象，才能成为先验论证步骤1之中需要探讨的主题。就康德而言，对此基础性问题，除了上文所说的表述以外，还有一个等价的表述方式，即"先天综合判断是如何可能的？"（康德，2004：15）①

按步骤2看，康德指出："为了达到一切对象的先天知识，必须首先给予我们的是纯粹直观的杂多；其次是通过想象力对这种杂多加以综合，但这也还没有给出知识。给这种纯粹综合提供统一性、并只是以这种必然的综合统一的表象为内容的那些概念，则为一个出现的对象的知识提供了第三种东西，而且是建立在知性之上的。""赋予一个判断中的各种不同表象以统一性的同一个机能，也赋予一个直观中各种不同表象的单纯综合以统一性，这种统一性用普遍的方式来表达，就叫做纯粹知性概念。"（康德，2004：71-72）康德以他那著名的由十二范畴所组成的"范畴表"完备地展示了这里所说的"纯粹知性概念"（康德，2004：71-72）。以此为基础，他进而在"纯粹知性概念的先验演绎"的题目下，详细地分析了这些纯粹知性概念（或范畴）可应用性（applicability）的条件，证明了这些纯粹知性概念（或范畴）的客观有效性（objective validity），从而回答了经验可能性或知识可能性的问题（康德，2004：87-133）。

按步骤3看，康德从正反两个方面阐发了上述先验分析所蕴涵的哲学意义。从正面看，康德主要说明了这样一个论点："正如对经验进行预测的那些知性原理所表明的那样，我们现实地拥有先天综合知识。"（康德，2004：585）换言之，上述

---

① 卡彭特（2003）认为，以"知识是如何可能的？"来表述康德式先验问题是不妥的，理由在于笛卡儿和休谟也提出了这个问题。但是，我们认为根据康德对"知识"一词的使用，从根本上说它与"经验"一词是同义的（参见下文所引康德的有关论述）。因此，我们认为卡彭特的看法不能成立。至于为什么关于"经验的可能性"或"知识的可能性"问题等价于关于"先天综合判断的可能性"问题，请参见康德的相关论述（康德，2004：1-18，69-78）。关于为何这几种表述堪称"基础性"问题，可参见康德的如下论述：解决了这些问题，也就同时回答了下述问题：纯粹数学是如何可能的？纯粹自然科学是如何可能的？形而上学作为自然的倾向是如何可能的？形而上学作为科学是如何可能的？（康德，2004：15-17）。

分析表明，那些由纯粹知性概念（范畴）所表征的“预测经验的原理”本身就确定了“可能经验的界限”，而且由此显示了这些纯粹知性概念（范畴）及其所规限的经验或知识的“客观实在性”（objective reality）（康德，2004：587-588）。

据此，由先天综合判断所表征的各种知识便具有了客观有效性。康德强调，这些论断来自“理性的批判”，而不是来自理性的“独断论”和“怀疑论”（他称怀疑论者为“理性的检察官”）（康德，2004：584）。正因如此，从反面看，康德认为，上述先验分析为反驳独断论和怀疑论提供了有力的武器。在康德看来，尽管独断论和怀疑论乍看起来显得是针锋相对的两方，其实“怀疑论的一切论争本来都只是对独断论者的反转而已”（康德，2004：586），因为即使像休谟这个被康德誉为“所有怀疑论者中最有才智的”、“极为敏锐的人”，他所持有的“怀疑论迷误尤其来自于一个毛病，这个毛病他倒是和一切独断论者共有的，即他没有系统地通观知性的先天综合的一切种类”（康德，2004：586-588）。反言之，康德自己认为，在我们所述的步骤 2 中，他所做的探究系统地通观了知性的先天综合的一切种类，为反驳独断论和怀疑论提供了坚实的理性根据。

平行地看，戴维森纲领所显示的先验论证结构也可重述为如下三个步骤：

按步骤 1，我们可以把戴维森的先验式问题表述为：“语言理解是如何可能的？”（Davidson，2001a2，2001a5，2001a9，2001a13）或“语言交流是如何可能的？”（Davidson，2001a14，2001a15，2001b13；Hahn，1999）在此需要指出，卡彭特虽然也把戴维森式先验问题表述为语言交流是如何可能的，但他在论证中实际上把这个问题转化成了“在信念方面达成广泛一致和信念广泛真实性是如何可能的？”（Carpenter，2003：233，n. 3）我们认为这个转化是具有局限的。纵然如卡彭特所说，以戴维森的彻底诠释方法论能保证信念的广泛一致，并且，在外在论的语境中理解彻底诠释方法论能够保证信念的广泛真实性，而且我们还可以说这是语言交流得以可能的最重要的内容，但是我们同时也要说，他的这种理解并没有全面把握理解语言的主要因素，特别是他忽视了语言理解的语义基础，即以真理理论为基础的形式限制和经验限制，而这是支撑戴维森关于语言理解或交流可能性论证的最为基础的部分，没有这个形式基础和证据基础，我们就无从把握持真态度这个“安定锚”的作用。① 这既是戴维森独具匠心辟出的不同于其他众多的类似于这个论题的论证出发点和论证取向，又是在他看来是唯一正确的和可取的进路。因而至少我们可以说，卡彭特关于戴维森先验论证主题及其必要条件之分析是有重大缺失的。由此可见，语言理解或语言交流的可能性问题才是戴维森所提出的基础性问题。当然，我们可以把这个先验式问题分解为一些子问

① 参见第 2、3、4 章的论证。

题，并分别分析其必要条件对子问题以至对整个问题的支持（犹如我们在前面所做的工作），但我们必须强调，只有语言的理解或交流如何可能这个基础性先验问题才能统摄关于戴维森纲领的先验式重述和分析。

按步骤 2，首先，戴维森根据自己对塔尔斯基真理理论的批判性理解，确立了真理概念与意义概念之间的关系，得出了如下结论："知道一种语言的关于真理的语义学概念，便是知道一个语句（任何一个语句）为真是怎么一回事……而这就等于理解了这种语言。"（Davidson，2001a2：24）进而，借助塔尔斯基关于对象语言和元语言的区分便可得知，"一种语言的言说者为另外一种语言的言说者构造一种意义理论，这必定是可能的"（Davidson，2001a2：24）。根据这种分析，戴维森所说的意义理论就是以真理概念为基础的关于语言的理解、诠释和交流的理论（Davidson，2001a9）。其次，戴维森以他独特的彻底诠释理论对下面三个问题做出了肯定的回答：①能够为自然语言提出一种真理理论吗？②能够在开始进行诠释之前通过求助于可获得的证据来确证（verify）一种真理理论吗？如果上述两个要求得到满足：③如果我们已知道有一种满足我们所描述的形式标准和经验标准的真理理论，那么是否可能对这种理论所涉及的那种语言（或那种语言的使用者）的话语做出诠释？（Davidson，2001a9）在具体的论证过程中，戴维森强调了整体论观念和宽容原则对于语言理解或交流的重要作用。[①] 最后，借助语义三角测量模式，戴维森主要做了两个方面的工作：第一，他着力证明其语义外在论的合理性，并论证只有通过语言交流的三角测量模式才能确立"客观真理"的概念；第二，他将彻底诠释方法置于语义外在论的语境中，力图表明只有在三角测量的语义外在论中才能获得语言理解或交流所要求的信念（包括其他命题态度）的真实性（veridicality）。[②] 通过以上论证，特别是通过三角测量模式将语言理解或交流的各个要素统一起来，戴维森解决了语言理解或交流的可能性问题。根据卡彭特给出的先验论证结构，上述分析就是先验分析步骤。

按步骤 3，可以说，戴维森也像康德那样从正反两个方面阐发了上述先验分析所具有的哲学意义。从正面看，通过上述分析，戴维森确立的一个核心论点是：根据真理概念的形式限制条件和经验限制条件，凭借彻底诠释方法提供的语言交流脉络中的第三人称进路，诉诸三角测量模式证明的语义外在论观念，加上整体论观念和宽容原则的约束，我们才可能在使用语言的过程中达到相互理解的目的。由此，我们也可以说，戴维森通过上述先验分析表明，语言使用本身确立

---

① 关于戴维森对这三个问题的具体分析和回答以及整体论和宽容原则在其中的作用，参见本文第 4、5 章的有关论述。

② 具体分析参见本文第 5 章，特别是第 6 章的有关论述。

了“可能理解的界限”，显示了语言使用诸概念（如真理、意义、信念、诠释等）及其所规限的理解行为具有客观实在性。因此，基于这种语言理解模式而建构的各种知识也具有客观有效性。事实上，戴维森生前的一个愿望就是根据三角测量模式所确立的语义外在论，重构一种新的知识论①，而且他已做了初步探索［戴维森《三种不同类型的知识》（*Three Varieties of Knowledge*）（1991），《认识论的外在化》（*Epistemology Externalized*）（1991）等论文］。因此，可以认为，戴维森对语言理解可能性所做的先验分析为我们重构关于外部世界、自我心灵和他人心灵的知识论提供了一条新的进路。② 从反面看，戴维森的先验分析为反驳那些无视理解可能性界限的独断论和怀疑论奠定了理性的基础。按此，我们可以把戴维森对那些把“意义”当做“实体”来理解的理论（如意义指称论和意义观念论）的批判看做对独断论的批判（Davidson，2001a2，2001a5）。至于他对怀疑论的反驳，留待本章第三节再作讨论。

以上分析表明，从卡彭特提供的三段式论证结构看，康德和戴维森在如下三个方面的确具有相似性：①他们两人都把特定领域基础性问题作为重要探索的主题，并以关注这一基础性主题可能性条件的方式提出了相应的先验式问题；②他们都从各自的理论根据出发，对基础性主题得以可能的先在性条件进行了分析，从而回答了各自的先验式问题；③他们都从正反两方面阐发了各自先验分析结果所具有的哲学意蕴，特别是两人都从正面为知识合法性论题作了论证，从反面批驳了独断论和怀疑论。因此，在两人都遵循先验论证方法论结构所展示的论证思路的意义上，我们可以说戴维森是康德先验哲学的后继者。但是，上述讨论也表明，在每一步骤所涉及的具体内容方面，两人有明显的差别。更重要的是，对于康德的一些根本性哲学立场，戴维森持严厉的批判态度。正是从这些方面，我们可以发现戴维森式先验论证具有引人注目的独特性。

7.2 戴维森先验论证的独特性

康德在《纯粹理性批判》第二版序中指出：

> 向来人们都认为，我们的一切知识都必须依照对象；但是在这个假定下，想要通过概念先天地构成有关这些对象的东西以扩展我们的知识的一切尝试，都失败了。因此我们不妨试试，当我们假定对象必须依照我们的知识时，我们在形而上学的任务中是否会有更好的进展。这一假

---

① 2005年5月，戴维森在一次接受采访中提到这个研究计划（林从一，2004：9）。

② 林从一沿此方向做了有益的探索（林从一，2004：第四、五、六章）。下文将对此做出讨论。

定也许将更好地与所要求的可能性、即对对象的先天知识的可能性相一致，这种知识应当在对象被给予我们之前就对对象有所断定……如果直观必须依照对象的性状，那么我就看不出，我们如何能先天地对对象有所认识；但如果对象（作为感官的客体）必须依照我们直观能力的性状，那么我倒是完全可以想象这种可能性。但由于要使直观成为知识我们就不能老是停留于它们之上，而必须把它们作为表象与某个作为对象的东西相关联，并通过那些表象来规定这个对象，所以我可能要么假定，我用来做出这种规定的那些概念也是依照该对象的，这样一来，我如何能先天地对它知道些什么这样的问题就使我又陷入了同一个困境；要么，我就假定诸对象，或者这是一样的，诸对象（作为被给予的对象）唯一在其中得到认识的经验，是依照这些概念的，这样我就马上看到了一条更为简易的出路，因为经验本身就是知性所要求的一种认识方式，知性规则必须是我还在对象被给予我之前先天地就在我心中作为前提了，这个规则被表达在先天的概念中，所以一切经验对象都必然依照这些概念且必须与它们相一致。（康德，2004：15-156）

我们关于物先天地认识到的只是我们自己放进它里面去的东西。（康德，2004：16）

人们按康德本人的提示（康德，2004：15），将他的先验哲学的提出称为哲学史上“哥白尼式革命”，主要根据的正是在于上述引文中所表达的观点。对此，罗蒂曾这样评论：“只是因为康德采纳了笛卡儿主义的（Cartesian）‘对于心灵（the mind）来说，没有任何东西比它本身更容易理解’这一教条，他才推论出：‘我们关于物先天地认识到的只是我们自己放进它里面去的东西。’‘如果我们能想象 X，而不是 Y，则这种想象力就赋予了我们关于我们认识能力的构造的知识。’而且，让康德认为，哥白尼式革命使一种特殊的论证成为可能。”（Rorty，1979：80）据此，罗蒂还描述了康德式先验论证必须满足的两个条件：

（1）“图式-内容的区分”（the scheme-content distinction）被解释为我们易于理解的东西（粗略地说，就是我们的主体性）与我们不易理解的东西之间的区分。

（2）我们关于必然真理（其内容会与图式符合）的“合法的”（legitimating）先验知识之所以可能，是由于我们的主体性（图式）创造（create）了内容”。（Rorty，1979：79）

在此，罗蒂揭示了康德式先验论证所预设的两个前提条件：其一是认定“心灵”“自我”或“主体”在认知能力上具有特优性；其二是坚持图式-内容二元论。麦克除了也揭示出这两点外，还指出另外一点，即康德式先验论证还预设了认识论的基础主义（epistemological foundationalism）立场，也就是说他主张知识具有恒定不变的基础（Maker，1991）。

我们认为，罗蒂和麦克对康德式先验论证所预设的前提之分析是切中要害的，也就是说，康德的先验论证要成立必须预设这些条件。然而，对康德式先验论证所预设的这三个前提，戴维森均持批判态度。首先，在“语言转向”（the linguistic turn）的背景下，戴维森像绝大多数分析哲学家一样，反对从“心灵”、“自我”、“主体”等角度立论进行哲学研究的心理主义立场，而坚持立足于语言分析从事哲学研究。这一点从上面我们所展示的戴维森式先验论证的三个步骤中即可得到印证。至于对基础主义的批判，我们可从戴维森对传统的真理符合论和基于实体观念的意义理论的批判中看出来（Davidson，1990，2001a2，2001a15，2001b10），也可在第 2 章中找到相关的讨论。在此，我们集中讨论戴维森对图式-内容二元论的批判。

戴维森在《论概念图式这一观念》（1974）一文中开始就写道：

> 很多派别的哲学家倾向于谈论概念图式。人们告诉我们，概念图式是组织经验的方式（ways of organizing experience）；它们是对感觉材料（the data of sensation）赋予形式的范畴体系（systems of categories）；它们是个人、文化或时代不受消逝着的具体时空场景之限制而据以延续的一些观点。（Davidson，2001a13：183）

由此可知，康德所阐述的由一系列纯粹知性概念构成的范畴表就是这里所说的“概念图式”。基于这种理解，戴维森所说的下面这句话看来也适用于康德：“甚至那些确信只有一种概念图式的思想家也受图式概念的支配。”（Davidson，2001a13：183）

在分析哲学领域，如果以康德的主张为参照来做比较，那么我们就可以发现绝大多数分析哲学家接受了康德的两个观点：第一，概念图式“是组织经验的方式”；第二，概念图式“是对感觉材料赋予形式的范畴体系”。但是，他们对此也做了两点重要的修改：①绝大多数分析哲学家抛弃了康德主张的，如戴维森所说的，概念图式“是个人、文化或时代不受消逝着的具体时空场景之限制而据以延续的一些观点”，而认为概念图式具有历史的相对性；因此，②很少有人像康德那样，如戴维森所说，“确信只有一种概念图式”。更多的人认为面对同样的经验材料，可以有不同的概念图式充当组织的方式，甚至有人主张在不同的概念图式之间存在着“不可通约性”（incommensurability）（Kuhn，1962）。可以说，以继承和改进康德先验哲学而著名的分析哲学家斯特劳森对概念图式的理解，就非常明显地体现了上述两点继承和两点修改（Strawson，1959，1966）。

斯特劳森在《感觉的界限》中一开始就写道："人们有可能想象出非常不同于我们所知的世界。"（Strawson，1966：15）Kuhn（1962）要论证的一个核心观点也是：在不同的科学传统［库恩称之为"范式"（Paradigms）］中，科学家是"在不同的世界里工作"（Kuhn，1962：134）。这两种隐喻性表达初看起来没有太大差别，似乎二者无非都是在强调概念图式具有相对性而已。但戴维森认为

> 这两种隐喻一点也不同。斯特劳森使我们想象一些非现实的可能世界，这些世界可以用我们现在的语言通过以不同的系统方式重新对语句分配真值来描述。在这种情况下，不同世界之间对比的清晰度依赖于对有待确定的我们的概念图式、我们的描述策略（descriptive resources）做出假定。另一方面，库恩则想要我们思考对同一个世界的不同观察者，他们用不可通约的概念体系（incommensurable systems of concepts）来观察同一世界。斯特劳森的许多所想象的世界是我们由同一观点出发看到、听到或描述的；而库恩的一个世界是我们根据不同的观点看到的。（Davidson，2001a13：187）

根据这种分析，戴维森进一步指出：

> 第一种隐喻（即斯特劳森式隐喻，笔者注）要求在语言内做出关于概念和内容的区分：我们使用一种确定的概念体系（带有确定意义的语词）来描述可供选择的多种宇宙（alternative universes）。有些语句会仅仅因为所涉及的概念或意义而为真，其他的语句会因为世界的方式而为真。在描述可能世界时，我们仅仅使用第二种语句。
>
> 第二种隐喻（即库恩式隐喻，笔者注）建议代之以一种相当不同的二元论，即一种关于整个图式（或语言）与尚待诠释的内容这两者的二元论。尽管坚持这第二种二元论并非与坚持第一种二元论不相容，但对后者的攻击却可以促使坚持第二种二元论。（Davidson，2001a13：187）

这里给我们提出的问题是：分析-综合的区分（the analytic- synthetic distinction）与概念图式-经验内容的区分有何关系？在分析哲学领域，自从蒯因1951年发表《论经验论的两个教条》（*Two Dogmas of Empiricism*）（Quine，1961）以来，许多人倾向于抛弃分析命题与综合命题的区分。现在戴维森着力想证明的是这样一个观点：即使抛弃分析-综合的区分，仍难逃脱图式-内容区分的桎梏。甚至连蒯因也仍坚持这一图式-内容区分（Quine，1961：42，44；1969：1，24，25）。请看戴维森给出的关键性论证：

> 综合的与分析的二元论是一种关于下述两种语句的二元论：一种语句的真（或假）既由于它们所意谓的东西又由于它们的经验内容；另

> 一种语句不具备经验内容，它们的真（或假）仅仅依据其意义。倘若我们摒弃这种二元论，我们也就抛弃了那种附属于它的意义概念，但我们却不必抛弃关于经验内容的观念：我们能够坚持认为一切语句都具有经验内容——如果我们想要如此认为的话。而经验内容本身又是参照事实、世界、经验、感觉、感官刺激之整体等诸如此类的东西来解释的。意义给我们一种谈论范畴、语言的组织结构的方式等等；但是，正如我们已看到的那样，人们有可能在抛弃意义和分析的同时保留语言作为体现一种概念图式的看法。因此，取代分析与综合的二元论，我们便得到概念图式与经验内容的二元论……
>
> 我极力主张：这第二种关于组织系统和某种有待组织的事物的图式和内容的二元论是无法理解的，无法辩护的（defensible）。（Davidson，2001a13：189）

戴维森批驳图式-内容二元论的关键之点在于揭示其难以避免的如下困境：按此二元论，要么主张概念图式组织经验内容，要么认为经验内容符合概念图式。然而，正如戴维森批判传统真理符合论时所指出的那样[①]，要解释清楚这里的所谓“组织”或“符合”，势必要一步步地求助于所谓的“认知中介”，其结果将是难免陷入无穷倒退的泥潭之中，或者坠入概念相对主义的陷阱之中。这也正是麦克所谓“认知对立”（epistemic confrontation）观念所导致的难题（Maker，1991）。根据这种论证，戴维森最终得出了如下结论：

> 在放弃对未被诠释的实在（即某种外在于一切概念图式和科学的东西）这一概念的依赖时，我们并没有放弃客观真理这一概念——而是恰恰相反。给定了关于图式和实在的二元论这个教条，我们就得接受概念的相对性以及相对于一个图式的真理。没有这个教条，这种相对性便会落空。当然，语句的真实性依然是相对于语言的，但那是尽可能地客观的。在放弃关于图式和世界的二元论时，我们并没有放弃世界，而是重建与人们所熟悉的对象之间的没有中介的联系，这些对象的出乎意料的情形使我们的语句和意见为真或为假。（Davidson，2001a13：198）

现在，以康德作为对比性参照，我们可以揭示戴维森先验论证的独特性：

第一，戴维森对康德式先验论证所依赖的心理主义持否定态度，而立足于语言分析来阐发和运用先验论证的策略。就此而言，戴维森与其他阐发和运用先验论证的分析哲学家（如斯特劳森）是相似的。

---

① 参见本书第4、5章的有关讨论。

第二，主要受蒯因的影响，戴维森对康德式先验论证所依赖的分析判断与综合判断的区分持否定态度。这一点与斯特劳森是不同的，因为斯特劳森不愿放弃分析-综合的区分（Grice，Strawson，1956）。因此，戴维森纲领展示的先验论证方法表明，在抛弃分析-综合二元区分的前提下，重构先验论证是完全可能的。

第三，与所有戴维森之前的分析哲学家不同，戴维森对康德式先验论证所依赖的、而且也为其他分析哲学家所持有的概念图式与经验内容的二元区分持严厉的批判态度。戴维森的探索表明，在抛弃图式-内容二元区分的前提下，重构先验论证是完全可能的。

第四，同样主要受蒯因的影响，戴维森对康德式先验论证所预设的基础主义立场持否定态度。但是，与蒯因、斯特劳森和库恩等不同，戴维森在抛弃基础主义之后竭力避免概念相对主义的诱惑，反对真理是相对于概念图式的观点。为此，他借助自己独特的语义三角测量模式，为重建“客观真理”概念做了不懈的努力。①

总之，我们可以说，戴维森纲领为我们展示了一种反心理主义的、反分析-综合区分的、反图式-内容区分的、反基础主义的先验论证模式。这充分体现了戴维森式先验论证与康德式先验论证的区别，显示了前者对后者的批判和超越。其中，反图式-内容区分及其所导致的独特的反基础主义，是戴维森先验论证最显著的特点。

7.3　戴维森先验论证的哲学意蕴

戴维森本人曾明确地说，他在《论概念图式这一观念》和《形而上学中的真理方法》（*The Method of Truth in Metaphysics*）（1977）两文中采用了先验论证的方法。② 值得注意的是，正是在《论概念图式这一观念》中，戴维森以批判概念图式与经验内容的二元区分为主，也批判了分析命题与综合命题的二元区分和基础主义立场，而且还批判了由抛弃基础主义可能导致的概念相对主义。我们在 7.2 节已经指出，戴维森在批判图式-内容二元论时，抓住的要害是这个二元论所预设的“认知中介”或“认知对立”概念。有鉴于此，借用麦克的表述，戴维森的探索给我们提出了两个重要的问题：①“先验进路是否能够独立于图式-内容二元论和基础主义?”②“更重要的是，我们能否在抛弃这个二元论和认知对立观念的情况下，同时拯救符合观念，并为实在论提供一种哲学的辩护?”

---

① 参见本书第 6 章的有关论述。

② 这是在 1984 年戴维森为他重印的论文《为约定-T 辩护》（*In Defence of Convention T*）加的一个注中指出来的。（Davidson，2001a5：72，n. 14）。

（Maker，1991：346-347）根据7.2节的分析，我们可以看出，戴维森对问题①做出了肯定的回答。结合上面的分析，我们认为，戴维森先验论证的第一点哲学意蕴是：在摒弃心理主义和基础主义两种立场，并且否认分析-综合和图式-内容两种二元论的前提下，合理地重构先验论证是完全可能的。在分析哲学领域，其他重构先验论证的努力基本上都预设了图式-内容二元论。考虑到这种情况，戴维森的独特探索方显出重要的意义。

针对问题②，麦克认为戴维森通过“无对照的符合”和“无指称的实在”两个著名论点拯救了符合观念，为实在论提供了一种有效的合理辩护（Maker，1991）。我们注意到，至迟自20世纪90年代以来，戴维森对自己早期提出的这两个观点做出了重要的修正，着力凭借三角测量模式来证明其语义外在论。但是，麦克没有注意到这种变化，所以他的论述不足以代表戴维森对问题②的回答。可以说，后期戴维森的确对问题②做出了肯定的回答，但他几乎不再使用“符合”一词，也很少再使用“实在论”（realism）一词。不过，对于他早期使用这些术语想表达的基本观点，他却没有抛弃，而是做了更加严谨的论证和清晰的表达。其主要观点可概括为：根据三角测量模式，在诠释者与言说者的交流语境中，只有预设相关语句的意义或相关信念的内容至少部分地是由外部对象引起的，他们之间的相互理解才是可能的（详细的讨论参见第5～6章的有关部分）。针对麦克所表述的问题②，这里的关键是：在戴维森看来，在抛弃分析-综合区分和图式-内容区分的前提下，“语句的意义”和“信念的内容”这类表达式本身在语义上就预设了无需“认知中介”或“认知对立”就可把握的“外部对象”。换一种说法，“语句的意义”和“信念的内容”这类表达式本身就预设了“客观真理”概念，而这种“客观真理”已难以再用“符合”之类的词项加以表达。也许我们仍可借用戴维森早期的表达来陈述这个观点：基于三角测量模式的语义外在论为我们提供了一种新的“形而上学中的真理方法”。因此，我们将戴维森先验论证的第二点哲学意蕴归结为：它为我们重建形而上学提供了一条新的进路。

戴维森先验论证的第三点哲学意蕴体现在认识论方面。戴维森曾将知识分为三类：关于外部世界的知识、关于自我心灵的知识、关于他心灵的知识（Davidson，2001b14）。值得注意的是，他在阐述这三类知识的过程中，主要是借助三角测量模式来论证思想和语言的内容是如何得到确定的：

> 当我们教某人学习一种语言时，情况变得较为复杂，却更显然是人际间的情形。基本的东西看起来是这样的：一个观察者（或老师）发现（或逐渐习得）信息提供者（或学生）语言行为的规律性东西，这个观察者能够将这种规律性东西与环境中的事件、对象联系起来……而这是赋予观察者以思想和意义的必要条件。因为如果那个联系两个生物

> 的、并将每个生物与世界的共同特征联系起来的三角形不能形成，则我们便无法回答这个问题：一个对刺激做出区分的生物，所区分的刺激究竟是在感官表面，还是在另外的外面或里面的某个地方。没有对共同刺激的反应的这种共享，思想和语言将没有特定的内容——那就是说，什么内容都没有。要给出一个思想的原因的位置，并以此定义思想的内容，需要有两个视点。(Davidson, 2001b14: 212-213)

这个三角测量故事告诉我们，离开外部对象与人之间的因果关系和人与人之间的社会关系，任何思想都不可能产生，因而也就不会有任何知识。反过来说，任何知识都必须以上述因果关系和社会关系为基础方才可能。我们知道，这种因果关系和社会关系也是语言理解或语言交流得以可能的必要条件。因此，可以说，戴维森通过追问语言理解或交流的可能性这一问题所提出的语义外在论和彻底诠释理论所揭示的因果机制和社会机制，为重构一种新型的知识论（或认识论）奠定了必要的基础。借用戴维森自己的表达，这将是一种“外在化的认识论”(Davidson, 2001b13)。

最后，为反驳认识论（或知识论）问题上的怀疑论提供了一条独特的进路，这是戴维森先验论证的第四点哲学意蕴。我们可以把戴维森反驳怀疑论的论证简略地归结为两个要点：第一，正如上文所提到的那样，戴维森批判了所谓“认知中介”的概念。在目前的语境下，这可以看成是对怀疑论的一种反驳。因为戴维森曾多次明确指出，只要承认“认知中介”在联结概念图式与经验内容之间具有必不可少的作用，则怀疑论就有存在的余地。通过分析，戴维森得出结论：在我们与世界的接触中压根儿就不需要所谓“认知中介”之类的概念。于是，怀疑论便无立足之地了。第二，将整体论、宽容原则和语义外在论结合起来（参见第 5 章），我们便得知：无论对任何人而言，他们持有的信念系统或知识系统中的绝大部分信念或语句都是逻辑上一致的，而且客观上是为真的；只有以此为背景，我们说具体的某个信念或语句为假才是可以理解的。据此，戴维森认为怀疑论其实是自我否定的。因为，一方面，如果怀疑论要怀疑一切信念或语句的真实性，则其势必会陷入不可理解的境地；另一方面，如果怀疑论想要成为可理解的立场，则必须承认一个信念系统或知识系统中绝大部分的信念或语句是一致的和真的，而只能对一些具体的信念或语句的真实性提出质疑，但这样一来怀疑论就不成其为怀疑论了。由此可见，只要同时接受戴维森所论证的整体论、宽容原则和语义外在论，怀疑论就会因为难以坚持其立场的一致性而无立足之地。

总之，从建设性方面看，戴维森为我们重建先验论证方法论、形而上学和认识论（知识论）提供了可资借鉴的启发；从批判性方面看，他为我们重审和批驳怀疑论展示了一条值得研究的新思路。

第Ⅱ部分

基于戴维森纲领的知识论研究

第8章　第Ⅱ部分问题背景和论证思路

自笛卡儿以来，近代西方哲学的主要倾向是关于认识论（epistemology）的，其主要任务是研究和探索认识的起源、范围和有效性问题。在以笛卡儿、休谟和康德等为代表的近代认识论探索中，语言与认知的关系问题没有得到足够的重视。20世纪西方哲学发生“语言转向”以后，当代哲学家借助对知识的定义、条件和证成问题的语言和逻辑分析重构了传统认识论，并普遍表述为“知识论”（the theory of knowledge）。知识论的重建围绕知识定义中的三元要素即真理、信念和证成之间的关系，呈现出两组主要的对立流派：一组是基础论（foundationalism）和融贯论（coherentism），一组是内部论（internalism）和外在论（externalism）。基础论者坚持从基础信念出发证成其他信念，绝大多数逻辑经验主义者（无论是早期的现象主义者还是后期的物理主义者）、波普尔（K. Popper）的证伪主义、哈金（I. Hacking）和哈雷（R. Harré）等的科学实在论等，基本上采取的是基础论的知识论重建思路；融贯论者则强调信念的证成源于信念系统中信念之间的融贯一致，纽拉特（O. Neurath）的约定主义、蒯因的整体论、邦久（L. BonJour）的融贯知识理论等主要采取的就是这种融贯论的重建思路（Alston，1976；Pappas，1979；BonJour，1985）。值得一提的是，试图超越这两条重建思路的最著名的重建方案是哈克（S. Haack）的“基础融贯论”（foundherentism）（Haack，1993）。内部论者主张信念的证成是我们心灵内部活动的过程（Conee，Feldman，2001）；外在论者则主张信念的证成依赖于信念持有者与外部世界的有效联系（Armstrong，1973）。当然这两组二元区分又有交叉，如内部论的基础论和外在论的基础论。这些知识论的重建理论可以统摄在规范性知识论的重建框架之中，它们活跃和推动了知识论的重建工作，但因各自理论自身的缺陷在重建过程中遭受到这样那样的困难或诘难。

自从蒯因（1969）提出“认识论的自然化”（epistemology naturalized）以来，凭借认知科学（cognitive science）的迅猛发展，出现了一种与上述规范性知识论重建思路相竞争的描述性知识论重建思路，其基本主张是知识论研究不属于哲学分析的课题而属于科学研究的课题（Norman，1981；Papineau，1993）。更有甚者，一些极端的历史主义者［如费耶阿本德（Feyeraband）］和社会学者（如社会建构论者）宣称一种“认识论的虚无主义”（epistemological nihilism）（Haack，

1993)，主张取消任何关于知识论的重建。

笔者认为，知识论的合法性地位是不容动摇的，知识论的重建工作在哲学上具有十分重要和深刻的理论意义。因而，本研究在充分重视描述性知识论研究的基础上，根据对戴维森纲领的拓展性研究，探索一种知识论的规范性重建方案。学界认为，戴维森纲领通过其具有革命意义的语义理论，揭示了理性、语言和思想的本质认识及其与世界的关系，并通过他独特的对于语言理解的“彻底诠释”方法展现了知识论问题中包含的深刻内容。戴维森晚年的主要兴趣在于对真理概念和客观性概念的研究上，并计划写一本关于知识论的册子但未及完成。他关于知识论问题的重要思想见诸他的一些论文里。因而，在第Ⅰ部分详论基于先验论证的戴维森纲领基础上，第Ⅱ部分将重点挖掘戴维森关于知识论的主张，并进行有效拓展，阐明戴维森纲领与知识论方案之间的关系。

戴维森坚持规范性知识论的研究立场，仍然从知识定义的三元要素即“真”、“信念”、“证成”三个方面来分析知识。关于“真”在语言和知识中的地位与作用在第Ⅰ部分已经做了详细的论述，我们从外延性真理理论出发，厘清真理与意义、信念之间交织的复杂关系，全面分析了戴维森关于语言理解和交流的方法（彻底诠释）、进路（第三人称）、模式（三角测量）以及本体论-认识论依据（整体论、宽容原则和语义外在论），论述了从先验论证的角度重申戴维森纲领的合理性和必要性。在当代分析传统的知识论视域中，对语言的理解或交流中上述问题的分析在相当程度上也是对认知（to know）问题的分析，因而也能够对知识论的大部分问题予以回答。在此基础上，第Ⅱ部分将重点分析知识的其他两个要素即信念及其证成，着重从前述基于先验论证的戴维森纲领这个独特进路，重审知识论研究的主要问题，从中找出一些启发性思考和观点——简言之，第Ⅱ部分研究试图完成戴维森未竟的事业，尝试从宏观上给出一个关于戴维森知识论方案的清楚结构；在内容上阐明基于戴维森纲领重建知识论方案的几个关键问题：①戴维森知识论的核心思想是什么？②戴维森知识论的论证是不是一个先验论证？③从戴维森的基本立场出发，信念是如何得到证成的，其中论证的关键点在哪里？④如何看待戴维森关于三类知识的论述，其中的哲学意蕴是什么？⑤戴维森的知识论能不能或者在何种程度上反驳了怀疑论？

对于以上问题，在很多方面戴维森本人并没有清楚的分析阐述和肯定的表述，因为他确实没有构建成一个比较完整的知识论方案。因而，在学术界对于戴维森知识论进行讨论时，在正面支持中不乏质疑甚至反对的声音，戴维森在一些重要的论文中做出回应。从这些讨论和回应的文本看，一些哲学家如内格尔(T. Nagel)、麦克道威尔（J. McDowell)、索萨（E. Sosa)、斯特劳德（B. Stroud)、齐诺瓦（A. C. Genova)、路德维希（K. Ludwig）及毕格罗密（A. Bilgrami）等，从不同角度讨论了基于戴维森纲领的关键论题来构建和理解他的知识论，以及戴维森知识论的独特性质及其限制。主要有这些方面的内容：在宏观上比较了戴维森与笛卡儿、康德、蒯因等知识论研究方案的异同点，分析了戴维森关于信念的证成进路及其论证方案和推理特点，以及关于三类知识即自我、他心以及外部知识之关系的定位和阐释，探讨了彻底诠释和语义外在论到底在何种意义上反驳了怀疑论等问题。戴维森本人在回应中对有些观点表示了赞同，有的给予了进一步的阐释，也对一些片面概括或误解予以了反驳。

但是，就整体而言，笔者认为这些讨论与回应存在几个问题：第一，这些讨论一般针对知识论的某一主题，论证从戴维森纲领的关键论点切入，分析其某一主张的优势或者局限性，却几乎没有从整体上对戴维森知识论的立场和论点给出一个完整的架构。当然，这个缺陷的根源在于，从本质上讲戴维森本人从来没有（或者没来得及）给出一个完整的知识论纲领。第二，也许正是由于戴维森本人对于自己的知识论方案没有给出一个完整的论述，所以，他在回应或者反驳一些人的某些论点时，对于如何澄清或者明确表述自己的知识论立场和方法时，常常表现出一定的犹豫和反复，甚至有时候看起来有自相矛盾的地方。第三，在解读戴维森纲领的基本观点时，许多学者基本上关注的是戴维森早期的几篇著名论文。确乎，在这些论文中戴维森鲜明地表达了自己关于意义、真理、信念、意向和行动等主题的基本主张，有些不免被冠以“××论”或“××方法”（如符合论、融贯论等），却鲜有人注意到在戴维森晚年的一些论述中，他总是强调用一个突出的论证模式来修正早期的表述，并试图以之建立一个关于知识论的论证模式，这个论证模式就是三角测量模式。笔者认为，需要关注的是：这种强调不仅仅是一个论证模式的问题，它关乎其蕴涵的哲学立场和主张。

本研究在充分重视以上问题和讨论的基础上，根据戴维森哲学的基本立场，明确提出以“内容-外在论”来命名戴维森的知识论；对学界广泛争议的“戴维森知识论方案到底是不是一个先验论证”的问题给出一个明确的答复，指出先验论证是戴维森知识论重建方案的一个典型特征。其先验论证的总论题可以概括为：“信念内容关乎世界真实状况是如何可能的？”其关键子论题包括：“拥有信念是如何可能的？”“信念内容的客观真实性是如何可能的？”“如何理解关于自我、他心与外在世界的知识？”“内容-外在论的知识观如何反驳怀疑论？”……

以上述问题为背景，第Ⅱ部分“基于戴维森纲领的知识论研究”将以这样的思路展开论证：首先可以明确，戴维森的知识论研究属于规范性重建。第 9 章首先阐述当代知识论重建的主要方案，着重分析两组主要的二元对立方案，即基础论和融贯论、内在论和外在论，分析它们关注的主要问题及其主张存在的困难。然后，阐明基于戴维森纲领的知识论重建方案之特点和主要观点，给出戴维森知识论方案的完整轮廓。

戴维森关于信念有其独特的见解。什么样的东西才能称为信念？怎样拥有信念？信念的内容与信念的原因之间到底是什么样的关系？这是我们在第 10 章要讨论的问题。

信念的内容同语言的意义一样，在戴维森纲领中占有极其重要的地位。甚至可以说，只有具有内容的信念，才是戴维森的知识论需要关注的信念。那么，如何保证信念内容的客观真实性，是需要面对的首要问题。以戴维森的哲学立场，必须持有语义外在论，才能将信念内容建立在一个客观的基础上；语义外在论之所以是戴维森知识论的必要条件，在于它为信念具有客观真理性提供了一种语义学-本体论的根据。当然，戴维森语义外在论的论证模式必然离不开其独特的三角测量模式，只有在因果-社会的语言诠释脉络中，信念内容具有客观真理性才能得到充分的辩护。这些论述将在第 11 章展开。

第 12 章将讨论戴维森独特的关于三类知识即自我、他心和外在知识的特点及其关系。笔者认为，戴维森关于这三类知识的讨论，其独特之处在于将三类知识的性质理解以及内容把握放在语言理解-交流的脉络中进行，如此，三类知识中没有哪一类可以作为另外知识的基础性，因而也不存在所谓自我知识的优先性或权威性。当然，对于自我知识具有自明性这一点是不容置疑的。既然将知识的理解放在语言的理解或交流的脉络中进行，众所周知，由蒯因的“翻译不确定性”引出了“诠释不确定性”问题，所以如何破解自我知识的确定性与诠释的不确定性之间的矛盾，也将在第 12 章给出分解。

关于知识论讨论中最为纠结的问题莫过于“怀疑论的特洛伊木马”（skeptic's Trojan horse）的攻击。木马隐喻既表征怀疑论像特洛伊木马一样貌似强大，攻击力强，又像木马病毒一样趁虚而入，如影随形，因而具有很强的破坏力。第 13 章试图根据戴维森知识论讨论如何避免或者反驳怀疑论的质疑。笔者认为，从戴维森知识论立场出发，反驳怀疑论的关键点在于，以“信念本性上是真的”为桥头堡，就可以避免怀疑论关于“信念或者知识可能存在广泛错误”的攻击；以“不存在任何形式的认知中介”为前提，就可以反驳怀疑论关于“为什么要相信我们的知觉”诘难。诚然，戴维森的知识论究竟在何种程度上反驳了怀疑论，这是学界存疑的大问题，本书试图给出的反怀疑论论证到底有多强，这是有待进一步讨论的。

以上关于戴维森知识论的整体框架和论证思路是基于笔者多年对于戴维森哲学的研究而建立的，特别是对戴维森知识论的核心思想的提炼，以及明确以先验论题统摄知识论构架并分解若干子问题展开论证，这是戴维森本人的研究中没有凸显的（包括第 I 部分从先验论证重申戴维森纲领，戴维森本人从来没有旗帜鲜明地宣称自己的语义学纲领是一个先验论证)。因而，在某种意义上，本书所说的戴维森知识论是一个戴维森式知识论，我们完全可以设想，即使戴维森本人有足够的时间完成一个知识论的建构方案，其论证和表述方式也有可能与本书所呈现的不一样，也许他根本不会从先验论证的角度去审视，正是在这个意义上，本研究展现了对戴维森哲学理论的拓展和延伸，至于在何种意义上完全符合戴维森的主张和表达，这不是本研究的重点。当然，在核心论点和基本进路及方法上与戴维森纲领一致，这是确定无疑的。因此，本部分基于先验论证的戴维森纲领对知识论的重构，也是对戴维森知识论的重构，其中结合了传统知识论建构的宏观背景和分析哲学的基本理论和方法。

第9章　当代知识论与戴维森纲领

哲学中的“语言转向”改变了传统认识论的研究面貌，形成了以语义分析为方法论基础的当代知识论研究范式。根据知识的三元定义，构成知识的三个条件是：一命题首先必须是真的，其次认识者S必须相信它，最后S的这一信念必须是能够证成的。简言之，知识就是得到证成的真信念。围绕知识的定义、条件及其证成问题，特别是在著名的“葛梯尔问题”（Gettier’s problem）（即关于“证成的真信念”是否足以定义“知识”）提出之后，哲学界进行了热烈的讨论，其中关于信念证成问题的讨论尤为突出，例如，邦久曾明确宣称知识的证成概念是所有知识论的核心概念。在他看来，证成意指为信念或判断提供某些符合认识标准的理由或证据。关于证成的讨论主要集中于证成的条件和证据的寻求或者强化，其中亦不乏以其他的标准来代替证成。而在关于知识的三元定义是否合适的问题上，有人主张在知识的条件上作修改，或者增加知识的条件，甚至完全替换知识条件。在这些研究中，知识论研究的合法性亦受到挑战，特别是怀有自然化认识论倾向的人更是鼓吹传统的知识论方案不合法，主张解构传统知识论，要让知识论研究回到自然科学尤其是心理学研究中去。笔者认为，知识论研究的合法性是不容置疑的，尽管有一些自然主义者的喧嚣，规范化知识论研究仍然是主流。在这一点上，笔者赞同苏珊·哈克的立场：“认识论所需要的不是解构，而是重构。”（哈克，2004：1）

本章首先阐述当代知识论重建的主要方案及其关注的主要问题，并简要剖析其存在的困难；然后根据第I部分所阐明的基于先验论证的戴维森纲领，尝试给出戴维森式知识论重建方案的整体架构。

9.1　当代知识论的主要重建方案及其困难

知识论重建方案林林总总，归结起来大致有狭义的先验式与科学主义（自然主义）之分、规范性重建进路和自然化重建进路之分（哈克，2004）。鉴于本书主题旨趣，下面着重分析规范性知识论重建方案的主要流派及其存在的问题。

规范性知识论的重建围绕知识定义中的三元要素即真理、信念和证成之间的关系，如上所述呈现出两组主要二元对立流派：一组是基础论对融贯论，另一组是内在论对外在论。虽然这两组划分时有交叉，主张也由弱的或缓和的一种渐趋于与另一种相近，但其基本的信念还是被或强或弱地坚持着。本节主要从两组划分中的典型特征分析其问题。

在第一组中，基础论者把被证成的信念分为基本信念和导出信念，在信念结构中基本信念是其他被证成信念的基础，即证成是单向的。绝大多数的逻辑经验主义者以及波普尔、哈金和哈雷等，基本上赞同基础论的知识论重建思路。基础论的基本主张有两条：①某些信念是基本的，基本信念的证成不依赖于其他信念的支持；②所有非基本信念是导出的，导出信念的证成要受到一个或者多个基本信念直接或间接的支持。基础论主张的关键点在于基本信念的确定性，因为基本信念拥有特殊的地位：它们是确实的，不可更易的，不可错的。而问题是：如何才能得到不可错的基本信念？基本信念是如何被证成的？其中有人主张基本信念就其特性而言是非经验的，如逻辑或数学的具有自明性的真理；有人主张基本信念就其特性而言是经验的，这里的“经验的”不必局限于关于外部经验世界，它可以是关于外部世界的简单信念，也可以是关于主体自己的、当下的意识状态，或者两者兼有都是基本的（哈克，2004：13-32）。基础论要求基本信念既是可靠的（可以合理地宣称独立于任何其他信念的支持而被证成），又是丰富的（可以合理地宣称能够支持一组足够大的其他信念）。问题的症结在于，如何保证这些基本信念既是可靠的又是丰富的。反基础论者认为没有任何信念能够满足这两个要求，有人认为这两个要求甚至是矛盾的：只有去掉基本信念的内容，才能满足可靠性要求；而只有充实基本信念的内容，才能满足丰富性的要求。这个反驳对强调基本信念不可错性的“强基础论”是致命的。即使对于主张基本信念初看不会错但可能出错的“弱基础论”而言，只要坚持基本信念对于导出信念的单向证成特征，这个反驳仍然是奏效的（哈克，2004：13-32）。

基础论者的困难迫使人们放弃对无需证成的基本信念的寻求，转而考虑信念的证成不是单向的，也不是外在于信念系统的，而是信念之间的相互支持关系促成的信念的证成，这种观点被称为融贯论。融贯论者断言：一个信念之被证成，当且仅当，它属于一个融贯的信念集合。在信念集合中，一个信念的证成需要另一个信念的支持，另一个信念的证成又受到再一个信念的支持，避免了基础论单向证成而造成基本信念无从证成的困难。但是，它的避让之处恰恰也是它的软肋之隙。如果任何信念的证成都要受到其他信念的支持，如此循环往复，到哪一个信念才是头？更严重的是，即使在一个信念集合中所有的信念都相互支持达成一致，但它们却可能和世界的状况完全不一致或者不相关。就像马季相声中说的，两个喝醉酒的人在吹牛，一个说打开手电筒，它的光柱可以上天，一个说爬着光柱可以上天，一个说“啪”关掉手电筒，他就会掉下去。两个人都说得兴高采烈，一致无比，却是一派胡言。因而，循环论证、内部融贯却可能与世界无关的困难是融贯论所无法避免的。

值得一提的是，试图超越这两条思路的重建方案是哈克（S. Haack）的“基础融贯论”（foundherentism），它“既允许渗透于信念之间的相互支持，也允许经验对经验证成做出的贡献”。哈克表明，她的基础融贯论“在内容上，它既不是纯粹因果的，也不是纯粹逻辑的，而是一个双面的理论，部分地是因果的，部分地是逻辑的；而且在本质上是有程度之分的，它不把‘A 的信念 p 被证成，当且仅当……’当做被辨明项，而是把‘A 的信念 p 或多或少地被证成，这取决于……’当做被辨明项”。正是认为其认识论方案具有优越于基础论和融贯论的显著特点，哈克认为她提供了对于知识论重建方案的一种新探索：“这种探索在性质上既不纯粹是先验的，也不纯粹是经验的，而是非常温和的自然主义，允许关于人的认知能力及其限度的经验考虑以及关于逻辑的、演绎的特点的考虑都发挥各自的作用。”（Haack，1993：2）

在第二组中，内在论主张知识论是通过认知主体的观点内在地产生和把握的。它的核心思想是：①决定信念证成的因素（证据、思维过程等）是认知主体能够通过内省认识到或者意识到的东西，这些东西是由心灵所决定的；②信念证成的因素是内在于认识者第一人称视野的，并且是必须通过认知主体的观点诉诸认知可以通达的（cognitively accessible）东西来处理的（陈嘉明，2003）。显然，内在论的理论基础在于：能够证成一个人的信念的东西必须是那个人可以内在地得到或者接近的东西。因为能够内在地得到或接近的东西，就是在目标信念的形成过程中，认知主体运用已有的经验、记忆以及原有信念，通过某些推理或论证来捍卫那个目标信念之整个活动的诸因素。内在论者认为只有通过这个过程得到或者接近的东西才能向认知者提供一个理由，使其可以断言某一信念是真的。在内在论对信念的认知辩护中，不仅要求对目标信念提供支持辩护的根据，还要对这个根据有充分明确的接近，而且能够对这个根据的辩护作用形成某些恰当的信念，亦即对“有理由支持一个信念是怎么回事”形成一个二阶的（second order）信念。应当说，内在论者对信念的证成的要求是很高的，这个高要求也是他们为了避免怀疑论的攻击不得已逼出的。自然，这样的主张和要求遭到了一些困难和反对：首先，对于某些认知主体而言，内在论者不可能对他们的认知条件提出一个直观上可以接受的说明。例如，某些类型的高等动物、幼儿以及一些“不太成熟”的成年人，他们都可以具有一些知识和信念，但是，他们却可能达不到内在论对知识和信念进行辩护的要求，不能够对支持其信念的根据有恰当的理由（提供二阶的恰当信念）。难道我们据此就否认这些认知主体具有知识和信念？其次，如果以内在论的主张来要求信念的证成，那么，我们所持有的大多数信念是否得到证成是不清楚的。内在论的批评者认为，实际上我们大多数的日常信念都不能达到内在论的证成要求，也就是说它们是没有得到证成的，如果说我们对这些东西具有知识就是不合法的，则只有极少数从事知识论研究的学者才能够合法地持有那些信念和知识。最后，批评是针对“可通达性要求”(accessibility requirement)。按照强内在论者的主张，决定证成的因素必须是认知主体在证成活动中可以直接认识到、或者通过内省或反思直接发现的东西。而根据戈德曼（Goldman，1999），这种主张会导致不可接受的怀疑论，因为在任一给定的时刻，一个人的大多数信念是存储在记忆之中的，它们既不是正在发生的或者活动性的，也不是内在的直接认识或者发现所能证成的。至于弱内在论回避了直接性困难，认为直接或者间接地可接近的东西都可以作为证成的要素，批评者同样予以还击：一旦知识者必须引入“间接知识”的概念，那么就可能无法排除外在主义的一些知识形式，如知觉知识，如此必将导致新的困难（徐向东，2006)。

外在论者反对单纯从内在意识中寻求证成的根据，认为与信念的证成相关的不止是内在状态，其中至少某些因素是外在于认识者的，坚持把证成与世界中的事态联系起来，主张从经验中以恰当方式产生出来的真信念就是知识。因而，某些外在论者对信念的证成问题持弱化的态度，认为信念既然能够以恰当的方式产生出来的，那么在确定它们是否转变为知识时，没有必要确认它们是自我证成的。把一个信念转变为知识的东西，并不是要找到理由对那个信念进行证成，而是那个信念所具有的因果历史。另一些外在论者认为，信念的证成问题不应该从第一人称而应该从第三人称视角来探讨，因为决定证成的因素可能是认知主体从自己的观点来看没有认知接近的东西。

这里简要介绍一下两种外在论的知识论：一种是知识的可靠主义(reliabilist) 理论，另一种是知识的因果理论。可靠主义主张，使一个真的信念有资格成为知识的东西，就是通过一个可靠的信念形成方法，获得该信念。按此，可靠主义对信念证成的要求是：如果一个信念产生出来的那个因果过程在认知上是可靠的，那么那个信念就是能够在认知上得到证成的。在可靠主义者看来，信念产生的机制对信念是否为真至关重要，而不管主体是否认识到、接近或了解那个认知过程是可靠的以及其中涉及的东西。只要一个信念是从一个认知过程中因果地产生出来的，而且这个认知过程倾向于产生一些已经被证明很有可能为真的信念，那么这个信念就是得到证成的。容易看出，可靠主义的关节点在于：如何确定从某个认知过程产生出来的信念是真的，或者很有可能是真的？可靠主义者认为，这个认知过程的起点在于知觉信念（perceptual belief)，如果我们是在有利的知觉条件下获得那些信念，那么那些信念中就有很大一部分是真的。通过感觉、知觉我们所获得的信念不仅是得到支持的，而且很有可能是真的，因为我们已经具有某些“自然的天赋”，并且已经得到了适当的训练、具有了一定的经验。当然，可靠信念的产生机制不仅限于可靠知觉基础，还离不开推理形式。如果一个推理过程是一个有条件地产生可过信念的过程。例如，在戈德曼那里，信念形成“过程”指的是某种功能运作或程序，即输入状态到输出状态之间的“映射”（mapping），如果有关的输入信念是真的，那么从那个过程中产生出来的输出信念中，就有很大一部分不仅是可以得到支持的，而且也有可能是真的（Goldman，2000：340-353）。可靠主义的优点在于能够较好地将信念的证成与真理的可靠联系起来，一信念能够合格地成为知识的条件在于该信念是真的，并且认识者有理由相信仅当是真的它才能成立；再者，可靠主义之所以被归为外在主义，其中一个原因在于它诉诸在某些制定条件下事实上高度可靠的因素与“真”相联系，并且这个“可靠”和“真”被看做“外在”于相信者的。这样在内在主义者那里某些主体（幼儿或不成熟者）得不到证成的信念，在可靠主义这里就可以合法地成为信念和知识了（陈嘉明，2003；徐向东，2006：321-323）。但是，可靠主义也遇到一些困难，主要集中于可靠主义的证成标准：反对者认为在信念的证成中，满足可靠主义的证成条件既不充分也不必要。其关键点在于对于如何理解“可靠性”及其条件认定的困难，可能的情况是：一方面，一个可靠地得到的信念可能仍然没有得到证成，因为它不符合一般的认知规则；另一方面，一个不可靠地得到的信念有可能是得到证成的，因为它符合一般的认知规则（徐向东，2006：32）。其次是关于“普遍性”问题。由于可靠主义者把信念的证成解释为来自一个可靠的信念形成过程，那么，如何去明确规定这种过程的普遍性质，使之能够运用于具体的场合就是一个棘手的问题。因为所有的信念都是个别的，都产生于某个特定时空环境中的特殊过程。但对于“可靠”或“不可靠”概念来说，它们只能运用于可重复、具有普遍性的对象（陈嘉明，2003）。

知识的因果理论主张：使一个真信念有资格成为知识的那个东西就是该信念的因果联系。相应地，使一个信念得到证成的东西部分地就在于它的因果联系或者因果历史。因果理论在于强调具有某个信念是由另一个信念引起的，这种信念状态之间的联系不必是推理的，可以仅仅按照信念状态之间的因果关系以及它们的命题内容之间的确认关系来分析证成的。这个理论从根本上依赖的是“一个命题确认另一个命题”的思想，但它的困难也恰在于此：在一个信念对另一信念的“引起”、“确认”或者“转换”中，因果关系到底起到什么样的作用？是心理意义上的因果联系还是物理意义上的因果联系？这些都是极为复杂和难缠的问题。因而，因果论与可靠论一样，首先面临一个对外在主义的普遍诘难：一个信念源自一个可靠的或者因果的过程，但是，我们对于这个过程本身毫无认识，那么，我们如何判断我们所相信的东西究竟是不是真的？其次，因果论知识观要求一个真信念要与该信念对象本身发生因果联系，批评者认为这很难处理我们关于抽象对象的知识，如数学知识。第三个困难是关于“异常因果链”的问题，一个信念可能由多个原因引起，如何确定究竟哪个原因是真正引起该信念的原因？（徐向东，2006：331-333）

在上述基础论与融贯论、内在论与外在论这两组二元区分中也有交叉的形态，例如，基础论在确定基本信念的性质时，有“内在论的基础论”，显现出两者特征的结合，它主张一个基本信念是因为它的内在特性而被证成，即它的内容是其被证成的保证——它内在地具有自我证成的特性，并且这个证成仅仅是与信念相关的事情：就其基础而言，是它们的内在特性；就其上层建筑而言，是它们的支持关系。与之对应的“外在论的基础论”，则主张一个基本信念之被证成，是因为在信念主体具有该信念与使得该信念为真的事态之间，存在着因果的或者似律性的联系，把证成看做仅与世界中的事态相关联（Haack，1993：15-16）。

以上这些知识论的重建理论可以统摄在规范性知识论的重建框架之中，属于主流的知识论重建理论，在当代认识论研究中具有重要贡献。但是，从上述讨论中我们也可以清楚地看到，由于各自理论自身的缺陷，它们在知识论的重建过程中遭受到这样那样的困难或诘难。

在当代主流的知识论重建理论外，还有一些其他学派。例如，自然化的知识论重建方案主张通过自然科学特别是心理学来研究认知问题，去除对知识论的规范化研究，这样的进路取得了不少的成果，有很多是具有启发意义的，但并不能以之替代甚或取消知识论的规范化研究，因为失之规范化的标准和术语，知识论已经不复为知识论了。①

9.2 戴维森纲领与知识论研究

在第I部分已经说明，戴维森纲领的主题涉及知识、信念及其证成诸多方面

---

① 其他的学说也加入当代知识论的研究：“语境主义”的研究侧重从语境因素方面来解释证成的可能性，重视“语境”在决定认识的标准与认识者的视野、选择与论断中的重要作用。“德性知识论”（virtue-epistemology）在方法论上借助与伦理学的类比，运用伦理学的基本概念、尤其是亚里斯多德的“德性”的概念，在已有的内在主义义务论以及外在主义的可信赖论的基础上，发展出一种解释规范性认识的新理论。“社会知识论”从社会的维度来研究知识问题，认为根据知识本身所具有的、特别是在现代社会中密切的协作与互动的性质，应当从社会关系、利益、作用与制度等社会条件的影响，来研究知识的概念与规范条件。这些主张丰富了当代知识论的研究，许多问题有待于进一步阐明和澄清。

的内容。笔者认为，尽管戴维森没有建立一个完整的知识论重建方案，但他充分重视语言问题在认知中的重要作用，或者说，戴维森关于语言学习、交流和理解的问题本身就是知识论的问题。他的基本主张既不是基础论的也不是融贯论的，当然也不可能是内在论的，但也不是简单的外在论，而是呈现出一种独特的语义外在论。笔者建议，基于戴维森纲领切入知识论研究，可作如下关切：

（1）基于戴维森的成真条件语义学，研究知识论的合理性。按照蒯因（1960，1987）的观点，知识论的核心问题是证据支持知识命题真假的关系问题。作为语义学理论的戴维森纲领，其独特之处恰恰在于以真理概念为基础来解释意义和信念概念，并揭示意义和信念的形式基础和证据基础（Davidson，2001a，2001b）。据此，笔者认为，根据表达知识的T-语句之语义特征和信念内容即可揭示知识的形式基础和证据基础，从而在形式和经验两个方面澄清证据支持知识命题的真假关系。

（2）与传统的语义学和知识论不同，戴维森反对笛卡儿式第一人称进路，而采取第三人称进路，在戴维森这里这条进路表现为“彻底诠释”的策略（Davidson，2001a）。该策略不预设关于对象语言的任何特定语义知识，而诉诸知识诠释者从知识表达者的语言行为及其相关环境观察到的非语义词项所描述的资料。这一研究策略强调知识论研究中的公共可检验原则，坚持语义外在论立场。戴维森强调指出，第三人称进路不仅是哲学研究的一种技巧，而且是一种根本性哲学立场。因而，有必要在拓展“彻底诠释”策略的基础上，深入研究知识的公共可检验性判据及其语义外在论的本体论预设。

（3）根据戴维森（2001b，2001c）的有关论述，笔者认为，基于戴维森纲领重建的知识论，其句法根据是塔尔斯基的真理范式，其语义根据是彻底诠释方法，而二者的关联则必须依赖“宽容原则”，戴维森又称之为理性协调（rational accommodation）原则。值得注意的是，蒯因（1960）曾将此原则用于翻译语句联结词，而戴维森则将此原则用在对整个语言的理解上，而且据此试图解决求知者的认知状态与语义理解共生性所造成的诠释问题。因此，需要拓展和深化戴维森关于宽容原则在求知过程中之作用的研究，进而揭示知识论所依赖的公共可交流背景或可诠释脉络。

（4）根据戴维森（2001b）的经典论述，知识可分为三类：关于外部世界的知识、关于自我心灵的知识、关于他人心灵的知识。戴维森对这三类知识的地位及其联系有独特的论述，有必要结合戴维森本人的有关论述（Davidson，2001b，2001c），以及认知科学的最新研究成果展开深入研究，以期揭示三类典型知识的特征及其相互关系，并且有针对性地批驳关于三类知识的怀疑论。

（5）近20年来，戴维森试图以他提出的三角测量模式为其语义学纲领和知识论主张提供一种统一的论证策略，并希望借此建构起一种新的知识论纲领（Davidson，2001b，2001c，2004）。在此过程中，三角测量模式特别为彻底诠释方法、宽容原则和语义外在论的合理性提供了论证。但是，至于由此进而为三类典型知识的合理性提供论证的工作，戴维森尚未来得及展开，系统地完成这一论证任务将是一项十分有意义的工作。

根据以上认识，基于戴维森纲领的知识论研究首先必须回答如下问题：（i）戴维森知识论的核心思想是什么？（ii）戴维森是不是一个自然化的认识者？（iii）戴维森式知识论是不是一个先验论证？（iv）根据戴维森的主张，信念证成的基本原则是什么？下面就这几个问题展开讨论。

（i）戴维森知识论的核心思想是什么？

戴维森关于知识、信念和真的几篇论文在哲学界具有广泛影响。如《一个真理和知识的融贯论》（*A Coherence Theory of Truth and Knowledge*）（1983）、《认识论和真》（*Epistemology and Truth*）（1988）、《认识的外在化》（*Epistemology Externalized*）（1990）、《三种不同类型的知识》（*Three Varieties of Knowledge*）等。戴维森对于信念、真理和意义的关系有着独特的认识，把它们之间的难题同决策难题类比，并试图用基于贝叶斯公式的决策论方法来解决这一难题，这在《信念和意义的基础》（*Belief and Basis of Meaning*）及《真理的结构和内容》（*The Structure and Content of Truth*）等论文中有详细论述，在本书第I部分做了分析。此外，戴维森还就第一人称权威、第三人称进路问题，主观性和客观性问题，意义、真理和证据之间的关系等问题展开了论述①。

笔者认为，戴维森知识论研究的最大特色在于从语言的理解或交流的角度切入知识论的主题，在坚持外在论将真与世界状况相联系的大前提下，强调了主体间性在把握信念的客观性和真理性中的突出作用，用诠释脉络下的“因果-社会”的三角测量模式能够完善体现其论证。因而，本研究将戴维森知识论的典型特征概括为：内容-外在论（content-externalist）的知识论。“内容”即命题态度所涉及的对象，因而必具本体论意义——“客观真实性”。②“外在论”强调信念的证成进路是“语义外在论”的，即信念内容具有客观真实性的证成必须依赖语义外在论。戴维森的语义外在论一方面与“语义内在论”相区别，另一方面

① 参见戴维森论文：First person Authority（1984）；The Irreducibility of the Concept（1998）；The Third Man（1992）；The Myth of the Subjective（1988）；The Problem of Objectivity（1995）；Meaning，Truth，and Evidence（1990）.

② 参比：①“内容在英语中是由‘that’从句引起的典型属性，并且这种性质允许一个本体论和理论性中立方法去把一个信念（或者一个愿望（desire））从另外的信念中区别开来，从另外的愿望中区别开来，等等。”（Baker，1989：16）②“基本命题断定了事态的存在。”（维特根斯坦《逻辑哲学论》：4.21）

与“知觉外在论”和“社会外在论”相区别。因而，“内容-外在论”的两个关键点在于：信念内容是客观真实的；信念的证成是语义外在论的。鉴于此，戴维森知识论的核心论题可以提炼为：信念内容关乎世界真实状况是如何可能的？

（ii）戴维森知识论是不是自然化的？

蒯因在《认识论的自然化》中，旗帜鲜明地提出要把知识论自然化，其后一大帮追随者热热闹闹地主张用各种自然科学的手段研究知识论，消除哲学对知识论的研究的合法地位，认识论传统关于知识的基础和证成的探讨被代之以关于如何获得知识的经验解释。这里不着重讨论认识论自然化的主张及其弊端，也不专门谈蒯因的知识论特点，只是对戴维森是不是一个自然化的认识论者作出澄清。

戴维森在1990年发表《认识论的自然化》，其中有一句“我乐意将自己算做自然化的认识论者”。索萨在阐述戴维森知识论的文章《关于自我、他人和世界的知识》中，通过对戴维森知识论证的特点分析，认为“我们终于有了一条理解自然化认识论的新道路”，他认为戴维森的论证似乎比一般的自然化认识论要成功一些，因为“这条道路避开了有些人（如内格尔）所表示的那种反对，即对于认识论的这种自然化将包含恶性循环”（Sosa，2003：179）。当然，索萨把戴维森的认识论根底还是归为可靠论（至于戴维森式知识论是不是一个可靠论，我们在第10章讨论）。

首先看一下戴维森对蒯因自然化认识论的评价，再看一下他是在什么样的语境下称自己是一个“自然化的认识论者”的。

戴维森认为，蒯因清楚自己所倡导的认识论自然化会遭受“转移了知识论传统规范性研究的主题”的批判，他会同意这个批评，甚至这是他有意为之的一部分。戴维森对此没有做激烈的批评，反而以理解的口吻说：“当然，描述与证成之间，知识起源的经验解释与规范信念的陈述必须满足将其当做知识之间，这两种区别绝非是清楚的。”（Davidson，2001b13：194）这似乎表明戴维森认为知识论的自然化与规范性研究之间并非不相容。但是，如果要以知识论的自然化研究取代规范性研究，这是他不能容忍的：“无论如何，一个人如何能够描述知识或者它的起源而不确定知识是什么？蒯因对这个问题的回答是我们必须接受科学和常识支配的启示，而不用去证成它们；不过，他关于我们如何获得知识的解释，正是传统意义上作为证成组成部分的一种解释。”（Davidson，2001b13：194）因而，戴维森明确表示：“我不接受蒯因关于知识的本性（the nature of knowledge）的解释，这种解释根本上是第一人称和笛卡儿式的。”（Davidson，2001b13：194）诚如是，戴维森为何还要宣称自己是一个自然化的认识论者？其根结在于戴维森的语义学和认识论一直坚持的第三人称进路。他说：“我确实偶然发现蒯因在认识论上持坚定的第三人称进路，并且认识论的自然化激励或者包含这样的进路，

在这个意义上我乐意将自己算做自然化的认识论者。”（Davidson，2001b13：194）

现在清楚了，不加限制地把戴维森称为一个自然化的认识论者是完全错误的。戴维森式知识论证绝不会是自然化的、也不会是蒯因意义上的经验论证。那么，如何看待戴维森式知识论证特点？我们将接着分析。

(iii) 戴维森式知识论是不是一个先验论证？

从第 I 部分的论述中我们已经看到，戴维森的语言诠释需要形式基础和证据基础，命题的成真条件中离不开证据的支持，这是戴维森语义外在论需要坚持的。但是，需要强调的是，戴维森的语义学-知识论所需要的经验绝对不是零星的经验或者零星经验的简单汇集，也不是对经验命题的一一对应。在这个立场上，戴维森反对经验主义的认识论，他认为，包括蒯因和达米特在内主张的“将意义有关的东西都必须以某种方式追溯到经验”的原则，都会为怀疑论敞开大门，因为主观性和外在世界之间的裂缝是怀疑论的根源（Davidson，2001b10，2001b13）。因而，戴维森式知识论既不会采用内在论的立场，也不会采用经验主义的外在论立场。

索萨在《自我、他人、世界的知识》中开篇对戴维森认识论有一个精彩的概括：

> 像康德的认识论一样，以先验论证（transcendental argument）为中心是戴维森认识论的特征。这两位哲学家无论在认识论上还是概念上都拒绝主观对于客观的任何优先权，拒绝用这种方式解决外部世界难题的企图……更准确地说，戴维森论证，除非我们的周围世界至少大体上十分贴近于我们所认为的样子，否则我们就不可能具有我们所具有的那些有内容的信念。这样，我们就有了一种方式去论证，从世界在我们心灵中如何到事物在世界中的状况如何，这显然是一种先天的（a priori）论证方法。这种论证的先天性至少在于，它无需关于我们周围世界的偶然特性或者关于我们与周围世界关系的任何预设或者假定。从我们关于命题内容的前提出发，这种论证推导出关于我们周围世界被建构和被占据的一般方式的结论。(Kirk，《戴维森》中译本：164)

在这里，索萨首先肯定了戴维森知识论是一个先验论证。内格尔也明确论述戴维森对怀疑论的反驳是一个先验论证（这得到了戴维森本人的高度认同，详见第 12 章）。但是，在后面的论述中，索萨认为戴维森关于“我们的知觉信念大部分是真的”之论证并不足以成为一个先验论证，并且似乎戴维森本人对于他的论证是否是一个合理的先验论证都有些犹豫（详见第 10 章）。齐诺瓦认为，如果说戴维森的论证是一个先验论证，那么它只是一个很弱的基于语义实在论

（semantic realism）的认识论，并不是一个基于形而上学实在论的认识论，那么，它能够反驳的只是语义认知怀疑论（semantic epistemological skepticism），并不足反驳传统的认知怀疑论（traditional epistemological skepticism）（Genova，1999）。

关于知觉信念以及反怀疑论的论证到底是不是先验论证将在后面的章节详细论述。这里首先从总的方向上阐明戴维森的知识论是不是一个先验论证。首先我们来考察一下什么是先验论证？它要满足哪些条件？先验论证首先是一个先天的（a priori），即前提与结论之间的联系是与经验无关的性质判定。先验论证在先天论证的基础上加上构成前提和结论之间非经验联系的必要条件。诺齐克（R. Nozick）提出："一个先验论证是通过证明 q 是 p 的任一正确解释的一部分，并证明 q 是 p 的可能性的一个先决条件（precondition），来试图证明 q（是必不可少的）。"（Nozick，1981：15）斯特恩（R. Stern）注意到了诺齐克所强调的解释因素：如诺齐克所言，先验论证涉及一个特别形式的主张，即 q 是一个 p 的可能性的解释性必要条件（explanatory necessary condition），所以没有 q 就不能够得到 p。用这种方式表明 q 是 p 的条件，即这个主张是被假定为形而上学的和先天的，并且不仅仅是自然的和后验的：即如果没有 q 就得不到 p（Stern，1999）。因而，先验论证的特征在于满足两个条件：一个是形而上学的约束性条件（即后者的出现必定预设有前者的存在）；另一个是一组与经验无关的必要性条件。①

本书认为，以"内容-外在论"为特征的知识论论题——"信念内容关乎世界真实状况是如何可能的？"论证符合先验论证的特征。"如何可能"即为"证成"，要求回答"证成"之最少条件，其本身就是一个先验提问。那么，对这个先验提问的回答论证是否满足先验论证的要求？先看第一个形而上学的约束条件。实际上，断言一个信念在本体论上具有客观真实性，就意味着表达该信念的语句在语义学上具有成真条件，进而在认识论上预设了该语句的成真条件能够得到识别——或者说预设了该信念在认识论上具有可证成性（即能得证成之可能性）。这就是说，如果把"一个信念在本体论上具有客观真实性"作为后件，其必定预设"该信念在认识论上具有可证成性"，这完全满足先验论证的形而上学约束条件。再看这个论证是否有一组与经验无关的必要条件。就戴维森而言，信念内容真实性证成条件必须具有"语义外在论"、"语义整体论"、先天的理性协调原则"宽容原则"和彻底诠释方法，这些观点、原则和方法必须要借助三角测量模式才能完善呈现②。显然，这样一组条件满足了与经验无关的必要条件要

① 关于先验论证的详细阐释请参见第 1、7 章。

② 戴维森独创的三角测量模型将语义学、本体论和认识论融为一体，为揭示信念内容的真实性及其证成开辟了一条新颖的分析-论证之路，提供了一种极具启发性的知识论研究纲领。

求。如果上述论述是正确的，那么，可以得出结论：戴维森的知识论满足先验论证的条件，是一个先验论证的知识论。

（iv）根据戴维森的主张，信念证成的基本原则是什么？

传统认识论的主要问题“知识的合理性”在戴维森这里转化为“信念内容有理由作为世界的真实状况是如何可能的”问题。在这个先验论证总论题下，可以分解为一系列子问题，如“信念具有认知内容是如何可能的？”“信念内容的客观真实性是如何可能的？”等。

根据以上对戴维森知识论先验论证的形而上学约束条件和经验无关条件的阐述，我们可将戴维森知识论关于信念的证成原则概括为：

> 一个信念在本体论上是客观真实的，预设了该信念在认识论上是可证成的。

由这个原则，我们可以预言戴维森式信念证成既不是前述不能坚持到底的基础论或融贯论，也不是简单的内在论或外在论。戴维森的论证要点在于：①语义外在论是信念内容真实性的必要条件；②彻底诠释脉络下的三角测量模式是信念证成的总体模式；③宽容原则和信念网络的整体论原则是戴维森知识论的前提条件；④第三人称进路对于信念内容确定的必要性；⑤戴维森的知识论是一种反怀疑论的有效策略。

下面章节将就这些问题展开论证。

第10章　信念、内容与因果关系

我们知道，传统认识论中一直存在着心灵与世界或者主观与客观的对立，不管是由外在向内在通达，还是由内在向外在还原的认识进路，都难以弥合心灵世界与外在世界的裂隙。本研究将戴维森式知识论的总论题概括为“信念内容关乎世界状况是如何可能的?”，其关节点在于（a）打破传统认识论心灵-外物通达的进路，将心灵的知识（内容）诉诸信念的内容，这个内容既是语义和信念的归属，也必然联系着事物在世界中呈现的方式，由内容-外在的天然联系消去主观与客观之间的裂隙，也去除任何容易导致怀疑论的认识中介。（b）将信念的证成诉诸信念的内容和对象之间的因果联系，将信念的对象认同为信念的原因，如此无需在信念之外寻求信念的证成。

这两个关节点可以归结为总论题下的一个子问题，即“信念具有认知内容是如何可能的?”回答这个问题，首先需要界定清楚在戴维森的意义上，信念与信念内容之间的联系，在信念与内容的联系中，因果关系究竟扮演怎样的角色。对于戴维森的论证，有的被人冠以“符合论”，有的被称之为“融贯论”，戴维森自己也曾称为“无对照的符合”或“融贯导致符合”等。综观戴维森的前后论述及其观点表述，我们将本章的主要论点集中为两个：第一，只有拥有由信念内容构成的信念概念，才可能拥有信念；第二，只有通过诠释脉络的因果联系，才可能具有知觉信念。

10.1　只有拥有由信念内容构成的信念概念，才可能拥有信念

在戴维森的哲学思想中，信念绝不仅仅是一个抽象的认识论概念，自然也不是仅仅通过诸如自我反思之类的思想活动就可以得到的。戴维森说：“我们的信念意指代表着主观的某种东西，但是它们主观性的特点防止我们首先决定它们是否符合它们表面上代表的东西。”（Davidson，2001b3：43）因为具有信念要求我们抓住几个对比：在真信念和假信念之间、表象和实在之间、仅仅似乎是和实际是之间的对比。（Davidson，2001b3：43）

“因此，人们与其说图示-内容二分法支配和决定现代哲学难题，毋宁说正

是它构想出主观和客观的二元论。因为这些二元论有一个共同的起源：具备私有状态和对象的心灵概念”（Davidson，2001b3：43）。戴维森之所以将图示-内容二元论作为经验论的第三个教条，就是要消除概念图示和内容之间的鸿沟，重新审视心灵和世界的关系。在此语境下，信念概念与信念内容之间的关系就值得重新考察。

在第 I 部分第 5 章关于语言和信念的本体论-认识论根据的剖析中，我们已经看到，对于语言的意义和信念的内容，必须诉诸整体论、宽容原则和语义外在论的综合运用，才能步步逼近、环环紧扣来考证戴维森的语义学与认识论的关系。依据整体论，我们知道对信念内容的考察不是单个的，而是要求信念系统的融贯一致；依据宽容原则，我们知道必须将信念的一致和真置于主体间性的状态来考察，避免仅仅在封闭或者私有的状态下考察信念系统；依据语义外在论，我们将主体间认识的一致和真放置到外在世界中去接受检验，从而得到真实的信念。因而，我们说戴维森的信念概念不是一个抽象的概念，而是一个具有信念内容的信念概念，或者说，戴维森所说的“信念”就是包含内容的信念。

那么，信念的内容究竟是什么？在戴维森看来，我们的大多数基本信念是知觉信念，知觉信念都是由环境的特征引起的，其中包含着对于世界的描述基础，必然联系着事物在世界中的呈现方式。“更准确地说，戴维森论证，除非我们周围的世界至少大体上是十分贴近于我们所认为的样子（the way we take it to be），否则我们就不可能拥有具有内容的信念”（Sosa，2003：163）。这个论证的一大优势在于，它把信念内容与世界的呈现方式天然地结合在一起，也就是说，心灵的状况和事物在世界中的状况之间是没有裂隙的。这样，从关于我们命题态度内容的前提出发，这个论证就有利于得出一个结论——关于我们周围的世界是如何被建构和分布的总体轮廓的结论。因而，这个论证是一个具有先天性质的论证，它的先天性至少在于，我们不需要任何预设或者假定周围的世界具有什么样的偶然特性，或者我们与世界处于一种什么样的关系之中（Sosa，2003：163）。

一个人的知觉信念中具有他对于世界的基本描述，这就构成了信念的内容。基于整体论、宽容原则和语义外在论，我们知道一个人对世界的基本描述大都是真实的，否则他不可能进行言说和思考。因而，知觉信念的真实主要不是来自于其他经验信念的支持，而是来自于它们的内容，即一个人知觉中关于周围世界的描述与事物在世界中普遍存在的方式是一致的，故必然大部分是正确的。“许多基本的知觉信念都是真的，而且对于这个事实的解释就说明了为什么我们有理由相信它们。”（Davidson 1999a：106）这构成了戴维森一贯坚持的理论的支撑点：“我们的言说和态度必然来自于它们的内容。”

基于上述对图示-内容二分法的批判得到的启示，以及关于知觉信念及其内容的考察，我们得出本节的要点：只有拥有由信念内容构成的信念概念，才可能拥有信念。

既然信念的内容在信念的理解中有着如此重要的地位，那么，如何得到和理解信念的内容？10.2 节将展开论述。

10.2　只有通过诠释脉络的因果联系，才可能具有知觉信念

信念作为一种状态，既可以由信念持有者身体之内和之外的事件引起，也可以引起身体之内和之外的事件。对于到底是什么引起了信念，信念的对象和原因以及信念与信念对象的关系，如果作戴维森式考察，会有几个要点：①信念的内容与言说的意义是联系在一起的，或者说对于信念内容的理解和把握必须放在语言交流诠释之中；②引起信念的原因是“信念持有者身体之内和之外的事件”；③将信念的对象认同为信念的原因；④信念与信念对象之间的关系是因果关系。

对于知觉信念与诠释的关系可以从两点来看：

其一，诠释者有能力诠释信念系统（belief system）。在第Ⅰ部分我们已经阐明，意义、信念和真理这几个要素是交织在一起的，在语言的交流和诠释中，诠释者不仅有能力理解被诠释者的话语含义，而且有能力诠释他的信念系统（当然，这个有能力的诠释者必须具备恰当的概念资源和一种他自己的语言）。这表现在两个方面：一个诠释者是认知可能的，信念或信念系统不是抽象的。

先看第一方面，一个诠释者是认知可能的，因为一个被充分告知的诠释者有能力知道言说者的真信念。虽然一个诠释者不能直接观察一个人的信念和意向等命题态度，但是他可以注意到这些命题态度和话语的外在表现，因为从这些外在表现中我们就能够发现一个行动主体何所思与何所言，在证据和态度之间必然存在一种明白易懂的关系（intelligible relation）。不难看出，外在表现是可以观察到的，是证据性的东西，而命题态度是主观性的东西，似乎外在表现与命题态度之间隔着一道沟。何以连接？戴维森认为只有唯一的途径：“一个诠释者能够（通常足以）觉察到，行动者对于一个对象或者事件有某种态度，而这个对象或事件也是这个诠释者觉察到的。如果这些诠释者能够以这种方式直接使某个人的态度具有个体性特征，这个问题就能得到解决了，但那需要假设这个诠释者是一个能猜出别人想法的人。然而，如果假设这个诠释者能够查明一个或者更多的非个体性态度，就不会回避问题实质。”（Davidson，2001b：211）戴维森认为，自己所说的持真态度就是这样一种非个体性命题态度。因为在一个时间里认为或者希望一个语句为真，或者选择一个语句而不是另一个语句为真，在言说者和话语之间

这样的持真态度关系是一种外延性关系，“这些命题态度是非个体性的，因为尽管它们本性上是内在的，但它们并不区分不同的命题内容和不同的话语表达”（Davidson，2001b：211）。

无论是戴维森把持真态度作为非个体性命题态度，还是蒯因在《语词与对象》中把“促使赞同”（prompted assent）作为非个体性命题态度，这两种命题态度都是可以在公共可观察证据的基础上获取。关键是通过这两种命题态度可以得到进一步的命题态度，因为一个人赞同一个话语或者认为一个语句为真，部分由于这个人所相信的东西，部分由于他所说的话语的意思。蒯因的难题是如何基于证据把这两个因素分离开。如果这种分离成功，其结果就是得到言说者的一个关于信念和意义两者的理论，因为它必定产生这个结果：对于这个言说者的诠释者而言，如果他知道两个东西即言说者同意这个话语，以及他言说的意思，也就能够知道他相信什么了。①

再看第二方面，戴维森的信念或信念系统不是独立于任何信念持有者的抽象的命题概念或关于信念的系统。当谈及信念的本质（the nature of belief）时，戴维森总采取彻底诠释者的立场。戴维森说：“首先，我竭力主张，从对一个人的言语、信念、欲望、意图及其他命题态度的正确理解得到一个结论：一个人的大多数信念必然是真的，由此就有一个合法的假设，上述任意一种命题态度，只要它与其他的大多数融贯，它就是真的。其次，我宣称任何一个有思想的人，特别是任何存疑他是否有理由认为他关于外界的性质一般是正确的人，必须知道信念是什么，以及一般说来信念是任何被发觉和诠释的。存在一些极好的我们能成功利用的一般事实，当我们与他人交流时，或者试图与他人交流时，或者甚至当我们仅仅思考我们正在与人交流时，会有一种极其强烈的感觉说我们能够知道存在一个预设，这个预设倾向于任何人的信念（包括我们自己的）总体是真的。因而，若有人要寻求进一步的保证是无用的，只能把它加入自己的信念储备中。所有这些需要他认识到，信念在其本质上是真实的。”（Davison，2001b：146）这里进一步揭示了信念不是一种私有的心灵状态，一个人的信念（或思想）只有置于公共交流的脉络中，才能被接受和理解。在这个意义上，只有被他人诠释和

---

① 我们知道，蒯因是把刺激作为感官获得促使赞同的证据，在此基础上分开意义和意见，其难题在于感官中介所导致的困难。戴维森深知要避免这个难题，唯一的办法就是诉诸三角测量的诠释脉络。在言说者、诠释者和世界三者联系的框架中分析意义和意见分开的过程，这个过程需要宽容原则作支持，在诠释过程中它分解为融贯原则和符合原则。前者促使诠释者发现言说者思想的逻辑一致性程度，后者促使诠释者把言说者当做对世界同一特性的反应，那是言说者在相似境况下将做出的反应。显然，“成功的诠释必然涵盖着基本的合理性诠释。一致性和与事实相符的人际标准，应用于言说者和这个言说者的诠释者，以及他们的话语和信念，这是根据正确诠释的本性得到的”（Davidson，2001b：211）。

理解的信念（或思想），才能算是真正的信念（或思想）。并且，一个人的信念系统不是抽象的，而是与其他丰富的命题态度融贯一起的，特别是与语言的意义和真理性缠结在一起的，对信念系统的理解离不开对表达它们的语句意义的诠释。只有在公共的诠释的脉络下，才能理解信念在其本质上为真。

其二，一个信念系统是可理解（intelligible）的，当且仅当它是可诠释的（interpretable）。“possible”或“intelligble”在戴维森那里不单纯意谓逻辑可能的，他所谓的“相信的可能性”意谓由人类在理解、诠释和交流语境下的认知可能性。在戴维森看来，可理解性/可翻译性/可诠释性是认知等价的（epistemologically equivalent）（Genova，1999：180-181）。

正因为信念不是一个抽象的心灵状态，而是与一个人的鲜活交流活动以及其他命题状态紧密联系，因而引起信念的原因是“信念持有者身体之内和之外的事件”，信念与信念对象之间是一种因果关系。对于②③④要点的初步阐释在第Ⅰ部分已经给出。现在我们把注意点集中到它们在信念的证成中起有什么样的作用。根据第9章中，我们对外在主义的两种主要信念辩护理论即可靠论和因果论的主要观点的阐述，可靠主义的基本观点在于将信念的证成与真理的可靠联系起来，并且把信念的真与其证成联系的可靠过程皆视为外在于信念者的，而因果论则强调信念的证成主要是基于它的因果联系或者因果历史。戴维森反复强调信念在其本质上就是真的，并且对这个事实的解释就会说明它们为什么能够得到证成；同时，戴维森也反复强调因果关系在确定信念内容中的作用，例如，“我们一般不能先确定（identify）信念和意义，然后才问引起它们的是什么。因果联系在决定我们的言说和信念的内容中扮演着不可或缺的角色”（Davidson，2001b10：150），阐释意义和信念的本质就是基于蒯因的“促使赞同”，探究断定一个语句和如此断定的原因之间的因果联系（Davidson，2001b10：147）。由此，一些哲学家如索萨认为戴维森在某个深刻的层次上是一个可靠论者，他在1986年和2003年的文章都这样指出。“难道戴维森现在不是利用可靠论的直觉吗？给定了他对于意义和内容的解释，看起来我们经验信念的高度可靠性现在就成了证成的特别来源的核心，涉及对我们的经验的高级认知地位，尤其是对我们的知觉信念的解释。”（Sosa，2003：179）

现在，有一个尖锐的问题摆在我们面前：戴维森是不是一个可靠论者或者因果论者，或者说，戴维森的信念证成与可靠论和因果论有什么联系和区别，他的信念证成条件能否避免对于可靠论或因果论的诘难？

毫无疑问，按照戴维森的主张，对信念的证成必须与信念的真联系起来，信念的起点是知觉信念，并且对于为什么信念本性（by nature）是真的论证似乎有诉诸直觉的嫌疑，因为他往往说在语言交流中我们会极其强烈地感受到一个人的大多数信念是真实的，这并不需要进一步的理由或者保证。显然，如果仅仅由直觉得到的“真”，定然是不可靠的。但是，请不要忘了戴维森自始至终坚守的语义外在论以及如下主张：信念的内容是在交流的语境中获得，对于引起信念的原因的确定也是在语言交流的三角测量中获得，对于真的界定，要基于塔尔斯基的真理定义模式。因而在《真理与知识的融贯》中，戴维森似乎很轻松地说：“能动者（agent）只需反思（reflection）信念究竟是什么，就会赞成他的基本信念大多数都是真的。”他的本意是要证明，我们每个人不仅在他的知觉信念中具有他对于世界描述的基本东西，而且基于反思也会明白，存在着这样认为的理由，即戴维森立场的合理论证。这招致了很多批评，有的认为我们的知觉信念中有些并非真实的，故断定大多数信念是一个错误；有的认为即使知觉信念是真实的，也不能证明它们构成了知识；有的认为如果按照戴维森的要求反思什么是信念，那势必要求只有那些具有哲学思维的人才具有知识。仅从索萨的批评中可以窥见一斑：“人们一般并不引证这种戴维森式论证来支持他们的零星信念。所以，即使少数信服戴维森的哲学家确实引证了关于心灵本性和语言内容的这种复杂论证，即使他们确实因此而获得了对于他们经验信念的某种证成办法，也不能解释普通民众所拥有的对于他们的经验信念的那种证成，因此也不能解释这些民众是如何避免怀疑论者的反对。”（Sosa，2003：178-179）

戴维森起初试图挡开这样的批评，但在《回应托马斯·内格尔》的文章中，戴维森的态度很鲜明：“我现在认为这种挡开批评的企图是一个错误，即使其理由不过是它似乎认为仅仅具有哲学思维的人才能正确地具有知识。正确的说法毋宁是这样：我们有合理的根据把我们的知觉信念当做真的（to be true），甚至在它们不真的时候，因此，当它们是真的时候，它们构成了知识（这就是我所说的我们的知觉信念是真实的（veridical）的意思）。但是，因为我们认为它们是真的仅有理由，是它们得到来自进一步知觉信念的支持，以及它们与我们如何思考事物是普遍一致的，证成的根本资源其本身并不是一个理由。我们并不从某种更基本的东西推导出我们的知觉信念。”（Davidson，1999d：208）戴维森在回应麦克道威尔和斯特劳德的文章中，也阐述了上述观点（Davidson，1999a，1999b）。根据此类相关论述，我们认为戴维森的信念证成既不是基础论或者融贯论，也不是简单的可靠论。因为在戴维森看来，信念证成的根本资源不在于诉诸更基本的信念，也不需要找到可靠的理由来证明这个根本资源的真或可靠。只要知觉信念本身是真实的，即或它有出错而非真的时候，一旦它们与我们对事物的认识整体融贯，就能够得到真的信念。更进一步，这种在本体论上真实的信念，就可以得到证成，从而构成知识。语义外在论加上整体论为知觉信念的真和证成提供了支持，也避开了基础论和可靠论面对的难题。

至于戴维森将信念与其对象之间的联系确定为因果联系，这与外在论的因果论的联系和区别何在？戴维森虽然没有正面陈述对因果联系的理解，只是强调有因果联系（不论做何种理解），但是，按照戴维森的阐述，他是在一种非常强的意义上谈因果关系，那就是把因果关系理解为因果律，且把世界作为一个封闭的系统，因果律是具有必然性（决定性）的定律①。也就是说，只要有结果产生，就必定有原因，这里不关乎原因和结果是否具有经验内容，而在于原因和结果之间的这种联系是必然的联系。以戴维森知识论核心论题而论，可理解为信念的内容作为结果与外部世界作为信念的原因之间的联系是必然的，是远端的，没有感觉、知觉作为中介的，信念的内容与外部世界的状况是一致的。需要注意的是，戴维森所说的因果联系绝不是自然主义的（仅仅在发生学意义上把原因作为引起内容的刺激源），也不是知觉外在论意义上的把知觉当做获取信念内容的关键因素，也不在于历史因果论对因果历史线索的着重强调。戴维森的三角测量模式强调两个生物与外在世界的因果联系，目的是强调外部世界作为信念内容的产生的原因是必不可少的。但是，仅仅具有外部世界是不够的，主体之间在公共可观察的环境下对外在对象的相似性反应同样是信念内容得以确立的必要条件。因而，戴维森对因果联系的认识不同于一般知觉外在论（如伯吉的），也不同于帕特南的“孪生地球”思想实验诉诸自然种类的微观结构来论证外在论。戴维森明确表示：“我相信，正是语言和思想的十分一般的特性联系着世界，这种联系是由一种因果联系获得的。”（Davidson，2001b13：198）这样处理可以避免一般因果论对因果过程的认识和解释，以及“异常因果链”中可能多个原因引起一个信念，到底如何确定谁是真正的原因的难题（第 11 章将对这些问题展开进一步讨论）。

最后，我们讨论一下以戴维森的哲学立场，“我们的大多数知觉信念是真实的”这个论证是不是一个先验论证？我们先看戴维森本人在《回应齐诺瓦》的结尾处的表述：

> 我的关于我们的知觉信念‘大多数’（基本）是真实的论证，是先验的吗？如果你接受了导致我外在论观点（齐诺瓦称之为语义实在论）的那些步骤，那么，我想你就不可能怀疑，外部世界就如同我们相信我们所共同分享的世界一样地存在，也不会怀疑其他像我们一样具有心灵的人们的存在。但是这种有利于语义实在论的考虑似乎在一定程度上不是依赖于纯粹先天（purely a priori）的考虑，而是依赖于对于人们存在

① 对于因果关系的详细论述和新见请进一步阅读张志林：《因果观念与休谟问题》，北京：中国人民大学出版社，2010。

方式（the way people are）的看法。(Davidson, 1999c：194.)

对于这段论述，索萨认为这暗含着戴维森已经认识到，他的论证不如有人或许认为的那样合理地是先天的，或许甚至不如他本人起初认为的那样是先天的。他认为戴维森的证成既非得自于把外在的东西还原为主观的东西（或者相反的方向还原），也非得自于从主观的东西推论外在的东西。这种证成也不是拥有一个论证，即一种先天论证，通过这种论证人们会得到对于其结论的支持（Sosa, 2003：178）。由此，索萨认为，戴维森式证成是一种经验证成。“那么，一个主体的知觉信念得自某种东西，而不是那个主体所拥有的其他经验信念的支持，这种戴维森式经验证成的根源是什么？显然，它不过是对于如下问题的戴维森式解释的真理性：我们的言论和态度如何必须得到它们的内容，以及这如果保证一个人对于周围世界的描述（尤其是知觉部分）必定大都是正确的。”（Sosa, 2003：179）从所引的这段文字不难看出，索萨对戴维森的理解是完全正确的，对于戴维森证成根源的挖掘是深刻的，知觉信念得自于其内容，内容中对于外界世界的描述大都是正确的，这也正是戴维森式论证区别于经验主义基础论的关键之处。但是，接下来索萨由戴维森式证成根源引出的对其论证的先天性质疑就有点让人奇怪了。“如果证成的根源现在应当视为不同于任何推理，不同于一个证成论证的任何诉求，那么，为什么它必定是先天的这一点就不再是清楚的了（它并非在任何情况下都是清楚的）。为什么戴维森的认识论有效性推理的先天性会成为一个争论点，确实变得模糊不清了。”（Sosa, 2003：179）索萨认为认识论的有效性建立在理论的真理性上，而恰恰是理论为什么是真的这一点不清楚，因为戴维森式的论证根本上是外在论的，事物实际上是处于我们的偶然境况中，内容是通过与外部环境的因果联系外在地设定的，这些构成了信念可靠的保证，并且由这种保证的可靠性得到假定的辩护（Sosa, 2003：179）。索萨的质疑根本点在于对于推理前提可靠性的质疑（这源于他认为戴维森式知识论根本上是可靠论的），如果你不能保证，不可能从其他途径得到内容，也不可能保证这种途径得到的内容是真实可靠的，你就不能保证信念真实性的可靠，也不能保证信念获得过程的可靠。

这里的争论点可能源于传统认识论上的结点，似乎一说到外在论，总设定着主观世界与外部世界的裂缝，总认为不管什么样的方法进路总无法跨越或者填平这主-客之界限。另外，似乎一说到先验的或者先天的，总是不能谈论经验内容。可能对于这两点，中外哲学学者都有不同的理解定式，康德的先验论证范式以及我们对照康德的观点如何理解戴维森对语言理解和交流的先验论证，在第7章已经给出比较详细的论述①，这里重点谈谈关于信念的证成论证。

① 有关先验论证的进一步论述请阅程炼：《思想与论证》，北京：北京大学出版社，2005。

我们认为，戴维森式信念证成是先验的，是从关于信念概念、信念内容以及信念获取过程的分析和论证着眼的，这些分析和论证都是在一种纯概念辨析和逻辑推演中进行的，寻求得出结论的最小必要条件，这种思路就是地地道道的先验论证。如前述索萨提到的："我们的言论和态度如何必定得到它们的内容，如果保证一个人对于周围世界的描述（尤其是知觉部分）必定大都是正确的。"这两个必定不是从零星的或者偶然的经验中获得的，也不需要预设经验前提作保证，甚至它允许出错（但不会整体出错）。更为重要的，将具有信念内容的信念才称得上信念概念，或者拥有信念内容才称得上拥有信念，打破了图示-内容的二元区分，在信念概念与经验内容之间不在存在一条缝隙，也不需要任何认知中介作为媒介，由因果律的必然联系界定由信念对象（原因或事件）得到信念内容的过程和联系，并且这个因果联系是在交流的诠释脉络下展开的，整个论证的探寻都是一种先验论证进路。如前所引，戴维森在《回应齐诺瓦》中对自己的论证到底是不是一个先验论证语焉不详①，估计在当今自然化认识论风行的时代，他要公开宣称自己的知识论证是一个先验论证是有压力的，但他又实在不愿意人们把他的论证贴上其他标签，故而表现出一种犹豫，甚至无所适从。

戴维森式论证风格还可以从他对信念的经验式证成的批评中看出。经验证成致力于寻找证据，他说："我们已经证明了的是，为信念总体寻求某种辩护根据，寻求某种我们可以用来检验我们的信念或者与我们的信念加以比较的外在于信念总体的东西，是荒谬的。因此，回答我们的难题就必定是要为假定我们的大多数信念都是真的找到一种并非证据显示的理由。"（Davidson，2001b：146）在《回应约翰·麦克道威尔》中，他进一步陈述了关于信念证成的看法："我的观点是，个别的经验受到其他信念的支持，这些信念有些是知觉信念，有些则不是。知觉信念都是由环境的特征引起的，但在它们的因果关系中没有任何东西（除了一些特殊的、派生的情况）为这种信念提供理由。然而，许多基本的知觉信念都是真的，而且对于这个事实的解释就说明了为什么我们有权相信它们。我们知道许多东西，在那里，我们相信它们的仅有理由就是进一步的信念。"（Davidson，1999a：105-106）戴维森建议去除语句信念的真诉诸感觉与诉诸其他语句的真的区别，同理去除信念的证成诉诸感觉与诉诸进一步信念证成的区别。由此，清除意义和知识是植根于某种证据作为终极根源（ultimate source）的观点。毫无疑问，意义和知识依赖于经验，而经验最终依赖于感觉。但是这种依赖是一种因果

① 前述引文中"有利于语义实在论的考虑似乎在一定程度上不是依赖于纯粹先天的考虑，而是依赖于对于人们存在方式的看法"，不清楚戴维森在这里究竟想要传达什么样的思想。难道只有有利于"语义实在论"的论证才是"依赖于人们存在方式的看法"，那么纯粹先天的考虑又是依赖于什么？

性的，而不是关于证成证据的依赖。为意义和知识寻求经验基础易于导致怀疑论。当然如果仅仅是融贯论也没有办法为融贯的信念是真的提供理由。基于戴维森式信念证成根源，既不是基础论的感官证据，也不是单纯与其他信念一致的理由。

因此，要想为信念提供有效的证成，就必须寻求支持我们大多数的信念是真的理由。只要你坚持我们所认为的世界与世界的实际状况是普遍一致的，我们的信念只有整体融贯才能被理解，你就会最终得到我们大多数的信念是真实的，因而是可证成的结论。

第 11 章　信念内容的客观真实性

在第 10 章对“信念如何具有认知内容”这个先验子论题进行论证考察之后，我们清楚，要具有关于世界的信念内容，需要主客观对比。这就要求必须抓住独立于思想的客观性真理概念，因此我们必须继续探究客观性真理概念的根源何在。我们可以用先验式子问题来统摄本章的追问：“信念内容的客观真实性是如何可能的?”

在信念中，我们不难发现“被认为是真的东西”与“实际是真的东西”之间的差距，信念内容的真实性不仅仅是主体间的一致性，还必须有一个客观的基础。要完成这个论证，需要进一步论述语义外在论对于语言和信念理解的必要性，并且对于信念的客观性和真理性为什么需要在语言交流的三角模式中获得给出详细阐述。本章将从语义外在论在联系真与世界的作用，以及语义外在论如何使信念具有客观内容等方面论述语义外在论的必然性；将从信念的客观真理性概念之源以及信念-真理的主客观对比的把握必须在三角测量中呈现等方面，展示三角测量模式如何提供论证模式，最后概述三角测量作为知识客观真理性辩护模式的启示。

11.1　语义外在论对信念具有客观内容的必要性

戴维森的语义外在论将信念为什么具有客观内容的论证放在人们的语言交流脉络中，强调信念的真在主体间交流中与客观世界的联系，对怎样才能拥有客观性概念提出了明确要求：拥有一个客观性概念，要求我们意识到，我们与其他人分享了思想和一个世界的事实。为了凸显通过分析“语义”揭示持真信念内容中固有的“外在事件和对象”，我们像卡彭特（A. N. Carpenter）等一样，把戴维森的外在论称为“语义外在论”。

11.1.1　语义外在论将真与世界联系起来

戴维森强调真理概念对于把握自然语言的意义具有基础性作用。沿此思路，他借助塔尔斯基（A. Tarski）的真理理论来刻画自然语言的结构，认为自然语言中的所有语句均可用塔尔斯基意义上的 T-语句来表达，强调理解一个语句意义的关键在于判明其符合塔尔斯基约定-T 的真值条件。戴维森强调“真”与诠释者息息相关，因而将它视为话语或言语行为的性质（Davidson，2001a2：34-35）。戴维森认为，可以把塔尔斯基的真理论看做一种适用于经验领域的理论。对此，可见戴维森的如下说明：“被看做经验理论的真理论由其导出的有关结果来检验，也就是由其蕴涵的那些 T-语句来检验。T-语句关乎这样一个言说者：每当他说出一个给定的语句时，该语句为真当且仅当某些条件被满足。因此，T-语句便具有自然定律的形式和功能；它们是全称量化的双条件句，可用于反事实情况，并被其实例所确证。因此，（这样理解的）真理论就是一个描述、解释、理解和预测语言行为的基本方面的理论。”（Davidson，1990：313）按此思路，考虑到意义与信念之间的相互依赖关系，戴维森主张以言说者对 T-语句的持真信念这种基本的命题态度作为检验基于语句意义之证据（Davidson，2001a9：134-135）。

戴维森的“彻底诠释”舍弃了蒯因的“彻底翻译”中的经验主义、行为主义和自然主义的立场。如果说蒯因关心的是“彻底翻译实际上是如何发生的”这类经验科学式问题，那么戴维森关心的则是“彻底诠释是如何可能的”这类先验式哲学问题。正如戴维森自己所说：“我一直在陈述的对意义、信念和意愿问题的探索，其意并非直接揭示我们在实际生活中是如何达成相互理解的，也并非揭示我们是怎样掌握我们的第一批概念和第一批语言的。我对这一点的认定是相当清楚的。我一直致力于一种概念操作，旨在搞清楚我们的基础性命题态度在足够基本的层次上的相互依赖性……这种概念操作要求我们能够说明：一次性同时达成这些命题态度的整体在原则上是如何可能的。如此，就等于以一种非形式的方式，证明了我们已将使得诠释成为可能的某种结构赋予了思想、意愿和言语。当然，我们事先已知这是可能的。哲学问题是：什么使它成为可能的?”（Davidson，1990：324-325）这个问题的意思是：必须满足哪些条件，彻底诠释才是可能的？根据戴维森的有关论述，可将这些基本条件概括为：①人性设定：人是具有理性的生物，具有思想、掌握语言是人区别于其他生物的合理性标准。②交流情境设定：至少具有两人，他们构成言说者和诠释者，而且他们必须领会初始的真理概念，并能正确地运用规约-T。③三角测量关系设定：在一种言说者-诠释者-世界的三角互动关系中，两人之间的语言交流受制于来自同一对象或事件的因果关系，以及他们所共享的关于同一世界的基本观念。④整体论原则：心灵的性质、人的信念、语句的意义等既各自相关，又彼此相系，它们构成一个整体关联的复杂网络。据此，彻底诠释受到一个方法论的限制，即诠释不能局限于单个的心灵状态、信念内容、语句意义等，而必须顾及它们之间的相互依赖性。⑤宽容原则：在承认整体论原则的前提下，诠释者必须使一个言说者对其所用语言中的那些表达心灵和信念的 T-语句的持真信念最大化。换言之，诠释者必须承认言说者在上述规定的条件下所说的话语绝大多数是真的。显然，这是对彻底诠释的又一个方法论的限制。

可以说，戴维森所主张的特殊形态的语义外在论与上述各点均有密切关系。不过，我们认为戴维森语义外在论的关键作用集中于正反两个方面：从正面说，它为确立客观真理这个在戴维森纲领中居于核心地位的概念提供了一个新的视角；从反面说，它为反驳怀疑论提供了一条新的思路。

11.1.2 语义外在论使信念具有客观内容

与一般的经验主义意义理论认为意义依赖于每个言说者直接可得到的证据不同，戴维森对语言的理解参照的是外在论，他说："诠释（在最简单和最基本的情形中）依赖于对言说者和诠释者都十分明显的外在事件和对象，而言说者的话恰恰被诠释者看做在谈论这些对象和事件。"（Davidson，1990：321）以蒯因的经验主义认识论作比较，可以看出戴维森的认识论立场。蒯因和戴维森的思想中都包含着语义外在论的基本观念，即语句的意义和信念的内容至少部分地是由言说者之外的因素决定的。但依戴维森所说，他们之间最重要的区别"关系到决定可交流内容的事件或对象"，因为蒯因主张决定可交流内容的东西是"引起对一个句子持赞同信念的神经末梢模式"——"如果一个言说者和一个诠释者会在同样的相似刺激模式下，分别接受或拒绝他们的语句，那么言说者的观察语句与诠释者的观察语句就具有'同样的刺激意义'"（Davidson，1990：320-321）。戴维森却认为，决定可交流内容的东西是外在的事件和对象，而且它们是不需要诠释者和被诠释者借助仪器就可以发现的，故而是十分明显的。这就是戴维森所谓"近端进路"与"远端进路"的对立。关键区别是：蒯因心目中的"意义"是一个以证据为核心的认知概念，而戴维森所说的"意义"则是一个以真理为核心的诠释概念。

试问：必须满足什么条件，一个具有主体间真理性的概念才可能成为客观真理概念？可以说，戴维森所主张的外在论正是为回答这个问题而提出来的哲学主张。戴维森指出："信念的归属与诠释一样是公共可证实的，它们都基于同样的证据：如果我们能够理解一个人所说的，我们就能够知道他所相信的。"（Davidson，2001b10：153）这如何能够帮助说明"一个人的大部分信念是真的"？戴维森说：

> 对这个问题的答案已经包含在问题之中了。一个行动者要对他的信念的来源表示怀疑或疑惑，他就必须知道信念是什么。这就把信念与客观真理概念联系起来了。因为关于一个信念的概念就是关于这样一种状态的概念，这种状态可能与实在一致，也可能与实在不一致。但是，信

> 念也是（直接地或间接地）由它们的原因来识别的。……一个行动者只需反思信念是什么就会懂得：他的大多数基本信念是真的；在他的信念中，那些他最有把握持有的信念，以及与他信念的主体相融贯的信念最倾向于是真的。因此，“我如何知道我的信念通常为真？”这个问题对自身做出了回答，这不过是因为信念本质上通常为真。换一种说法或扩展一点，这个问题变为：“我如何能辨别我的信念是否通常为真，我的信念就其本性而言通常为真。”（Davidson，2001b10：152-153）

我们从以下几个方面来解读戴维森的这段论述：

首先，信念与客观真理概念紧密相系。戴维森说：“在放弃对未被诠释的实在（即某种外在于一切概念图式和科学的东西）这一概念的依赖时，我们并没有放弃客观真理这一概念。”（Davidson，2001a13：198）他认为，决定一个信念的存在和信念的内容者不是别的东西，“信念就像其他所谓的命题态度一样，是伴随着各种不同的（行为的、神经生理的、生物学上的和物理上的）事实而产生的。”（Davidson，2001b10：146-147）这就是说，信念的存在和内容都具有客观基础，信念整体地是由客观世界引起的，信念的内容整体地是由客观世界决定的。因此，只要坚持整体论、宽容原则和语义外在论，就有理由相信一个人的大多数信念是真的。

其次，由信念的原因决定的信念内容在因果联系的意义上为真。戴维森本人强调他的信念-对象因果理论与克里普克（S. Kripke）和帕特南（H. Putnam）的因果指称论之间的区别：“那些因果指称论者指望的因果联系是在名称与言说者或许根本不知道的对象之间的因果联系，由此就增加了系统出错的机会。而我的因果理论采取了相反的做法，它是通过把信念的原因与该信念的对象相联系而建立起来的。”（Davidson，2001b10：151，n. 7）如果我们追问：将信念的对象认同为信念的原因，如何有助于说明信念的真？回答这个问题的论证思路是：如果信念的对象就是信念的原因，那么信念本身就是这个原因的结果；信念的对象是实在而真实的，因而原因也是实在而真实的；“原因和结果一样实在而真实”不过是个自明的因果真理（causal truth）；因此，信念作为结果自然也是实在而真实的。

最后，信念因其与意义和真理的联系而内在地是真实的。因为信念是可与实在一致或不一致的概念，所以，为了达到对实在的正确认识，人们必须使自己的大多数信念与实在保持一致，以达到一种保真诠释。根据语义外在论，通过分析那些表达信念的语句，便可发现其中包含的关于世界的客观真理，在此意义上可将信念的内容看做语句的意义。当然，信念内容中包含的客观真理不是基于图式与内容相对照的模式得到的，而是通过应用于言说者的真理论得到的。理由在于，戴维森认为这个真理理论具有特殊的地位和作用：

> 它引起了如何能够确证某个理解言说者的人所知道的东西的真实性问题——一个没有这种理论便无法明确表达的问题……对这个问题的回答会显示出意义、真理与信念这三个概念之间的本质关系……真理既不能作为完全与信念相分离的东西而呈现（像符合论所认为的那样），也不能作为取决于人类的方法和发现能力的东西而呈现（像种种认知性真理理论所认为的那样）。把真理从所谓“彻底非认知性”（用帕特南的话来说）中拯救出来的，并不在于真理是认知性的这一点，而在于信念通过它与意义的联系而内在地是真实的。(Davidson，2001b10：156)

综上所述，可以看出，戴维森对信念真理性的论述是独特的，它既不是完全的信念因果论——将信念只看做原因直接引起的结果；也不同于信念融贯论——将信念的真仅仅建立在与其他信念的联系上。在他看来，信念的辨明既需要原因（cause），又需要理由（reason）。如上所示，这是整体论、宽容原则和语义外在论综合应用的结果。至此，我们论证了一个人的大多数信念是真的，并且信念的真与外在世界的对象和事件紧密联系在一起，而彻底诠释则要求诠释者和被诠释者能共同拥有这样一个真信念——一个客观的真信念。

11.2　三角测量模式对信念客观真理性的辩护

根据知识定义中的三要素，对知识何以为知识，必须回答如下问题：命题何以为真？我们关于世界的大多数信念是否是真的？信念的真是否具有客观性标准，如何界定这个客观性？我们相信之为真与事实之为真有何区别？对这样一些问题，怀疑论者提出了否定性回答或挑战式质疑，现代哲学在对知识论研究的回归和醒悟中对知识的合理性进行辩护，进而走向知识论的重建。本节借助于戴维森所提出的三角测量模式，分析三角测量模式通过确定信念的共同导因而为信念提供了客观经验内容，通过因果-社会的三角联系给出了客观真理性概念的充分必要条件，通过三角关系的互动交流呈现出把握信念-真理的主客观对比，揭示三角测量能够成为知识的客观真理性辩护的新模式。

11.2.1　信念的客观真理性概念之源在三角测量中

根据文初所述，信念为真的客观性是现代知识论中知识辩护的一个关键问题。按照维特根斯坦的主张，客观性真理概念的根源在于人际交流，思想依赖于交流。[①] 不过，从这里马上紧逼出两个问题：①为什么人际标准是一个客观性标

① 可以从这个角度论证没有私人语言，参见 Davison（2001b14：209-210）。

准，那就是说，为什么人们的同意应该是真的？②即使交流假定了一个真理的客观性标准，为什么这应该是建立这个标准的唯一途径？按照戴维森的思想，简洁的回答是：所有生物在他们对待一些刺激比别人更相似的意义上，对事物和世界的一些方面进行分类，分类活动的标准是反应的相似性。“没有这种对于共同刺激的反应的分享，思想和言语将不会有具体的内容，那即是说，没有一点内容。”（Davison，2001b14：209-210）借助三角测量模式提供的论证思路，可以对以上回答展开详细论述，从而为信念的客观真理性概念作出新的辩护，我们认为这种辩护足以克服基础论及融贯论的缺陷。具体地说，我们的论证展现在以下四个要点中：

第一，三角测量使信念内容的客观性成为可获取的。如前所述，由三角测量定位的共同导因为信念提供了客观的经验内容，奠立了信念内容客观性的基础。在三角测量中，这些客观的经验内容既是引起自我相关相似性反应的事实，“又是他人发现那些反应相似的事实；进而这些事实是社会共享的反应，它使得内容的客观性成为可获取的”（Davidson，2001b9：130）。换句话说，在三角测量关系中，因果线保证了共同导因能为信念内容的客观性提供根据，社会线保证了认知者对这些具有客观内容的信念的社会共享，而共同导因和社会共享的互制互动使得我们无需任何认知中介即可获得客观的信念。

第二，三角测量中社会脉络的互动作用是客观性概念的必要条件。我们说一个人的思想是客观的，在某种意义上是说这个思想的内容的真或假是独立于这个思想或思想者的存在的。而按照维特根斯坦的建议，倘若没有相对于我与其他人之间的相互作用，就不会具有或取得事物错或对的概念。与维特根斯坦把这种社会的相互作用定位在遵守规则不同，戴维森以他所描述的三角测量关系“表征了最简单的人际情景。其中，两个（或更多）生物各自把他们对外在对象的反应与他人的反应联系起来。一旦这些联系建立起来了，每个生物就处于这样一个位置，当它感知到另外的生物的相互联系的反应时，它就可以预期外在现象（的存在）。而引入错误的可能性的东西在于这种预期偶然会失败——在这些反应并没有相互关联时”（Davidson，2001b9：129）。正是有了与他人的相似性反应比较，我们才知道我们可能出错；而正是有了错误的概念，我们才会具有意向性态度，才可能获得客观性概念。因为即使信念出了错，这个错误的信念同样是由同一个原因引起的，因而这个错误也是客观的，也是可解释的。换个角度说，正是有了这些错误的信念，我们才知道哪些信念是正确的。但是谁也无法逐个解决信念出错的难题。正是基于这一事实，戴维森提出了如下建议：

> 我们最好能做的是以整体论（holism）的方法对付错误，那就是说，给出一个行动者的行动、话语以及他在世界中的位置，我们对他的诠释应尽可能地使他成为可理解的。我们会发现他犯错，这是作为我们

发现他在别处正确的必要代价。特别强调在这些最简单的情况下，发现一个人是正确的，这大致意谓着：把他的信念的原因认同为他的信念的对象，而且在对错误能够做出最好的解释的情况下容忍错误。(Davidson，2001b10：152)

虽然出错的可能性标志着信念的关键特征，但我们的大多数信念是正确的(cf. Davidson，2001a11：168)。“如果任何东西系统地引起了某些经验（或者言语反应)，那么它就是思想或话语所论及的内容。这就排除了系统地出错的可能性。如果没有任何东西系统地引起这些经验，就没有所论及的内容可能会出错。”(Davidson，2001b13：201）换言之，我们可以更一般地说，整体论加上三角测量表征的语义外在论，排除了我们的信念内容可能系统地出错的可能性（林从一，2004：155)，这既避免了怀疑论在批评融贯论时所提出的对我们关于外部世界可能共同出错的怀疑，又使得三角测量模式所揭示的社会互动关系成为信念具有客观性的一个必要条件。

第三，三角测量中的语言交流是拥有客观真理性概念的关键。如果仅仅只有生物间三角测量的互动模式而没有语言和命题意向，则只提供了客观性概念的一个必要条件，因为对外部对象的无意向的行为只能产生一些相似的反应，而决不能有命题思想的突现。正如戴维森所言：

并不是说通过一个生物对另一个生物的观察，就对其中哪一个提供了客观性概念；两个或更多生物的彼此间的相互作用以及相对于一个共同的环境——这种情况的存在充其量是客观性概念的一个必要条件。只有交流能够提供客观性概念，因为关于对象和事件的概念占据一个共有的世界，关于对象和事件的概念的性质和存在是独立于我们的思维的，拥有一个客观性概念，要求我们意识到，我们与其他人分享了思想和一个世界的事实。(Davidson，2001b13：202)

因此，只有将三角测量放在语言交流的背景下，将引起思想或语义内容的共同导因界定在外部可观察的事件及对象之上，第一个生物一方面通过观察外在世界对象使我们的语句或信念为真或为假的情况来判断自己的对语句的持真态度，另一方面也通过观察其他生物的反应来调整自己对语词的理解。简言之，两个生物通过对外在共同导因的观察，建立起两个相似性反应关系，而两个生物通过彼此间的诠释和交流，建立起第三个相似性反应关系，在这个意义上说三角测量中对相似性反应的语言交流也是一种“因果联系”，正是“两个生物间通过语言形成的底线赋予各自关于事物客观存在的概念”（Davidson，2001b7：105)。

第四，主体间真理概念（the concept of intersubjective truth）是客观真理概

念。三角关系中主体间的真理概念决不像融贯论所主张的那样是脱离外在世界的纯主体间交流形成的真理概念。首先，三角测量中主体间世界的概念是客观世界的概念。如前所述，三角测量中的主体间世界绝不是建立在主体间的约定一致基础上的，主体间世界的客观性来自于他们分享了一个客观的事实。其次，这种不同于融贯论式的新的主体间真理概念是信念的基础。主体间真理不仅仅是形式语义的真理，而且是具有命题内容的真理，在语义外在论的思想脉络中强调的是与实在匹配的客观真理。主体间世界的客观性保证了主体间真理的客观性。正如戴维森所说："只有当我们能够交流关于所分享的经验的命题内容时，我们才能掌握真理的概念。"（Davidson，2001a：141）三角测量中的言说者和诠释者在宽容原则的支持下，将自己的真理标准（以塔尔斯基的约定-T 为基础）与关于外部对象和事件语句的成真条件结合起来，通过三角测量建立的三个相似性反应关系修正彼此的持真态度，形成表达信念内容的持真语句（王静，张志林，2007）。借此才能获取相似性的判定标准，才能形成关于事物是客观的这方面内容的概念，其中包括客观性概念、客观世界的概念、客观真理的概念等。以上分析表明，不同的认知主体分享共同的外部对象和共同的真理概念乃是主体间真理产生的充分必要条件。因而，"主体间的真理概念足以作为信念的一个基础并由此作为所有思想的一个基础。"（Davidson，2001b7：105）

11.2.2　信念–真理的主客观对比的把握必须在三角测量中呈现

信念概念的一个突出的特征是它可能与实在一致，也可能与实在不一致，只有与实在一致的信念才是真信念，反之则是假信念。也就是说我们"相信为真"的东西并不一定是实在中"是真的"东西。要把握这种"相信所是"与"实情所是"的对比，必须要求一个客观真理概念。对于基础论者来说，由于我们不能保证对于感觉等认知中介的信念在客观上是真的，怀疑论者会提出我们所相信的不过是一个并不真实的感觉。如果基础论者退一步说我们所相信的是对感觉的意识，那不过是把信念的真实性说明诉诸进一步的信念，因为这种意识恰恰是另外一种信念，这和融贯论将信念的真诉诸整个信念系统的极大一致而对世界的真实状况无从说明的缺陷又一样了。正如戴维森所说："我们可以想象无数个具有高度一致性的状态描述，但它们都不描述我们的世界。"（Davidson，2001b10：138）如此，基础论和融贯论都不能保证获取客观真理概念，也不能拥有信念–真理的主客观对比。

戴维森认为，能够帮助我们做出这个对比的，不在于我们具有两个不同的信念，而在于是什么最后促使我们有一个在真与假、正确与错误之间比较的判据——客观实在的状况。由此，我具有一个独立于我的信念的客观实在的观念

(Davidson，2001b7：105)。“具有一个独立于我的信念的客观实在的观念”就是具有一个客观真理，在戴维森这里，这个客观真理就是在三角测量中呈现的主体间真理。正是基于这种“客观真理”与“主体间真理”的一致性，戴维森认为：“一个人能够最终具有信念-真理对比的唯一途径是通过拥有主体间的真理概念。”(Davidson，2001b7：105)而只有通过三角测量的语言交流我们才能够把握主体间真理概念，从而呈现对信念-真理的对比。其分析如戴维森所述：

> 什么能呈现出掌握了这个对比？显然，语言交流足够呈现。要理解他人的言语，我必须要能够想他所想的事情；我必须分享他的世界。我不必在所有事情上都同意他，但为了有不同意见我们必须拥有关于相同主题的命题和相同的真理概念。交流依赖于每个交流者具有和正确地认为另一个人具有一个分享的世界（即一个主体间的世界）的概念。但是，这个主体间世界的概念是客观世界的概念，关于这个世界每个交流者都能够有信念。(Davidson，2001b7：105)

语言交流能够呈现出掌握主客观对比，其前提是三角测量中的交流主体具有相同的主题和相同的真理概念。相同的主题来自于交流者关于公共可观察对象和事件的客观的主体间世界，相同的真理概念来自于对这个分享的世界的把握。由此我们可以看到，三角测量中的语言交流与客观世界概念、主体间世界、主体间真理概念是紧密联系在一起的，只有通过三角测量才能呈现出主体间真理。理性生物分享一个真理概念的事实，就可以与信念和一个公共世界中指称的对象的位置建立起联系，从而发现我们的信念的正确或错误、真或假。通过不断的实践对比，形成对同一世界的客观评价，达到我们所说的真语句就是实际的真语句的结论（林从一，2004：99）。可见，三角测量模式给出了把握信念-真理对比的呈现途径，以主体间分享的客观真理标准填补了在“相信为真”与“是真的”之间的距离，克服了信念与实体或对象的二元对立，从而有效地阻击了怀疑论从感觉经验或信念融贯的角度对信念真实性的质疑，因此也克服了基础论和融贯论在说明信念真实性问题上遇到的困难。

11.2.3 三角测量作为知识客观真理性辩护模式的启示

根据以上分析，三角测量的结构彰显着世界与我们的位置关系，而心与物的对立、词与物的对立消解在这个结构中，因为这个结构自身中包含着行动者和世界中的事件和对象。以三角测量作为信念客观真理性辩护模式，给我们留下一些启发性思考，在此，我们提出如下三点重要的启示：

(1) 三角测量作为思想和语言的理解模式和信念内容的构成模式，展示了理性生物只有在三角关系的意向性交流中，信念才是具有内容的，而有内容的信念才是可理解的，才是能够承载真理的。在将引起信念的原因作为信念的对象的看法下，三角测量的因果-社会脉络解决了原因概念的双重不确定性问题，使得信念的内容既具有外在世界客观经验内容的显示，又具有主体间的融贯一致，但是这两方面的内容并不是基础论和融贯论的简单相加或机械调和，而是诉诸一个受制于三角测量关系的主体间的世界。从这种主体间世界的客观性和主体间真理的客观性论证，我们获得了信念的客观经验内容和逻辑上的融贯一致，从而避免了基础论倾向于将知识的客观性定位于独立于人的客观实在，但在认识论步骤上诉诸认知中介而无法取得知识（信念）内容与客观实在的统一的缺陷；也避免了融贯论将知识（信念）的内容和真界定在信念系统内部的逻辑一致而不能对知识如何描述世界作出说明的缺陷。因而，三角测量描述作为知识的客观真理性辩护模式，比之前两者更清楚明白、更具可理解性、更具合理性。

（2）三角测量模式为反驳知识论问题上的怀疑论提供了一条独特的进路。第一，如上所说，三角测量分析取消了“认知中介”之类的概念。只要承认“认知中介”在联结概念图式与经验内容之间具有必不可少的作用，则怀疑论就有存在的余地。三角测量的互动联系中根本不需要什么认知中介，怀疑论便无立足之地了。第二，三角测量能够发挥作用，必以整体论、宽容原则和语义外在论作为支撑，由此我们可以说一个人持有的信念系统或知识系统中的绝大部分信念或语句都是逻辑上一致的，而且客观上是真的。只有以此为背景，我们说具体的某个信念或语句为假才是可以理解的。据此，如果怀疑论要怀疑一切信念或语句的真实性，则其势必会陷入不可理解的境地；如果怀疑论想要成为可理解的立场，则必须承认一个信念系统或知识系统中绝大部分的信念或语句是一致的和真的，而只能对一些具体的信念或语句的真实性提出质疑，但这样一来怀疑论就不成其为怀疑论了。

（3）三角测量模式可否作为为整个知识论辩护的新模式？戴维森曾将知识分为三类：关于自我心灵的知识、关于他人心灵的知识和关于外部世界的知识（Davidson，2001b14）。值得注意的是，他在阐述这三类知识的过程中，主要是借助三角测量模式来论证思想和语言的内容是如何得到确定的。因此，可以说，戴维森通过追问语言理解或交流的可能性这一问题所提出的语义外在论和彻底诠释方法所揭示的因果机制和社会机制，为重构一种新型的知识论（或认识论）奠定了必要的基础。

在第 12 章中，我们将揭示在关于自我、他心和外部世界的论述中，语义外在论和三角测量模式会起着什么样的作用。

第 12 章　关于自我、他心和外在世界的知识

以“内容-外在论”为特点的戴维森式知识论在关于知识就是得到证成的真信念的论证中有其独特的进路和洞见。在这样的知识论中，如何看待自我、他心和外在世界的知识的特点和证成？如何把握它们之间的区别和联系从而理解其认知地位？语义外在论与第一人称权威是否冲突？诠释的不确定性与自我知识的确定性是否冲突？本章将对这些问题展开讨论。

12.1　三类知识的平权性

对于自我心灵、他人心灵和外在世界的知识，认识论上比较强的声音是主张一种知识是另外知识的基础。例如，各种表现的笛卡儿式自我心灵的知识具有优先权，是其他知识的基础。至于知识的分类，最盛行的是以自我为界只划分出主观知识和客观知识两类，或者以心灵-世界的界线区分出内在知识与外在知识两类。这样的划分在现代哲学中招致很多的批评，不过本节着墨主要不在于此，而在通过简要分析三类知识的界定，主要讨论它们的证成及其联系，最后得出三类知识在认知上地位上是平权的，因而是不可还原的结论。

12.1.1　三类知识的一般性质及主要问题

首先看自我知识的含义及受关注的问题。哲学上关于自我知识的讨论很多，众说纷纭主张各异。一般可以从两个方面分析“自我知识”的含义：一是指关于自我的知识。二是指关于主体自身的具体的心智状态的知识，这个心智状态可以是意向的心智状态，如信念、渴望等；也可以是非意向的心智状态，如感受、情绪等。若在休谟的意义上说“自我”，则自我知识已然涵盖了这两个方面的内容，而当代英美分析哲学主要在后一种含义上分析自我知识。

自我知识之所以长期受到关注，似乎在于它自身具有或者人们认为它具有什么特点，显示出与其他类型的知识有显著的不同。概括地说，关于自我知识的特点有两种截然不同的看法：一种认为自我知识具有优先地位，是理解其他类型知识的基础。一般认为这种特殊性在于认知的对象或者认知方式的特殊，或者两者皆有，即由认知对象的特殊导致了其认知方式的特殊。另一种观点则认为，自我

知识并不是什么特殊知识，它之所以表现出一些特性是源于别的原因。这样，对于自我知识的讨论主要集中在三个方面问题：①如何描述、刻画和界定自我知识所表现出来的特性；②探讨这些特性对应于自我知识的什么样的本质特征；③如果我们认为自我知识并不具有任何本质上区别于其他知识的特征，那么就要说明为什么自我知识表现出这些特性（任会明，2009）。

再看关于他心知识的特点及难题。要理解他心知识，首先得简释“他心”含义，在现代哲学中，“他心”主要是指涉及另外人的心灵和心理状态。他心知识就是关于他人心灵和心理状态的知识，包括他人的感觉、信念、推理、思想等。他心知识之所以成为现代知识论讨论的热点，在于其面对的难题：一般来说，我们中没有人怀疑世界上除了他以外有其他人能够思想和感觉，具有推理、信念和感觉等。但是，我们可以通过感官看、触、听、闻他人的外在形体，心灵或者心理状态自身却不可以直接被感知，那么，我们如何知道、或者如何实际知道他们具有心灵、感觉和信念等东西？[①] 不过，尽管我们不能够观察到他人的感觉和思想，我们还是会同意他在思考、担心、疑惑，或者感到疼痛。于是怀疑主义的问题就来了：当我们把心灵或者心理状态归于他人时，我们如何知道那个情况是真实的，而不是幻觉？就是说，我们如何够得到关于他人心灵和心理状态的知识？“我”相信另一个“自我”存在的证据是什么？（Erturk，2010）

解决这些难题的手段归结起来有三种：行为主义进路（behaviorist approach）；直接通达（direct access）方式；类比姿态（analogical position）。

通常说来，所谓“行为主义”是一种将心灵的东西还原为行为的东西的理论，因此，诸如“进行思考、希望、觉察、记忆等此类心理状态都被理解为要么是在行动，要么是拥有一个去行动的复杂的倾向和习性”（Priest，1991：35），当我们把一个心理状态归于一个人时，那不过是把一个行为状态归于他。再者，因为身体的行为是可以公共观察的，所以，能够归于另外自我的东西莫过于行为。这个看法可以表达为：“任何关于他人心灵/心理状态的陈述或者陈述集合，可以被翻译为关于他/她的公共可观察行为的陈述或陈述集合，而不会从它的意义中失去任何东西”（Erturk，2010）；或如普兰提卡说：“每一个心理状态归属命题（mental-state-ascribing proposition）逻辑上等值于关于行为和境况的命题。”（Plantinga，1990：191）。许多的经验主义者和行为主义者都持有此种观点，他们把另一个自我或他心知识的证成诉诸其表现的行为。

---

① 如来自实体二元论者（substance dualism）的挑战即是：如果心和身是完全独立的，那么，我如何能够从看见一个身体就推断出这个身体里附着（attached）一个心灵？其他“人”（其他身体）可能是机器，只是按照编好的程序行动却没有心灵。

“直接通达”方式提示一个人能够像直接知道他自己的心灵一样直接通达他人的心灵。这种直接方式一般要诉诸上帝的旨意，如圣奥古斯丁认为，所有的生物（包括他人心灵）都是在上帝的旨意下聚集在一起的，因而，宇宙间的所有事物都是依照这些原型（prototypes）创造的，并通过它们我们获取所有事物的知识（Plantinga，1990：190；Gilson，1994：214）。

这里所说的“类比姿态”是一种类比推理论证方式，其要旨在于：尽管我们不能观察他人的心灵，但是，他人和我是同一种材料构成的，且在相似的境况下行动也会像我；既然我有心灵，那么，根据类比推理，就能合逻辑地认为他人也有心灵。据此，一个人能够经由他自己的经历（包括他的精神生活、行为和环境状况），通过类比方法归纳论证和发现证据，高概率地支持他心的存在并理解他心的知识。在现代哲学中，他心知识的类比论证得到笛卡儿、洛克以及罗素等的支持。

最后我们讨论关于世界知识。这里所讨论的“世界”意指我们周围的世界，不特别区分物理世界或者感官世界，现象界或者物自体等，因而可以说，关于世界的知识就是我们对存在于我们周围的事物及其状况的知识。罗素认为，他称做“材料”（data）的共同知识（common knowledge）涉及这几方面：“首先是我们对日常生活的特殊对象（家具、房屋、市镇和其他人等）的亲知。其次是这种特殊的知识通过历史、地理、新闻等等扩大到超出我们亲身经历的特殊事物。最后是借助于自然科学对所有这种特殊事物的知识的系统化。”（Russell，1915：65-66）对于外界世界的知识在常识背景下似乎认为没有什么问题，而其之所以成为一个哲学问题，源自笛卡儿对于他所知道的所有事物的反思，即当他试图回顾和反思自己生活中所被教授或告知的每件事，以及所学习、发现和相信的每件事情时，他对于什么是确实的知识，且它是否是他想确定的精确的知识时陷入了沉思：“在我所相信或者认为真的所有事情中，哪些成为知识，哪些不是?”（Haldane，1955：145）关于外在世界的知识的难题就是：我们怎么能有任何关于世界的知识？正是这个难题引出了所谓关于外在世界的怀疑论（Stroud，1984a）。

有些哲学家认为这些怀疑论题是没有解决方法的，我们有时确实发觉我们真的不知道以前认为自己知道的东西，而我们至多能够做的就是如何理解这些问题。在“语言转向”后，传统的关于外在知识的难题在不同的术语或框架下被分析，如概念不清，语言误用，或者是演绎推理的错误等。但是，布鲁斯·昂（Bruce Aune）认为难题并不能归结于这些，而应该归结为一个关于合法的实验推理（experimental inference）的不恰当概念，根本的难题涉及可允许的实验推理或“归纳”推理的性质，他诉诸贝叶斯的方法来解决这个推理问题（Aune，

2006)。

12.1.2　三类知识的证成及其联系

戴维森说："三类不同的知识关系到同一个实在的方面，所不同的是在通达实在（access to reality）的模式中。"（Davidson，2001b14：205）三类知识具有不同的特征，一般来说，对于自我心灵知识的内容不用诉诸证据和探究我就知道，而对于自我之外的世界的知识依赖于我们的感官功能，并且这种感官的因果依赖（causal dependence）使我关于自然界的信念打开一道不确定之门，而这很少在关于我们自己的心灵状态的情况中出现。不过，我的许多关于世界上正在发生什么的简单知觉不需要基于其他的证据，我的知觉信念是单纯地直接由我周围的事件和对象引起的。但是关于其他心灵的命题内容的知识，在这个意义上，从来不是无中介的（unmediated），因为如果我不能够注意到其他人的行为，我就不会知道他们的思想和价值观（Davidson，2001b14：205）。如果仅就这段论述表达的观点而言，戴维森似乎并没有超出一般的逻辑经验主义者的类比论证。如艾耶儿那段著名的类比论证："正如我必须依据事物和我自己的经验呈现方式（empirical manifestations）来明确地解释事物和我自己，故我必须依据其他人的经验呈现方式——即依据他们身体的行为，并最终依据感觉-内容来明确地解释他人……由此我发现我有很好的理由相信其他人的存在，犹如我不得不相信物质的东西的存在。"（Ayer，1952：130）

戴维森对于三类知识关系的独特见解，在于把三类知识置于三角测量的诠释脉络中，这是其他经验主义者所没有洞察的。他认为，在大多数情况下，关于我们自己心灵内容的知识必定是显白的，其理由在于，除了特殊情况，自我知识不会惹上诠释的麻烦。自我知识的获得和证成是直接的，我们的思想是内在的或者主观的，因为我们能够以一种方式知道它们是什么，而其他人却不能能够做到这一点。当我问我自己的命题内容时，我必定用我自己的句子。例如，我说一句："玫瑰是红色的。"这个语句是真的，当且仅当玫瑰是红的，我认为玫瑰是红的看法也是这样。而关于他人心灵内容的知识则是间接的，只有在一个对世界的看法普遍正确且与人分享的语境中，才可能获得他心知识的内容（Davidson，2001b14)。如此，自我知识的证成似乎只需要自我感觉经验或者内省即可证成，显然这种倾向容易滑入自我知识优先论，对此戴维森是不会认同的。他说："尽管拥有一个思想必然是个体的，它的内容则不是。我们形成和怀有的思想是概念性置于我们所居住的世界中，并且我们与他人共同位于其中。甚至我们关于自己心理状态的思想也占据同样的概念空间，并且置于同样的公共图景中。"（Davidson，2001b14：218）这个看法源自戴维森对何谓思想或者如何具有思想的一贯主张。他认为，具有思想的一个条件就是需要分享对世界的普遍看法。公共性必要程度是理解另一个体的最根本的东西，这种理解在一定意义上提供了真理和实在的基础，这是所有思想依赖的基础。“没有知识的命题形式，对于我们自己心灵的命题内容的知识是不可能的，因为没有交流就不存在命题思想。除非我们知道我们在思考我们不会恰当地把思想归于他人，因为把思想归属于他人，是一件将他人的言语和其他行为与我们自己的命题或者有意义的语句相匹配的事情。因此，我们自己心灵的知识与他人心灵的知识是相互依赖的。”（Davidson，2001b14：213）简言之，我们的命题知识所具有的基础不是非人的（impersonal），而是人际的（interpersonal）。如果我不知道他人想什么，我将不会有我自己的思想，也不知道我所想的东西。我们辨析概念的明确和有效的能力随着我们对他人理解能力的增长而增长（Davidson，2001b14：219-220）。这也表明为什么在语言的理解和诠释中要坚持第三人称进路。

至此，我们厘清了自我知识和他心知识的区别和联系，如果把这两者合称为关于心灵或者心理状态的知识，它们与关于外在世界的知识有什么区别和联系？如前所述，在哲学上持有心灵与世界彼此独立的观点大有人在，经验主义者把感官作为沟通心灵与外在的桥梁，但对于感官出错的怀疑一直不绝于耳。戴维森明确指出：“我们所相信的东西的真理逻辑上是独立于我们所相信的东西，这个假设显得模糊不清。任何具体的信念可以实际上是错的；但是，在我们的信念框架和网络中有足够的信念必定是真的，它们给其他的信念以内容。在我们自己心灵的知识与我们关于自然界的知识的概念联系之间，不是‘定义的’而是‘整体的’。我们关于行为的知识与我们关于他心的知识的概念联系同样是真的。”（Davidson，2001b14：214）。这一观点的论述详见前面第10、11章。简略地说，戴维森式论证诉诸三大资源。第一点是心灵知识的内容必定关乎世界的真实状况，第二点是感觉信念是思想或知识的基本起点，如果这两点是外在论基本认同的，那么第三点就是戴维森独具匠心和特色的，即在诠释脉络的三角测量中，既有因果线索的与世界的联系，又有社会线索的人际交流，因而就保证了信念在其本性上是真的。

最后，如果他心知识和外界知识都是基于外在论的交流脉络中获得，那么这两者又有什么区别？按照戴维森的看法，关于他心的知识与关于共享的物理世界的知识的根本不同点，在于知识来源的不同。“交流以及他心知识预先假定了我们能识别假的和真的信念，是我们客观性概念的基础。而到外面去检查事物是否正确时却没有这样的标准。”（Davidson，2001b14：217）应用于事物的标准不过是规定的一些国际通用标准，例如，把规定的重量和温度的数字用在物体上，这样的标准与我们如何用我们自己的语句去识别他人的思想和话语，是不能够恰当地类比的："检测标准的性质在这两种情况下是不同的。我们依赖于与他人的言语互动得到关于数字特性的同意，而且这类结构本质上允许我们以数字来代表那些结构。我们不能够以同样的方式在我们用于谈论他人的思想和意义的句子或者思想的结构上达成一致，因为达成这种同意的企图，不过是把我们送回到那个所有的同意都依赖于其中的诠释过程。"（Davidson，2001b14：218）因此，理解心灵与理解物理的世界的区别，其终极源泉（ultimate springs）在于："一个心灵的共同体（community）是知识的基础，它提供了对一切事物的测度（the measure of all things）。去问这个测度是否恰当，或者去寻求一个更根本的标准，都是毫无意义的。"（Davidson，2001b14）

12.1.3　三类知识的认知平权及不可还原性

哲学上通常对三种知识做还原式的处理。以自我知识为基础，由此引出关于外在世界的知识，最后基于行为观察获得他人心灵的知识。而对于戴维森而言，三类知识没有哪一种具有优先权。尽管关于心灵和世界的状态是认知上并列的，不过，心灵的内容能够被引导推出它外在于世界是怎样的。

对于三类知识需要一个整体的描述，不仅需要提供三种不同的认识模式，还要弄清楚它们之间的关系。如前所述，三类知识的基本问题是相互联系的，不能归结为两个或者孤立解决。

为什么三种形式的知识没有哪一种是可还原为一种或者其他两种？这个问题涉及在每一种知识形式中各自的概念所起的作用，还涉及为什么这三类知识是不可缺少的。不具有关于自我和他人心灵的知识，我们无法相处，因为我们的相处不可能没有表达和方式，也不可能不交流我们关于世界的思想。戴维森强调："另一心灵的知识对于所有的思想和所有的知识来说是必不可少的。然而，另一心灵知识之所以可能，只有一个人具有关于世界的知识，因为思想必需的三角测量，要求在交流中认识到他们在共享的世界中占据的位置。因而，关于他心的知识与关于世界的知识是相互依赖的，没有另一个任何一个都是不可能的。"（Davidson，2001b14：213）

三类知识的不可还原性还可以从戴维森关于心理概念与物理概念之间的关系分析受到启发。我们知道，对这两种概念哲学上一般有二元论和还原论之分，戴维森则持一种被称为变异的一元论观点。他认为心理概念本质上是物理事件引起的，但是，在语义学上心理概念具有独立的地位，并且同一物理事件可以用不同的心理概念来表达，这有点类似于翻译的不确定性。不确定性论题在心理情形中的启发是，要清楚定义在经验真理和取决于意义的真理之间的界限不能普遍基于行为根据（behavioral grounds），诠释者在把意义从意见中分开来时，在一定程度上需要规范性根据，以确定最大化的可理解性，在这个过程中当然需要诠释者自己的理性支持。而当我们试图去理解物理世界时，我们必须应用我们的标准，但我们的目的不是为了在现象中去发现理性。这有助于我们理解为什么心理概念中的规范因素会防止它们被还原为物理概念。

最后，我们小结一下三类形式的知识之间的关系：一方面，在三类知识之间不存在逻辑的或者认知的“障碍”；另一方面，从每一个依赖于其他的特别方式中，显示出为什么哪一个都不能被剔除，或被还原为其他的。因此，三类知识以三足鼎立的形式支撑着知识大厦，缺一不可（Davidson，2001b14：220）。

12.2 自我知识的确定性与诠释的不确定性

自我知识内容的确定性是显然的，在这个意义上，自我知识具有第一人称的权威性。外在论者如伯吉也认为外在论与自我知识的优先是相容的。本节首先阐述戴维森对第一人称权威的看法，然后讨论自我知识的确定性与诠释的不确定性之间的关系。

12.2.1 戴维森对第一人称权威的论述

自我知识为何具有第一人称权威性（first person authority）？传统的观点诉诸“意识”（awareness）这个观念，认为对于我自己的思想，我的意识是“直接的”，而对其他人的思想则没有这种直接性，因而就只能“间接地”意识到别人的思想。戴维森认为这种传统观点只是指出了第一人称的权威性这个现象，却并没有对为何其具有权威性做出解释。在他看来，关于我自己的心灵（my own mind）的知识与关于他人心灵（other mind）的知识之根本不同在于：前者一般来说不是基于证据或观察而获得其确定性的。传统的所谓“直接的”或“间接的”意识，反过来不过是取决于“意识”是否依赖于（行为）证据。也即：不依赖于证据的就是直接意识到的，依赖于证据的即是间接意识到的（Davison，2001b14）。

在戴维森的论文中，不仅关于我们自己心灵的知识是可以不诉诸证据或观察的，而且“在正常情况下，去询问一个人为何相信他所宣称具有的思想，这是无意义的，对其要求理由（reasons）或辩护是不适当的。”（Davidson，1993b：248）戴维森认为，他发现了在如何理解我们和他人言说上的不对称（asymmetry）的地方：“我们关于他人借由言说而意谓什么的知识必须依赖于观察，而我们如何知道借由我们自己的言说意谓什么的问题，一般来说甚至不能被提出来。”（Davidson，1993b：249）

如果把自我知识和他人知识不对称性的标志理解为是否依赖于证据和观察，

以此作为自我知识与他人知识的一个根本区别点，那么，这是戴维森最容易招致批评的地方。因为从这里很容易引出，既然自我知识不需要证据和观察，就不需要从第三人称彻底诠释者的进路去诠释自己的思想，第三人称进路的根本性就受到诘难，进而彻底诠释的可能性就值得怀疑。不仅如此，如果关于我们自己的语言和思想是不需诠释的，我们理解自己的语言和思想是不需理由和辩护的，则戴维森的诠释模式就只能用于诠释他人的语言意义而不能理解自己的语言，进而他所设定的三角测量模式①也不适用于自我知识。如果这个批评成立，则它对戴维森来说是釜底抽薪的，他的整个纲领体系将面临坍塌。

我们认为，戴维森所遭受的批评：一方面源于他论文中的一些含混表达；另一方面来源于其他人抓住这些表达曲解了其基本论点，或者做出了的错误的衍推。

综观戴维森的思想，我们认为，戴维森的所谓自我知识与他人知识的“不对称性”，其实质不在于对自我知识不需要诠释，而在于“相对于在信念的自我归属（self-attributions）中的一个根本组成部分，在言说者和听者之间对于真实性而言有一个不对称性，即存在一个合理的假定：言说者不会认为他的信念内容不一致；而相对于听者而言，对言说者的信念内容的知识，则没有这样的假定。”（Davidson，1993b：250）这清楚表明，这种不对称性的关键在于这个“合理的假定”。而之所以在自己和他人之间存在着这样不对称的假定，在于有利于真之假定（a presumption in favor of truth）不同。在戴维森看来，对于自己的信念，我们可以有一般的根据，对作为一个整体的信念主体的真实性做出推定。并且，在戴维森独特的理解中，如果将这个一般根据应用于他人，不但不能据此推定他们的每个特定信念都是真的，而是恰恰提供了据以指责他们出错的背景（Davidson，2001b10：153）。可以继续追问，我们何以优先具有对自己的信念真实性的推论根据？对此，戴维森则做出了一个不需要特别谨慎给出的理由：“一个人不可能普遍误用他自己的语词，因为正是对语词的使用给出了他的语词的意义。”据此也就可以合理推定，一般而言，“言说者无论何时意欲表达他的思想，他都能正确地表达它。”（Davidson，1993b：250）

我们可以简略地列出上述关于自我知识有“权威性”（或不对称性）的推论步骤：我不会普遍误用自己的语词→我优先具有对信念真实性的推论根据→我能正确地表达自己的思想→我的信念是一致的→（与他人交流时）我的信念在总体上是真的。

---

①　一种设定有第二人参与的语言交流理解模式，言说者、诠释者与共同的对象形成两条因果线关系，两人之间形成社会线联系，三者一起形成语言理解的三角关系（王静，张志林，2008b）。

从这里我们可以清楚地看到，所谓第一人称权威性的关键在于我对自我的基本信念态度——即持真态度在认同上有一个优先。理解自己的语言不需像诠释他人话语那样，需要根据相关环境诉诸观察证据才能获得他人的持真态度，从而理解他人的语言意义和信念内容。一般来说，我们会认为，自己对自我的信念真实性的基本看法是前后一致的；或者，人们不会弄错自己的态度（Davidson，1993c：210）。对于自己的态度的正确性也是易于知晓的——不需要像辨明他人信念的真实性那样需要诉诸观察证据。如果以上分析正确，则我们就可以说：关于自我知识和他人知识的不对称性，关键在于如何知道（how to know）环节上的不对称，而不在于知道什么（know what）上的不对称。据此，我们自然得出一个结论：所谓第一人称权威是就“在任何正常的表达中，存在一个言说者知道他所言何物的假定”（Davidson，1993c：211），而不是表明自我知识具有某种优先权，自我知识的确定是理解他人知识的基础。简单地说，对自我语言及思想的诠释同样需要应用基于约定-T 的形式模式，以及以持真态度为基础的相关证据整体。从这个意义上说，“在相对于态度的存在的知识上，不存在不对称性。”（Davidson，1993b：250）

12.2.2 自我知识的确定性与诠释的不确定性

不确定性（indeterminacy）论题是蒯因提出来的，它与著名的经验证据对科学理论选择的非决定性（underdetermination）论题相关。不确定性论题是一个有关语言哲学内容的语义学/认识论命题。它包括两个方面的内容：一个是内涵或意义的不确定性；另一个是外延或指称的不确定性。由于蒯因本人是从语言翻译角度论述不确定性问题的，所以通常被称为翻译不确定性（the indeterminacy of translation）。戴维森在此基础上提出了诠释不确定性（the indeterminacy of interpretation）论题，其核心思想是：我们不能从言语行为中唯一地构建信念和意义。不少哲学家对不确定性论题提出批评，认为它否定了自我知识的确定性。本节力图在戴维森纲领基础上，澄清诠释不确定性与自我知识确定性的确切含义，指出在二者之间并不存在真正的冲突。

根据蒯因和戴维森的思想，翻译的不确定性论题不仅适用于使用显然不同语言的言说者之间的翻译，而且也适用于使用母语的言说者之间的翻译（Davidson，2001a7：100）。也就是说，意义及指称的不确定说不仅适用于他人语言的语义和指称，也适用于言说者自身（第一人称）。那就意谓着，我们对自己（第一人称）的字词指称什么以及语句的意义到底是什么也不具有确定的知识。这招致了许多哲学家的批评。这些批评一般认为，关于第一人称即对于我们自己来说，我们具有确定的语义知识和心灵内容的知识。蒯因对这些批评的回应是，这些批评犯了丐题的错误，因为这类批评诉诸我们对我们自己的语言的内容以及心灵的内容具有确定的知识这个前哲学的直觉（林从一，2004：72）。至于对我们自己的语言内容以及心灵的内容是否具有确定的知识，蒯因没有明确予以回答。如果非要追问蒯因的答案，那么根据他的一贯主张，我们猜测他可能的回答或许是：关于语言内容以及心灵内容的知识仅仅在于根据一系列倾向以各种方式对各种不同的刺激做出反应。如果在这一系列倾向中存在可能采取的各种相互竞争的分析假设，那么就存在各种可能的关于自己语言内容以及心灵内容的知识。但是，一个表达式的意义和指称是相对于背景语言（background language）的，通过诉诸特定背景语言下的分析假设，可以相对地确定表达式的意义和指称（Quine，1969）。

戴维森则认为，蒯因“关于翻译不确定性的学说既不神秘，也不带有威胁性”（Davison，2001b10：145）。之所以说不神秘，戴维森做了一个类比分析，即以温度的测量为例，我们既可以用摄氏温标也可用华氏温标（或这些数字的任何一种线性变换）来陈述测量，而这不同的理论标准同样地正确适用于对事实证据的描述；之所以说不带威胁性，戴维森不无深意地说：“这是因为，恰恰是在显示不确定性程度的过程中，同时显示我们所需要的不过就是确定的东西。”（Davison，2001b10：145）

如何理解在“显示不确定性的过程中”同时显示“确定的东西”？我们认为需要厘清两个关键问题：①翻译或诠释的“不确定”指的是什么“不确定”，自我知识有“确定”内容指的是什么“确定”？②翻译或诠释的不确定性与自我知识有确定内容是否构成冲突？

我们先看第一个问题：翻译或诠释的“不确定”指的是什么“不确定”，自我知识有“确定”内容指的是什么“确定”？我们认为可以从几个层面去理解翻译或诠释的“不确定性”。其一，在对言语行为的诠释中有三种最根本的要素：对语句的持真态度、语句的意义和言说者的信念。其中意义和信念是相互联结的，这种相互依存性是由于在对言语行为的诠释中，信念的归属与语句的诠释这两个方面的相互依存所造成的（Davidson，2001a13：195）。持真态度与不同的信念归属相结合就会产生不同的意义，或者说，语言理解中三种根本要素的相互联结，特别是信念与意义的相互依存，是造成诠释不确定性的最主要原因。因此，我们“不能在描述一种成功的理论的目标时求助于下述两种看法：每个信念都有一个确定的对象，每个语词和语句都有一种确定的意义”（Davidson，2001a10：154）。其二，对于翻译或诠释对象，我们可以运用不同的语言，也可以运用同一种语言中一些相互竞争的但同样都为真的理论，“不同的真理理论会对同一个语句指派不同的真值条件（这就是蒯因所说的翻译不确定性的语义类似物)”(Davidson，2001a15：225)。这样，我们的翻译或诠释与言说对象之间不存在确定的一对一的关系。其三，我们有能力通过真理概念将语言与外在世界的事实或现象联系起来，但这种能力是对我们整体的认知能力而言，也即相对于我们的语言整体以及外在事实和现象整体而言。至于外在世界的具体事件及现象是什么，我们应该以什么样的语言去言说它，一个语词到底怎样与外在事件相联系，则不是确定的。“即使（与人们可能会合乎情理地所期望的那种情况相反）根本就没有不确定性，诸如意义和信念对象之类的构件也不会具有独立的重要性。”(Davidson，2001a9：154) 其四，如果我们认为概念图式（the conceptual schemes）与语言是同一的，那么，言说者用语词意指的东西及其意义就随着语言（或概念图式）的相关证据的整体性质的变化而变化。

至于为什么对自我知识有确定的内容，根据上述有关戴维森的主张，我们认为也可以从几个层面上来理解。首先，我们所思所言的内容全部或部分地是关于外在世界的事件或现象的，这一点是确定无疑的；其次，我们一般来说不会普遍误用自己的语词，通常能够用语词正确表达自己的思想；再次，一个人的信念一般来说是一致的，而且宽容地说，在大多数情况下，我们与他人的信念也是一致的；最后，作为理性动物，我们的大多数信念是真的，通常情况下，我们还相信他人的信念一般来说也是真的，我们能够与他人共享一个真理概念。

基于以上对“不确定性”内容和“确定”内容的分析，我们可以回答最后一个问题，即翻译或诠释的不确定性与自我知识有确定内容是否构成冲突。戴维森说：“的确，我未曾回应这样一个问题，即我如何调和我所接受的指称不可测知性（我从蒯因处吸纳并修改的）与我所确信的我们通常知道我们所思所言为何物之间的冲突。”(Davidson，1993c：212) 因为在戴维森看来，这两者之间根本不存在其他人所说的所谓冲突。“说指称是不可测知的，并不是说存在着某物而我们不可能探测到，而是意味着根本不存在什么让人去测知的东西。” (Davidson，1993c：212) 这又是一个容易被误解的地方，需要特别注意。根据戴维森的语义外在论，他在这里所说的不存在什么东西让人去测知，并不是说在我们之外没有东西存在，而是说没有与我们的语词所指称的一对一的具体对象，或者说没有这种语词和对象之间的对应指称关系。我们确信有一个客观外在世界，故我们通常知道我们所思所言为何物；但同时，“这并不意味着我知道我的语词所关于的对象，而你却不能领会到。对于任何人而言都没有这样的对象存在。”(Davidson，1993c：212) 换句话说，我们关于所思所言者的知识不是关于具体对象及其与语词的关系的知识，而是我们关于对象世界和与言说相关的境况的整体了解和把握。因此，指称的不确定性与自我知识有确定内容之间并没有什么冲突。

第 13 章　戴维森式知识论与反怀疑论

在西方哲学中的悠久传统中，怀疑论的挑战堪称驱使我们对人类知识进行反思的原动力。诚如艾耶尔所言："对知识论的关注与严肃地考虑由怀疑论产生的困难和挑战几乎是一回事。哲学家们已经试图以各种不同的方式来满足怀疑论的挑战，因此就在认识论中确立了不同的哲学流派。"（Ayer，1956：78）。

由怀疑论产生的困难和挑战，具有两个显著的特点：第一个特点关系到怀疑论的强度。如果把知识定义为得到证成的真信念，对于知识可能性的否认就有两种程度不同的方式：一种是较弱的怀疑论，它承认我们在相信某个东西方面经常能够得到证成，但否认这种证成能够产生严格意义上的知识；另一种是极端的怀疑论，它认为我们永远不能具有得到证成的信念，不管这种证成对知识来说是否充分。第二个特点牵涉怀疑论的适用范围，也就是说，有的哲学怀疑论者对人类知识的可能性提出的否定性判断是很普遍的，可被称为普遍怀疑论（徐向东，2006：28-29）；有的则只是对知识主张的某一方面提出质疑，如基于对感官信念的质疑产生的感官怀疑论。

简略地说，怀疑论乃是一种理性批判精神，其显著特点是：通过系统的论证，对知识的可靠性和真理的客观性提出质疑。怀疑论者通常采用的论证方式可分为两个基本家族：（Ⅰ）关于知识证成的怀疑论证（可追溯到古希腊的怀疑论者）；（Ⅱ）关于外在世界的怀疑论证（沿袭于笛卡儿）（徐向东，2006：30）。论证方式（Ⅰ）主要是对信念的内容和相信的理由进行挑战，有两个核心论点：S1. 感官所得信息不足以充当信念的证据；S2. 信念整体具有普遍为假的可能性。论证方式（Ⅱ）一般在关于心–身关系问题上有两个假设：①心灵内容作为一个整体是逻辑上独立于外在世界的性质和存在的；②心灵内容是我们对于周围世界的性质和存在的所有证据。这两个假设合在一起，就产生出关于外在世界怀疑论的核心论点：S3. 当外在于心灵的客观世界完全不同于它所呈现的方式时，一个人可能处于主观上无法分辨的状态；S4. 我们不可能具有关于周围世界的任何知识。这两类论证所涉及的问题又是密切关联的，因为如果我们有理由相信我们的信念为真，那么就一定关涉到信念内容是什么的问题。这些问题可以追踪到一个关于知识论的先验问题：关于世界的知识是如何可能的？如果我们不能为此提供理由，或者理由不够恰当，则势必陷入怀疑论的窠臼：我们不知道我们认为所知道的东西。

然而，戴维森认为怀疑论的问题是误入歧途的。他主张如果对提出这个问题的恰当立场做更好的理解，就不会遇到普遍怀疑论的威胁。戴维森的思路相似于康德：总的来说，理解思想和经验的可能性，从根本上足以理解知识的可能性。我们知道，经过语言转向的洗礼后，语言在认识世界中的作用被凸显出来，语言的诠释和理解成为理解思想和经验的必要条件。戴维森更是强调：语言如同我们的眼睛、耳朵一样，必须具有语言才能感知世界，思想的交流是知识的基础。因此，在康德思路的基础上，应该加上语言和交流，那就是理解语言（交流）、思想和经验的可能性，从根本上足以理解知识的可能性。

基于以上问题和思路，13.1 节首先亮出戴维森式知识论反驳怀疑论的主要策略，包括其所坚守的认识论立场、所坚持的原则、所主张的基本观点和所采用的反驳方法。继而在 13.2 节和 13.3 节通过彻底诠释和语义外在论，展示针对上述怀疑论核心论点的三个反驳论点：

A1. 信念本性上为真。

A2. 不存在任何形式的认知中介。

A3. 一个广泛出错的信念系统是不可理解的。

本研究力图表明，通过这些独特的立场和原则，进路和方法，怀疑论的问题将无法提出，从而印证戴维森所说的：应该对看待问题的出发点做更好理解。

13.1　反怀疑论的核心论点

戴维森认为怀疑论的根源在于主观-客观之间的裂缝。从这条裂缝延展开去，就是图示-内容的二元区分，也就是在信念证成时，不管是从外在经验到内在心灵的还原，还是从内在状态到周围世界的还原，不管找什么作为连接主客观的桥梁——感官、证据、构造、理由等，不管什么作为中介，都会为怀疑论留下攻击的口子。如戴维森所言："据认为，为了保证证据对于主体的权威性，就必须把最终的证据根源从外部世界隔离出来。由于我们不能肯定心灵之外的世界究竟是什么样子，主观就只能通过免遭世界污染才能保住它的优点——它的纯洁性，即它对于我们的确定性。当然，众所周知的麻烦是，这种隔离产生了没有任何推理或者构造能够合理跨越的裂缝。一旦选定笛卡儿式出发点，就无从断定证据是什么东西的证据，或者似乎是什么东西的证据。唯心论、经验论的各种还原论形式以及还原论就都隐约出现了。"（Davidson，2001b3：42-43）

因此，必须填平主客观的界限，打破图示-内容的二元区分，才能够从根上避免怀疑论的攻击。为了完成此任务，戴维森式知识论在认识论立场上必须坚守内容-外在论，强调信念内容中必定包含世界的真实状况，在信念的证成上坚持整体论和宽容原则。针对怀疑论证，戴维森式知识论对其进行反驳的核心论点可凝练为：信念本性上为真；不存在任何形式的认知中介；一个广泛出错的信念系统是不可理解的。这些立场、原则通过彻底诠释和语义外在论两条进路而在三角测量模式中展开。

13.1.1　信念本性上为真

怀疑论问题：我如何知道我的信念总体是真的？

如前所述，戴维森在很多文章中都坚称我们的大多数信念是真的，关键论点在于语义外在论下的诠释脉络。内格尔在《戴维森的新我思》（*Davidson's New Cogito*[①]）中，对这个反怀疑论的论证总结道：

> 戴维森坚持这实际上是一个当然的结果：思想和主观经验（整个现象领域），必须被看作为客观实在的因素，并且除此不能被确信。这种主观其本身是客观的，同时整体上它与客观世界的联系就是如此，这样怀疑论所要求的那种现象和实在之间的完全分离就不会具有真正的逻辑可能性。
>
> 这个论证就是：我们的思想依赖于它们的内容，这个内容是关于思想与外在于我们的东西（包括其他的思想者和言说者）的关系。并且因为我们不能怀疑我们在思考，故我们不能怀疑世界包含我们的思想（the world contains our thoughts），而且正是这个特点作为具有包含那些思想的能力。特别地，要具有内容（这个内容是思想具有的，且我们不能怀疑它们具有），我们的思想必定在它们所关于的东西上大体是真的。因此，我们的信念必定大都是真的，怀疑论的可能性是一个幻觉。（Nagel，1999：195-196）

内格尔的总结得到戴维森的高度肯定，他甚至赞同内格尔认为他的出发点类似于笛卡儿的我思，仅仅换了一个字母，把笛卡儿的“我思，故我在”（je pense，donc je suis）换成了“我思，故我知道”（je pense，donc je sais）。戴维森认为这个表达方式比他自己曾用的“I think，therefore you are”（我思，故你在）要好。不过，内格尔却认为戴维森是反笛卡儿方式的，因为戴维森当然会拒绝把他自己的论证看做从思想到客观实在的观点。值得注意的是，戴维森在回应内格尔时并没有反对这个论证思路，认为他本人的论证在其最直接的形式上正是

---

① *Cogito* 是拉丁语，通常译为“我思”，实为“我思故我在”之简称，又延伸为“自我意识”。笛卡儿本人用的是拉丁语表达“*Cogito ergo sum*”，通常译为“I think，therefore I am”（我思故我在）。

这样进行的。现在来看戴维森对内格尔的答复：

> 我的出发点是思维（即命题思维）正在进行着这样一个经验观察，并提出两个密切相关的问题：用什么来解释思想是客观的这一事实，亦即（通常说来）思想的真理性独立于其被相信的状态？用什么来说明这些思想的内容？回答这些问题就意味着（或者说我坚持认为），如果思想不为其身体与一共享环境相互作用的生物心灵所具有，则它们可能没有客观的真值条件或它们确有之内容。（Davidson，1999d：207）

我们当然清楚，戴维森这里所说的“思想”及其内容与笛卡儿所说的“思想”完全不同，并且他也不认为我们可以在一个知识的基础上明白而坚定地持有信念，不管这个基础是笛卡儿式的，还是经验主义的。不过，戴维森也承认：“一些由我们的当下感觉或者记忆感觉中引起的知觉信念（尽管没有一个是不容置疑的），确实构成了一个基础，在这个意义上它们对经验内容有首先主张（first claim），并且把内容转换给进一步的经验信念。”（Davidson，1999d：207）知觉信念的这个地位是容易遭人误解的，一方面它要诉诸感官和感觉证据，另一方面它似乎又与戴维森曾说的“行动主体只需要反思信念是什么，就可以赞成他的大多数基本信念是真的”相矛盾。需要注意的是，在戴维森式的知觉信念中，不仅仅有关于世界的图景，也还有反思，即他这样思考的理由（Davidson，1999d：207）。这就是为什么在戴维森的不同文章中，他有时主张知觉信念是认知的起点和基础，有时又在说信念的证成不需要证据而在信念之内；有时表示信念的证成需要进一步信念的支持，有时又说信念不需要进一步的理由，它在本性上就是真的。如果我们对戴维森式知识论及其信念的建立和证成模式有一个全面的把握，就不会被这些表面矛盾所困惑，认为戴维森式论证陷入了悖论。

最后有必要对戴维森反怀疑论的这个论证的方式做一个讨论。很明显，戴维森对怀疑论的反驳既不是通过演绎也不是通过归纳而把外在的东西与主观联系起来，也不是相反方向的还原。内格尔和索萨都赞同，戴维森不是一个还原论者，甚至不是行为主义意义上的还原论者，戴维森拥有反对怀疑论的第三种方法。“尽管抛弃了任何此类的还原论，戴维森的方法仍然设法产生了一个先天论证（a priori argument），那就是，不可能像怀疑论者想要我们相信的那样，我们关于外在的东西是完全错误的。因此，如果这个尝试成功了，那么它确实足够令人惊讶地反驳了怀疑论者，而且是坐在扶手椅上做到的。”（Sosa，2003：166）

关于戴维森反驳怀疑论的先天论证，内格尔是这样论述的：

> 这个先天论证是必需的，因为具体信念在经验上的理由仅靠其自身是不充分的。下面的说法是有意义的：一次一个地考虑我的大量信念的

> 每一个信念，则一个信念尽管有证据，也可能是假的。必须给出某种理由来证明，这些个别的可能性不可能结合起来变成这样的可能性：这些信念大多数都是假的。那种理由不可能仅仅是每个信念的个别理由的总和，因为这些个别理由不过是这套信念中进一步的信念，而总的问题却是，它们大多数是否可能是假的？假如它们是如此，那么它们表面上的彼此支持就会是系统地误导的。因此，我们无法像自然化认识论所建议的那样，从经验上证实情况并非如此；如果要排除怀疑论，就必须证明这种情况是不可能的。我们需要一个先天论证，而戴维森已经给了我们。这个论证并不依赖于把真理还原为融贯性的。(Nagel，1999：203)

内格尔说这个先天论证是必需的，是因为彻底的怀疑论者所持的怀疑是普遍的，我们不可能采用什么经验的方法（不管是科学的还是所谓自然化的）来零星地论证我们的信念为真。但是，他并不看好这个先天论证，并力图使戴维森远离任何号称是对怀疑论者的先天反驳，因为内格尔以为，前述戴维森式论证，不管是诠释进路，还是思想内容本身具有客观性，都要诉诸一个经验性前提(Nagel，1999；Sosa，2003)。

但是，戴维森并没有接受内格尔的这个主张。他说：据此，

> 内格尔对此感到惊讶是可以理解的，一个先天推理（a priori reasoning）将会表明，我们对周围世界的一般描述，“包括大量历史片段、自然科学以及日常经验知识”，大多数都是真的。当然，正如他指出的，存在一个经验性前提，我思（the *cogito*）。不能先天证明存在着或多或少如同我们所思的那样一个世界。这个经验性前提也不是小前提。我知道世界既在一般方面也在许多特殊方面都如同我思考的那样，这个结论所依靠的事实是，我只拥有我所拥有的那些信念（I have just the beliefs I do）。(Davidson，1999d：209)

在此，戴维森将“我思”表达为“我只拥有我所拥有的那些信念”这样一个“事实”。而且，看来他认为这一“事实”可以归纳地支持如下“内容-外在论”式观点：“我知道的世界既在一般方面也在许多特殊方面都如同我思考的那样”，或者说“存在着或多或少如同我们所思的那样一个世界”。既然这里的推理关系是归纳的，当然就可明白戴维森所说，“不能先天证明存在着或多或少如同我们所思的那样一个世界”。然而有趣的是，根据上述“内容-外在论”式观点，便可进而凭借“先天推理”，引出这样一个“整体-宽容论”式结论：“我们对周围世界的一般描述，‘包括大量历史片段、自然科学以及日常经验知识’，大多数都是真的。”简言之，这里的推理思路是：“我思”经验地支持“内容-外

在论”式观点，“内容-外在论”式观点先天地确保“整体-宽容论”式结论。至此，在戴维森看来，我们就可以进而回答“我如何知道我的信念总体是真的？”这个怀疑论问题了。

13.1.2 不存在任何形式的认知中介

怀疑论问题：我们为什么应当相信我们的感觉？我们如何能保证感官传递给我们的内容就是外在对象的实际情形？

戴维森反对任何形式的认知中介。他在多处表明，感觉之类的东西仅仅在引起某些信念的意义上被看做信念的原因（因果中介）。感觉不是信念或其他命题态度，它们不能成为信念的理由（即认知中介）。既然我们无法保证这些认知中介的真实性，就不应当允许它们插在我们的信念与这些信念在世界中的对象之间。因此，对于认识上的中介我们必须防范（Davidson，2001b10）。

如果没有感官中介，那么我们如何达到对外在世界的认识呢？实际上，没有中介的认知过程诉诸的方法是我们已经很熟悉的三角测量模式中语言的习得和理解交流。戴维森认为，从这种角度考虑，所得出的结论对于认识论来说，不亚于（或者应当是）革命性的。

> 如果在最基本的情况中，语词和思想都必定是关于引起它们的那类对象和事件的，那么就不存在对于这类对象和事件之独立存在性的笛卡儿式怀疑的余地。当然，怀疑是可能存在的。但为了肯定我们关于世界的本性大多数是对的，并不需要存在任何我们对之不容置疑是对的东西。怀疑论有时似乎依赖于一个简单的谬误，即下面的谬误推理：从不可能不存在我们关于一个事情是错的出发，推出我们关于所有事情都可能是错的结论。如果我们承认，我们最简单的语句的意义都是由通常引起我们认为它们是真的或假的情景所给定，那么第二种可能性就被排除了，因为，要持一个我们所理解的语句为真或者为假就是具有一个信念，沿此思路前行，我们会发现关于感官判定的普遍怀疑论甚至无法成型表达，因为，如果思想的内容依赖于态度与世界之间的因果联系（无论这些因果联系是什么），则感官及其判定在说明信念、意义和知识中就不会发挥什么主要的理论性的（theoretical）作用。当然这并不是要否认在知识和语言习得中的感官的因果作用的重要性。（Davidson，2001b3：45）

在语言的理解或交流中，通过与他人对来自外界刺激的相似性反应的比较和判断，为我们判断外在事物的实际情况为真或者为假提供了标准，也即为我们的知觉信念提供了内容。即使在具体的某一时间关于某物的情况可能出错，但不可能整体出错，因为要达成人际间的理解，整个信念系统都是错的可能性不存在。因此，没有必要再去纠结我们为什么应当相信我们的感觉。感官的功能在实际的因果传递中有作用，但是，却不会具有理论性的作用，因为如上所说，整体原则和宽容原则能够保证整个信念与外在世界的实际情形相一致，又能与自己进一步的信念以及他人的信念融贯相一致。

13.1.3　一个广泛出错的信念系统是不可理解的

怀疑论的问题："为什么我们的信念不可能既和谐一致又对于实际世界全是假的?"

通过前面两个论点的阐释，已然清楚为什么诠释者在诠释过程中出错时不可避免，但不可能整体出错。如戴维森所言："当然许多信念是由它们与其他进一步的信念关系给出内容的，或者是由误导性感觉引起的；任何关于我们周围世界的特定信念或者信念集合可以是假的。但是，不可能的是我们关于世界的总体图景和我们在其中的位置都是错误的，因为正是这些图景赋予我们的其他信念的意义，使得它们成为可理解的，不管它们是真的还是假的。"（Davidson，2001b14：213-214）于是，我们顺理成章得到这个结论：一个由大量错误信念形成的全面融贯的系统是不可理解的。

下面借用反证法来展开论证。这个论证原初是齐诺瓦提出的，本书略做了一些修改。一个修改是对诠释者的认定。在齐诺瓦那里，他区分了全知诠释者（omniscient interpreter）和真实诠释者（veridical interpreter）。本书不做这种区分。在这个论证中不需要做这种区分，更重要的是彻底诠释理论不需要全知者的预设，这个预设反而引起诸多诟病，戴维森自己后来也几乎不提。故本书所指的诠释者都是懂得彻底诠释方法的彻底诠释者。另外，在表述上稍作修改，本书力求将论证展示得简洁一些。

H：假设一个拥有大量错误信念（massively false belief）（MF）的全面的、融贯的系统是可理解的（认知可能的）（epistemically possible）。

P1：一个彻底诠释者是认知可能的。即一个诠释者具有涉及戴维森彻底诠释方法相关资料的所有真信念。

P2. 如果一个诠释者具有诠释相关资料的所有真信念，那么他就能够诠释任何可诠释的信念系统。

P3.（因此）如果一个信念系统是可诠释的，那么它是被彻底诠释者可诠释的。(P1，P2)

P4. 一个信念系统是可理解的当且仅当它是可诠释的。

P5. 如果一个信念系统是可诠释的，那么它必然是通过诠释者的与被诠释的信念系统之间达成广泛的一致（massive agreement）才可被诠释。(一致限制)

P6. 如果一个 MF 是可被诠释者诠释的，那么诠释者必定这样诠释这个 MF，即把 MF

(a) 当做一个 MF（as an MF）（作为一个大量不同于这个诠释者系统的非真实的信念系统）；或者

(b) 不当做一个 MF（not as an MF）（作为一个与这个诠释者的信念系统大量一致的信念系统）。

P7. （所以）因为选择（a）是不可能的（P5），

并且选择（b）也是不可能的（P1），

故一个 MF 不能被诠释者诠释。(P6)

C. （结论）：因此，一个 MF（如 H）是不可理解。(P3，P4，P7)

P6*. （所以）所有可理解的、全面的、融贯的信念系统是可由诠释者诠释的，且任一不可被诠释者诠释的信念系统是不可理解的。(P3，P4)

P7*. （所以）如果一个信念系统是可被诠释者诠释的，那么这个信念系统是广泛真的。(P1，P5)

C*. 因而所有可理解的全面而融贯的信念系统是广泛真的。(P6*，P7*)

C. 因此，一个 MF（如 H）是不可理解。(C*)

(Genova，1999：181-182)

我们还可以通过索萨对戴维森的反怀疑论态度的质疑来更好地理解这个论点。索萨说：假定我们退一步承认，若要成功地反驳怀疑论者，我们就需要一种先天论证——这正是内格尔所假定的，戴维森在回应中对此似乎也是同意的。并进一步假定戴维森实际上已经给出了我们所需要的那种论证，但这并不意味着反怀疑论的大功告成了（Sosa，2003：172）。这是由于：

确实，我们不能仅仅因为我们在任何具体的情况下都可能是错的，就推出我们可能是普遍错误的。但同理，我们不能仅仅因为我们不可能是普遍错误的，就推出我们在任何具体情况下都是不会错的。所以，即使戴维森的推理能够使我们关闭我们可以先天通达的东西与我们关于外部实在的性质的普遍正确性之间的裂缝，却仍然在我们可以先天通达的东西与我们在任何给定时间所持有的关于世界以及我们在其中的位置的各种实质性信念（substantive beliefs）之间的适当地方留下大量裂缝。

这些裂缝没有任何一个看起来仅仅用戴维森的论证就可以被架接起来。(Sosa，2003：172)

为了说明他的质疑，索萨设想了一个思想实验：设想有一个人是未来技术的不幸牺牲品，他的大脑被有魔力的控制者用无线装置操控着。假定这刚刚发生在数小时前，或许是在昨天夜里那个牺牲品熟睡的时候。这样就会发生戴维森的推理并未设法排除的那种可能性，那就是，即或我们可以通过先天论证的方式成功地论证我们头脑中可以先天通达的东西包含着我们关于外部实在性质的普遍正确认识，我们也无法保证这个被魔力控制的牺牲品现在做的任何事情大都是错误的。若如是，我们并未因此更好地对抗怀疑论者，实际上，这种让步就承认了怀疑论者的特洛伊木马（Sosa，2003：172）。

笔者认为，索萨的这个质疑是站不住脚的。依照戴维森的哲学立场，我们的知识或者思想普遍地与世界的实际情形一致，即思想或信念的内容关乎世界的真实状况，这个论证是先天的或者先验的，是指这个论证方式的有效性不依靠零星的经验证据，并不是说思想内容是与生俱来的，内容状态是一直不变的。这就到达了戴维森式知识论的核心：知识、思想和信念的内容必须要在自我与他人和世界的三角联系中获得，内容的正确性和客观性也要靠这个三角关系来保证（在前面章节已经反复阐明了这个方法和过程，这里不再赘述）。试想，现在这个被魔力控制着的牺牲品正处于这个三角关系中，如果他要明白自己的想法，他必定要对外在事物的刺激做出反应，并对照他人对这个刺激的反应来反思自己的状态，如果他被魔力控制着总是普遍出错，也就是说他的反应与其他人的总是不一样，势必别人无法理解他，他也无法理解别人，当然最终也无法理解他自己。如此，这个人一定是我们的理性协调原则的光辉照耀不到的人，因为理解与交流的基本前提是一个有理性的人：这个人若处于言说者状态，是希望自己能最大限度地被理解而不是总提供虚假信息欺骗别人；若处于诠释者状态，则会根据言说者的言语行为和其他外在表现来正确理解他。不管是作为言说者还是诠释者，都会在社会诠释脉络中通过彼此的观察和反应来调适自己对外在情况的判断，通过理解或交流达到对语言意义和信念内容的把握。而对于这样的牺牲品，我们压根儿不可能理解他，也不就能说他具有思想或信念，他也不可能诉诸第一人称进路来判断和理解自己。因此，即使存在这样一个满是错误的牺牲品，对于我们人际间相互理解、普遍融贯的信念系统也不会构成威胁，更不会成为一个值得特别关注的现象为怀疑论留下空间。因此，索萨提供的这个思想实验是不成功的，其根本点在于他忽视了思想内容的获得和判定不是自我内省的，而是必须置于外在的诠释脉络，因而一个广泛出错的信念系统是不可理解的。

其实，以上论证同理可以反驳帕特南的“缸中之脑”论证，因为如果那个缸中之脑与他人进行交流并观察他人的反应，那么他就一定会对自己的身体呈现及其状况做出反应，以调整自己的认知状态。

13.2 彻底诠释与反怀疑论

对彻底诠释是否具有驳斥怀疑论的力量，许多哲学家持有不同的看法。例如斯特劳德的《彻底诠释与哲学上的怀疑论》(1999)、克莱因（P. Klein）的《彻底诠释与全面的怀疑论》(1989)、麦吉恩（C. McGinn）的《彻底诠释和认识论》(1989）等通过对戴维森关于信念与真理或信念的真实性论证的批评或质疑，对彻底诠释与怀疑论的关系做出了不同的评论。戴维森对一些论述给予了回应。

笔者认为，彻底诠释理论对怀疑论的批驳是有力的。戴维森主要基于两个维度对怀疑论做了批判：一个是通过对感觉经验作为认知中介的批判，另一个是通过对信念真实性的证成。

我们知道，彻底诠释方法是诉诸彻底诠释者在相关环境中对言说者持什么样的语句为真的行为，来获取言说者的信念及其话语的含义。也就是说，诠释者的信念及语句的意义来源于对言说者语言行为的观察。但是，问题在于，如何把非语义词项描述的语言行为转换成我们的信念及语句的意义？或者说，我们的信念及意义的证成的根源是什么？对这些问题的回答虽然各种各样，但大致可以分为两类：一类是将感官的见证作为信念的基础；另一类认为一个信念只要是与其他信念融贯的就是真的。第一类诉诸感官证据的人一般将感觉、知觉、所与、经验、感觉材料和感觉刺激等作为信念的根据，他们认为这些东西在信念和意义与它们所论及的对象之间起着桥梁作用，通过这些认知中介我们形成了信念及意义。这样的观点遭到怀疑论的质疑：我们为什么应当相信我们的感觉？我们如何能保证感官传递给我们的内容就是外在实际对象的情形？感觉和信念之间是一种什么样的关系，使得前者可以证成后者？对这些质疑，感官论者要么将某些信念等同于感觉；要么认为我们相信感觉便能确信它的存在，这是一个分析真理或关于如何使用语言的事实；要么认为感觉之所以成为信念的证成根据在于我们经常能够意识到它。然而，感观论者对怀疑论的质疑所作出的此种回答是很难不让人再生质疑的，其根本原因在于他们在信念与其所论及的对象之间引入认知中介，这个认知中介因无法证明其自身的真实性而成为这个理论的一个致命的缺陷，而一再受到怀疑论的质疑。第二类诉诸融贯论的回答避免了感觉等认知中介的困境，认为只有一个信念才能充当持有另外一个信念的理由。但这同样遭到怀疑论的质疑：为什么我们的信念不可能既和谐一致又对世界全是假的？如果在一个系统中融贯为真的信念在另一个系统中为假，我们应当如何认识这个信念？对这些质疑，融贯论者可以说，把我们的信念逐个地或作为一个整体与这些信念所论及的东西加以对照（confront），这是荒谬的。但是这仅仅是认识到问题的荒谬却并没有对问题做出回答（Davidson，2001b10：140）。

戴维森在《一个关于真理与知识的融贯论》中系统地讨论了信念和意义证成的根源这个认识论的基础问题。他说，这个认识论难题与我们在诠释中遇到的难题是一样的。一个正确的诠释所面临的关键问题是语句如何能被辨认为真的问题。因此，意义理论便提出了我们与认识论难题相同的问题，即对认识论的基础——证成的根源的确定。对于第一类诉诸感觉证成信念的观点，戴维森分析道：如果把感觉证成信念的资格考虑为我们能够意识到它，那不过是把信念的证成诉诸进一步的信念，因为这种意识恰恰是另外一种信念。他指出："一个感觉与一个信念之间的关系不可能是一种逻辑关系，因为感觉不是信念或其他的命题态度。"那么，它们之间是一种什么关系？戴维森认为答案是显而易见的："这是一种因果关系。感觉引起一些信念，在这种意义上它们是信念的基础和根据。"但同时，对于"把诸如感觉或观察之类的中介手段或实体引入因果链条"的做法，戴维森是极不赞同的，他认为："这种做法只能使那个认识论难题更为明显。"因为，"如果这些中介仅仅是原因，它们就不能证成由它们所引起的信念；同时，如果这些信念传递信息，它们则可能传递得不准确。"（Davidson，2001b10：144）据此，戴维森认为，蒯因把纯粹的感觉刺激作为意义的证成依据，也同样是将感觉刺激作为认知的中介，犯了同样的对怀疑论有利的错误。虽然"感觉刺激的确是导致信念的那根因果链条上的一个环节，但是，不能（造成混乱地）把感觉刺激看做对那些被刺激引起的信念的证据（或辨明的根据）"（Davidson，2001b10：151）。并且，"一旦我们采取了这一步骤，我们便向怀疑论敞开了大门。因为，在这种情况下，我们必须承认，十分大量的（或许是大多数）在我们看来为真的语句可能实际上是假的。"（Davidson，2001b10：144-145）在这样的背景下，戴维森也反对观察语句与其他语句的区分。因为"观察语句不像观察，除非我们有理由相信观察语句是真的，否则它们不能在证据中起任何作用"。并且"在一个信念的真实性依据感觉来证成的语句与一个信念的真实性仅仅诉诸其他持真语句来证成的语句之间的区别，如同信念仅由感觉来证成与信念仅仅诉诸进一步的信念来证成的区别一样，是受到融贯论者强烈谴责的。"（Davidson，2001b10：143-146）对于第二类将信念的证成只在信念内部求融贯的观点，戴维森同样持反对态度。他分析道："信念概念的一个很大的特点在于它引出了在被认为是真的东西与是真的东西的潜在差距（potential gap）。因而，仅仅是融贯，不管是被如何定义的多么强的融贯，都不能保证所相信的东西就是如此。一个融贯论所坚持的不过是：大多数的信念在一个融贯的信念集合总体中是真的。”（Davidson，2001b10：138）

看来，求助于第一类和第二类的方法都不能获得信念及意义的证成的根据。难题也因此呈现在我们目前：如果对意义或知识的基础作经验的探究，势必导致怀疑论；而如果我们采取融贯论的立场，又似乎不知如何对于一个人相信他的信念（如果这些信念是融贯的话）为真这一点提供理由。看来，我们不可避免地要陷入一种两难境地：要么对怀疑论者提出的问题做出错误的回答，要么无法做出回答。然而，戴维森认为“这种困境并不是一个真正的困境”（Davidson，2001b10：146）。他为摆脱这个困境给出的论证最初被他称为“融贯产生符合”的观念（Davidson，2001b10：138）。后来他对这个论题做了修正。不过，笔者认为，戴维森自己所认为错误的地方是由对“符合论”或“融贯论”这些术语可能引起的错误理解产生的“概念混乱”。并且，“这个错误在某种程度上只是用语不当”（Davidson，2001b10：154）①。然而，如果我们不把重点放在戴维森使用什么术语去称谓他的观点，而把重心放在他论证的内容上，笔者以为，戴维森并没有实质性地改变他的主张。这个主张主要包含两个内容：第一，通过真理来表征一种语言必须将语词与对象联系起来（当然这种联系不是一对一的对应），或者说通过表征真理我们将语言与实在联系起来了。如果要说“符合”，戴维森的“符合”就是这种意义上的，因而他明确“拒斥为反对符合论而普遍主张的一个观点：在任何时候都不存在任何我们可能辨别我们的语句或信念是否与实在相符合的方式”（Davidson，2001b10：155）。戴维森认为以这样的观点来指责符合论是不恰当的，因为在他看来符合论的根本弊端不在于是否存在一个与我们的信念是否符合的“实在”，而在于它对这个“实在”是“根本独立于我们的信念”的界说②。第二，“所有算做对信念的证据或证成的东西都必须来自于这个信念所属的同一信念整体”（Davidson，2001b10：154）。如果要说“融贯”，戴维森的“融贯”正是在这种意义上的。综合第一、二两个主张的内容，戴维森所要论证的重要论题是：“信念是本质上真实的（intrinsically veridical）。”（Davidson，2001b10：154）其要旨在于对这个论题的论证是为其找一个理由（reason）而不是一种证据的形式（Davidson，2001b10：146）。戴维森的这个总结是具有启发性的：

究竟是什么保证了我们对于世界（在其最平常的特征方面）的看

---

① 当然，如果仔细分析，我们认为“融贯产生符合”这个论题也着实可能产生歧义。仅就这个论题本身而言，我们不好确定它的强调部分是在“融贯”、“符合”或“产生”上。

② 戴维森为符合论的辩护以及对其予以的批判在《真理的结构和内容》中有一个清理。

法大多数是正确的，这一点现在应该清楚了。理由就在于，引起我们最基本言语反应的刺激也决定了这些言语反应所意味的东西，以及伴随这些言语反应的信念内容。诠释的本性既保证了我们大量的简单知觉信念是真的，也保证了这些信念的本性是被他人知道的。(Davidson, 2001b14：213-214)

我们在前面花了大量篇幅阐述诠释理论，因为正是正确诠释的根本特性保证了基本的知觉信念为真。可见，彻底诠释理论的一个重要应用是对怀疑论的反驳。如上所述，针对怀疑论关于我们的信念不可能普遍为真的质疑，戴维森基于对感觉经验作为认知中介的批判以及对信念真实性的证成这两个维度对怀疑论做了批判。由此，“在一种想当强的含义上，我们可以被说成是知道存在这样一种推断，它支持任何一个人的信念（包括我们自己的信念）在总体上是真实的”(Davidson, 2001b10：146)。然而，要知道并全面理解存在这样的一种推断，必须预设整体论、宽容原则和语义外在论的支持。这样，我们才可能有理由推定一个人的大多数信念必定是真的。更为重要的是，我们所相信为真的东西与外部世界中对象及事件为真的条件是一致的。彻底诠释只有得到这些观念的支持，才能够保证获得交流所需的一切，才能够最充分地理解他人的思想和语言的含义，才能使彻底诠释得以可能。最终，在这样的正确诠释之下，怀疑论不走开不行。

当然，也有些人认为戴维森并没有从正面驳斥怀疑论。戴维森自己对此是这样看的：“我的企图不是去‘驳斥’(refute) 怀疑论，而是打算对我认为是正确的关于语言交流及其他所蕴涵的真理、信念和知识的基础的一种诠释做出一个概述。如果人们承认这些诠释的正确性，那么，就可以让怀疑论走开。”(Davidson, 2001b10：157)

13.3　语义外在论与反怀疑论

有人断言彻底诠释无法揭示信念与真理概念之间的联系，因而缺乏反驳怀疑论的力量。对此，我们同意卡彭特的批评意见：这种断言的根本错误在于它忽视了戴维森的语义外在论，没有将之与彻底诠释和戴维森反怀疑论的立场联系起来(Carpenter, 2003)。

戴维森明确地说：“在我看来，阻止对感官持全面怀疑态度的是这样一个事实，即在那些最清楚明白的和在方法论上最基本的情况下，我们必须把一个信念的对象作为该信念的原因。”(Davidson, 2001b10：151) 把一个信念对象作为其原因这个语义外在论的重要论点，在前面第 11 章已经论及。现在要问：这个论点有什么哲学意蕴？我们试做如下分析：①这个论点肯定了感官在彻底诠释中的作用，坚持从对言语行为的观察中来理解语句的意义和信念的内容。②这个论点既明确了信念和语义的客观内容，又消解了对感觉确信的怀疑。但须注意，戴维森反对传统感官主义将感觉经验当做认知中介或将信念等同于感觉的做法。他认为感觉经验等东西只是因果中介，它们是在信念与对象的因果链条上的一环。③如上所说，这个论点根据“因果真理”说明了信念的真实性，从而说明信念就其本性而言是真实的。④这个论点还强调了如上所言的一个观点，即语言交流中三角测量关系各端的因果联系确立了信念的客观真理性。

针对怀疑论对于我们的信念大多数是真的质疑，戴维森说：“为回答怀疑论者的问题，需要证明：某个具有一组（或多或少）融贯的信念的人有理由假定他的信念大体上没有出错……因此，对我们那个难题的回答就必须为我们大多数信念为真这个假定找到一个理由，这个理由并不是某种证据的形式。”（Davidson，2001b10：146）与此相关，我们看看戴维森给出的如下一段重要论述：

> 对一个人的言语、信念、欲望、意向以及其他命题态度的正确理解导致这样一个结论：一个人的大多数信念必定是真的。因此，便可做出一个合理的推断，即一个人的任何一个信念只要与其余的大多数信念相融贯便是真的。因此，我接着做出下述断言：任何一个具有思想的人，从而特别是一个想知道他是否有理由假定他关于周围环境的性质的看法一般来说是正确的人，都必须知道信念是什么，信念一般来说应当如何被察觉和诠释。这些都是一些完全一般性的事实，当我们与他人交流时，或当我们试图与他人交流时，乃至当我们仅仅是设想与他人交流时，我们就不能不成功地利用这些事实。因此，在一种相当强的含义上，我们可以被说成是知道存在这样一种推断，它支持任何一个人的信念（包括我们自己的信念）在总体上是真实的。有人要求知道进一步的保证，这是毫无益处的。这种保证只能增加他已有的信念。所需要的不过是要他承认信念就其性质而言是真实的。（Davidson，2001b10：146）

可以看出，戴维森为“任何一个信念只要与其余的大多数信念相融贯便是真的”这个观点寻找理由的出发点绝不仅仅是融贯论的。我们可以将他的论证思路归纳如下：首先，决不在信念之外去为信念寻找一个辩护的认识论基础，以此来对照和检验信念。“任何一种信念，它的真或假的识别依赖于一个众多真信念的基础。”（Davidson，2001b13：195）其次，我们必须在很大程度上依赖于命题态度的相互联结和关系范型来努力把握整个命题态度系统（Davidson，2001b10：146-147）。再次，一个人对其周围环境性质的看法是否正确，有赖于对信念内容及其发现的诠释。这就要求我们必须对信念的“相信所是”和“如其所是”之间的差别做出说明。戴维森在回应内格尔的短文中特别强调：在决定知觉信念的内容中因果因素是必需的但绝不是充分的。如果只注重与外在世界的因果联系，将忽略两方面：另一个是对判断的规范性特点（normative character of judgment）的解释，实际上在把一个概念应用于一个情况中我们能够出错；另一个是共享的语言能够为判断提供标准（the norm），在明示学习（ostensive learning）中因果性和语言结合在一起，其中给出了标准的内容，得以对事情的正确或错误做出有意义的区分（Davidson，1999d：208）。最后，必须在语言交流实践中去把握信念。信念是什么，信念应当如何被察觉和诠释，这些都是“一些完全一般的事实”，而只有当一个人处于语言交流（甚至交流意向）中才能发现和利用这些事实。上述诸点表明，不仅一个人的大多数信念是真的，而且排除了信念整体出错的可能性。

其实，戴维森本人还可以从正面对怀疑论提出反驳。例如，他说：“如果任何东西系统地引起了某些经验（或者言语反应），那么它就是思想或话语所论及的内容。这就排除了系统地出错的可能性。如果没有任何东西系统地引起这些经验，就没有所论及的内容可能会出错。”（Davidson，2001b13：201）据此可知，虽然出错的可能性标志着信念的关键特征，但我们的大多数信念是正确的，整体论加上语义外在论就排除了我们系统地出错的可能性。这个信念的构成原则，“通过表明我们的一切信念为什么不可能全都为假，起到了使我们免于受一种标准形式的怀疑论之诘难的作用”（Davidson，2001b10：153）。

以上论述应已表明，在戴维森纲领对语言理解如何可能的分析和论证中，无论是彻底诠释进路的展开、塔尔斯基真理理论的运用，还是具有理性的人在诠释者-言说者-世界的三角互动关系中的语言交流，特别是整体论和宽容原则方法论的实施，语义外在论都起着不可或缺的作用。这种作用的关键之处是：语义外在论重塑的“客观真理”概念为戴维森纲领提供了坚实的语义学-本体论根据，成为回答语言理解如何可能这一哲学问题的语言学-本体论的必要条件。与那些断言语义外在论缺乏批判怀疑论力量的人相反，笔者认为，正是语义外在论对信念系统不可能整体出错的论证，使得怀疑论已无立论根据，从而对怀疑论作出了有力的反驳。

参 考 文 献

戴维森的论著

Davidson D, Hintikka J. 1969. Words and Objections: Essays on the Worker of W. V. Quine. Dordrecht, Holland: D. Reidel Publishing Company.

Davidson D, Harman G. 1972. Semantics of Natural Language. 2nd ed. Dordrecht, Holland: D. Reidel Publishing Company.

Davidson D. 1985. A New Basis for Decision Theory. Theory and Decision, 18: 87-98.

Davidson D. 1989. The Conditions of Thought//Le Cahier: Du Collège International de Philosophie. Presses Universitaires de France.

Davidson D. 1990. The Structure and Content of Truth. The Journal of Philosophy, 87 (6): 279-328

Davidson D. 1991. Meaning, Truth, and Evidence//Barrett R, Gibson R, eds. Perspective on Quine. Oxford: Blackwell: 68-79.

Davidson D. 1993a. Reply to Jerry Fodor and Ernest LePore//Stoecker R, ed. Reflecting Davidson: Donald Davidson Responding to an International Forum of Philosophers. Berlin: Walter de Gruyter: 77-84.

Davidson D. 1993b. Reply to Bernhard Thole//Stoecker R, ed. Reflecting Davidson: Donald Davidson Responding to an International Forum of Philosophers. Berlin: Walter de Gruyter: 248-250.

Davidson D. 1993c. Reply to Eva Picardi//Stoecker R, ed. Reflecting Davidson: Donald Davidson Responding to an International Forum of Philosophers. Berlin: Walter de Gruyter: 210-212.

Davidson D. 1999a. Reply to John McDowell//Hahn L E, ed. The Philosophy of Donald Davidson. Chicago: Open Court: 105-108.

Davidson D. 1999b. Reply to Barry Stroud//Hahn L E, ed. The Philosophy of Donald Davidson Chicago: Open Court: 162-106.

Davidson D. 1999c. Reply to A. C. Genova//Hahn L E, ed. The Philosophy of Donald Davidson. Chicago: Open Court: 192-194.

Davidson D. 1999d. Reply to Thomas Nagel//Hahn L E, ed. The Philosophy of Donald Davidson. Chicago: Open Court: 207-209.

Davidson, D. 2001a. Inquiries into Truth and Interpretation. 2nd ed. Oxford: Clarendon Press.

Davidson D. 2001a1[①]. Theories of Meaning and Learnable Language (1965) //Inquiries into Truth and Interpretation. 2nd ed. Oxford: Clarendon Press: 3-15.

Davidson D. 2001a2. Truth and Meaning (1967) //Inquiries into Truth and Interpretation. 2nd ed. Oxford:

① 2001a 后面的数字表示原论文集中论文的排序。例如，2001a1 表示原论文集中的第 1 篇论文。论文名后的年份表示该论文的原发时间。

Clarendon Press: 17-36.

Davidson D. 2001a3. True to the Facts (1969) //Inquiries into Truth and Interpretation. 2nd ed. Oxford: Clarendon Press: 37-54.

Davidson D. 2001a4. Semantics for Natural Language (1970) //Inquiries into Truth and Interpretation. 2nd ed. Oxford: Clarendon Press: 54-64.

Davidson D. 2001a5. In Defence of Convention-T (1973) //Inquiries into Truth and Interpretation. 2nd ed. Oxford: Clarendon Press: 65-75.

Davidson D. 2001a7. On Saying That (1968) //Inquiries into Truth and Interpretation. 2nd ed. Oxford: Clarendon Press: 93-108.

Davidson D. 2001a9. Radical Interpretation (1973) //Inquiries into Truth and Interpretation. 2nd ed. Oxford: Clarendon Press: 125-139.

Davidson D. 2001a10. Belief and the Basis of Meaning (1974) //Inquiries into Truth and Interpretation. 2nd ed. Oxford: Clarendon Press: 141-154.

Davidson D. 2001a11. Thought and Talk (1975) //Inquiries into Truth and Interpretation. 2nd ed. Oxford: Clarendon Press: 155-170.

Davidson D. 2001a12. Reply to Foster (1976) //Inquiries into Truth and Interpretation. 2nd ed. Oxford: Clarendon Press: 171-179.

Davidson D. 2001a13. On the Very Idea of a Conceptual Scheme (1974) //Inquiries into Truth and Interpretation. 2nd ed. Oxford: Clarendon Press: 183-198.

Davidson D. 2001a14. The Method of Truth in Metaphysics (1977) //Inquiries into Truth and Interpretation. 2nd ed. Oxford: Clarendon Press: 199-214.

Davidson D. 2001a15. Reality without Reference (1977) //Inquiries into Truth and Interpretation. 2nd ed. Oxford: Clarendon Press: 215-225.

Davidson D. 2001a16. The Inscrutable of Reference (1979) //Inquiries into Truth and Interpretation. 2nd ed. Oxford: Clarendon Press: 227-241.

Davidson D. 2001b. Subjective, Intersubjective, Objective. Oxford: Clarendon Press.

Davidson D. 2001b2[①]. Knowing of one's Mind (1987)//Subjective, Intersubjective, Objective. Oxford: Clarendon Press: 15-38.

Davidson D. 2001b3. The Myth of Subjective (1988)//Subjective, Intersubjective, Objective. Oxford: Clarendon Press: 39-52.

Davidson D. 2001b7. Rational Animal (1982)//Subjective, Intersubjective, Objective. Oxford: Clarendon Press: 95-105.

Davidson D. 2001b8. The Second Person (1992)//Subjective, Intersubjective, Objective. Oxford: Clarendon Press: 107-121.

Davidson D. 2001b9. The Emergence of Thought (1997)//Subjective, Intersubjective, Objective. Oxford: Clarendon Press: 123-134.

Davidson D. 2001b10. A Coherence Theory of Truth and Knowledge (1983)//Subjective, Intersubjective,

① 2001b 后面的数字表示原论文集中论文的排序。例如，2001b2 表示论文集中的第 2 篇论文。论文名后的年份表示该论文的原发时间。

Objective. Oxford: Clarendon Press: 137-153; Afterthoughts (1987)//Subjective, Intersubjective, Objective. Oxford: Clarendon Press: 154-157.

Davidson D. 2001b11. Empirical Content (1982)//Subjective, Intersubjective, Objective. Oxford: Clarendon Press: 159-175.

Davidson D. 2001b13. Epistemology Externalized (1991)//Subjective, Intersubjective, Objective. Oxford: Clarendon Press: 193-204.

Davidson D. 2001b14. Three Varieties of Knowledge (1991)//Subjective, Intersubjective, Objective. Oxford: Clarendon Press: 205-220.

Davidson D. 2001c. Essays on Actions and Events. 2nd ed. Oxford: Clarendon Press.

Davidson D. 2001d. Externalism//Kotatko P, Pagin P, Segal G, eds. Interpreting Davidson. Stanford: CSLI Publications: 1-16.

Davidson D. 2004. Problems of Rationality. Oxford: Clarendon Press.

Davidson D. 2004a. A Unified Theory of Thought, Meaning, and Action (1980) //Problems of Rationality. Oxford: Clarendon Press.

Davidson D. 2005a9①. Seeing Through Language (1997) //Truth, Language, and History. New York: Oxford University Press: 127-141.

Davidson D. 2005b. Truth and Predication. Cambridge, Massachusetts: The Belknap Press of Harvard University Press.

唐纳德·戴维森. 1993. 真理、意义、行动与事件. 牟博译. 北京：商务印书馆.

唐纳德·戴维森. 2007. 对真理和解释的探究. 牟博，江怡译. 北京：中国人民大学出版社.

唐纳德·戴维森. 2007. 真与谓述. 王路译. 上海：上海译文出版社.

其他的论著

Alston W P. 1976. Two Types of Foundationalism. Journal of Philosophy, 73 (7): 165-185.

Armstrong D. 1973. Belief, Truth, and Knowledge. Cambridge: Cambridge University Press.

Aune B. 2006. Knowledge of the External World. London and New York: Routledge.

Ayer A J. 1952. Language, Truth and Logic. New York: Dover Publications.

Ayer A J. 1956. The Problem of Knowledge. London: Pelican.

Baker L R. 1989. Saving Belief. Princeton: Princeton University Press.

Bieri H, Krueger L. 1979. Transcendental Arguments and Science. Dordrecht, Holland: D. Reidel.

Bloomfield L. 1935. Language. London: George Allen & Unwin Ltd.

BonJour L. 1985. The Structure of Empirical Knowledge. Cambridge, MA; London: Harvard University Press.

Brandom R B. 2000. Rorty and his Critics. Malden and Oxford: Blackwell Publisher.

Burge T. 1979. Individualism and the Mental//French P, Uehling T, eds. Midwest Studies in Philosophy 4: Metaphysics. Minneapolis: University of Minnesota Press: 73-121.

Burge T. 1982. Other Bodies//Woodfield A, ed. Thought and Object: Essays on Intentionality. Oxford: Oxford University Press: 97-120.

---

① 2005a 后面的数字表示原论文集中论文的排序。例如，2005a9 表示论文集中的第 9 篇论文。论文名后的年份表示该论文的原发时间。

Burge T. 1986. Cartesian Error and the Objective of Perception//Pettit P, McDowell J, eds. Subjective, Thought, and Context. Oxford: Clarendon Press: 117-136.

Burge T. 1996. Our Entitlement to Self-Knowledge. Proceedings of the Aristotelian Society, suppl. Volume 70: 89-116.

Carpenter A N. 2003. Davidson's Transcendental Argumentation//Malpas J, ed. From Kant to Davidson. New York: Routledge: 219-237.

Church A. 1956. Introduction of Mathmatical Logic. vol. 1. Princeton: Princeton University Press.

Conee E, Feldman R. 2001. Internalism Defended//Kornblith H, ed. Epistemology: Internalism and Externalism. Malden: Blackwell Publishers.

De Caro M. 1999. Interpretations and Causes: New Perspectives on Donald Davidson's Philosophy. Dordrecht, Holland: Kluwer.

Dummett M. 1991. The Logical Basis of Metaphysics. Cambridge: Harvard University Press.

Gilson E. 1994. The Christian Philosophy of St. Thomas Aquinas. tr. by Shook L K. Notre Dame.

Erturk R. 2010. Thomas Aquinas on Knowledge of other Minds. Uluslararasi Sosyal Ara_ tirmalar Dergisi. The Journal of International Social Research, Volume 3 / 11 Spring.

Evnine S. 1991. Donald Davidson. Cambridge: Polity Press.

Flanagan O. 1992. Consciousness Reconsidered. Cambridge, MA: MIT Press.

Fodor J, LePore E. 1993. Is Radical Interpretation Possible? //R. Stoecker, ed. Reflecting Davidson: Donald Davidson Responding to an International Forum of Philosophers. Berlin, New York: Walter de Gruyter: 57-76.

Frege G. 1892. On Sense and Nominatum. trans. by Feigl H (1949) //Martinich A P, ed. Philosophy of Language. 4th ed. Oxford: Oxford University Press. 2001.

Genova A C. 1999. The Very Idea of Massive Truth//L. E. Hahn, ed. The Philosophy of Donald Davidson, Library of Living Philosophers. 27. Chicago: Open Court. 167-191.

Goldman A I. 1999. Internalism Exposed. The Journal of Philosophy, 96 (6): 271-293.

Goldman A I. 2000. What is Justified Belief? //Sosa E, Kim J, eds. Epistemology: An Anthology. 2nd ed. Oxford: Blackwell.

Grayling A C. 1997. An Introduction to Philosophical Logic. 3rd. Blackwell Publishers.

Grice H P, Strawson P F. 1956. In Defense of a Dogma//Philosophical Review: 141-158.

Haack H. 1993. Evidence and Inquiry: Toward Reconstruction in Epistemology. Oxford: Blackwell Publisher.

Hahn L E. 1999. The Philosophy of Donald Davidson: Library of Living Philosophers. 27. Chicago: Open Court.

Haldane E S, Ross G R T. 1955. Meditations on First Philosophy in The Philosophical Works of Descartes. New York: Cambridge University Press.

Jeffrey R. 1983. The Logic of Decision. 2nd ed. Chicago: University of Chicago Press.

Klein P. 1986. Radical Interpretation and Global Skepticism//LePore E, ed. Truth and Interpretation: Perspectives on the Philosophy of Donald Davidson. New York: Blackwell. 369-386.

Kotatko P, Pagin P, Segal G. 2001. Interpreting Davidson. Stanford: CSLI Publications.

Kripke S. 1980. Naming and Necessity. Cambridge, MA: Harvard University Press.

Kripke S. 1982. Wittgenstein on Rules and Private Language. Oxford: Blackwell.

Kuhn T S. 1962. The Structure of Scientific Revolutions. Chicago: University of Chicago Press.

LePore E, McLaughlin B. 1985. Actions and Events: Perspectives on the Philosophy of Donald Davidson. Oxford: Basil Blackwell.

LePore E, Ludwig K. 2005. Donald Davidson: Meaning, Truth, Language, and Reality. Oxford: Oxford University Press.

LePore E. 1986. Truth and Interpretation: Perspectives on the Philosophy of Donald Davidson. Oxford: Basil Blackwell.

Locke J. 1690. An Essay Concerning Humane Understanding. London: The Baffet.

Lorenz-Meyer L. 1993. The architecture and evidential Base of the Unified Theory//Raif Stoecker R, ed. Reflecting Davidson. Berlin: Walter de Gruyter.

Ludwig K, Zeglen U M. 2001. Introduction to Reading Davidson//Zeglen U M, ed. Donald Davidson: Truth, Meaning and Knowledge. London: Routledge.

Ludwig K. 2003. Donald Davidson, Contemporary Philosophy in Focus. Cambridge: Cambridge University Press.

Maker W. 1991. Davidson's Transcendental Arguments. Philosophy and Phenomeno—logical Research, 51 (2): 345-360.

Malpas J. 1992. Donald Davidson and the Mirror of Meaning. Cambridge: Cambridge University Press.

Malpas J. 2003. From Kant to Davidson: Philosophy and the Idea of the Transcendental. London and New York: Routledge.

Malpas J. 2003. Donald Davidson. Stanford Encyclopedia of Philosophy.

McGinn C. 1986. Radical Interpretation and Epistemology//LePore E, ed. Truth and Interpretation: Perspectives on the Philosophy of Donald Davidson. New York: Blackwell: 356-368.

Mohyeldin Said, K A, Newton-Smith W H, Viale R, et al. 1990. Modeling the Mind. New York: Oxford University Press.

Nagel T. 1999. Davidson's New Cogito//Hahn L E, ed. The Philosophy of Donald Davidson Chicago: Open Court: 195-207.

Norman D. 1981. Perspectives on Cognitive Science. Norwood, NJ: Ablex.

Nozick R. 1981. Philosophical Explanations. MA: Harvard University Press.

Papineau D. 1993. Philosophical Naturalism. Oxford: Basil Blackwell.

Pappas G. 1979. Justification and Knowledge. Dordrecht, Boston, London. Reidel.

Plantinga A. 1990. God and Other Minds: A Study of the Rational Justification of Belief in God. Ithaca. Cornell University Press

Preston J. 1997. Thought and Language. Cambridge: Cambridge University Press.

Preyer G. Siebelt F, Ulfig A. 1994. Language, Mind and Epistemology. Dordrecht: Kluwer.

Priest S. 1991. Theories of the Mind. London: Penguin UK.

Putnam H. 1970. Is Semantics Possible? //Putnam H. Mind, Language and Reality: Philosophical Papers. Volume 2. Cambridge: Cambridge University Press: 139-152.

Putnam H. 1975. The meaning of "meaning" //Mind, Language and Reality: Philosophical Papers. Volume 2. Cambridge: Cambridge University Press: 215-271.

Putnam H. 1981. Reason, Truth, and History. Cambridge: Cambridge University Press.

Putnam H. 1985. A Comparison of Something with Something Else. New Literary History, 17: 61-79.

Putnam H. 1995. Logical Positivism, the Kantian Tradition, and the Bounds of Sense//Sen P K, Verma R R, eds. The Philosophy of P. F. Strawson. New Delhi: Indian Council of Philosophical Research: 145-160.

Putnam H. 1998. Strawson and Scepticism//Hahn L E, ed. The Philosophy of P. F. Strawson Ⅲ. Chicago, La Salle. Open Court: 273-287.

Quine W V. 1960. Word and Object. Cambridge: MIT.

Quine W V. 1961. From a Logical Point of View. 2nd. Cambridge, MA: Harvard University Press.

Quine W V. 1969. Ontological Relativity and Essays. New York: Columbia.

Quine W V. 1987. Knowing one's Own Mind. Proceedings and Addresses of The American Philosophical Association, 61: 441-458.

Ramberg B. 1989. Donald Davidson's Philosophy of Language: An Introduction. Oxford: Basil Blackwell.

Ramsey F P. 1931. Truth and Probability//Braithwaite R B, ed. The Foundations of Mathematics and other Logical Essays. London: Routledge & Kegan Paul.

Ramsey F P. 1950. Fact and Propositions. Reprinted in Foundations of Mathematics. New York: Humanities Press.

Rovance C. 1986. The Metaphysics of Interpretation//LePore E, ed. Truth and Interpretation: Perspectives on the philosophy of Donald Davidson. New York: Blackwell: 417-429.

Root M. 1986. Davidson and Social Science//LePore E, ed. Truth and Interpretation: Perspectives on the philosophy of Donald Davidson. New York: Blackwell: 272-304.

Rorty R. 1979a. Philosophy and the Mirror of Nature. Princeton: Princeton University Press.

Rorty R. 1979b. Transcendental Arguments, Self-Reference, and Pragmatism//Bieri P, Horstmann R P, Krueger L, eds. Transcendental Arguments and Science, Dordrecht, Holland: D. Reidel: 77-103.

Russell B. 1915. Our Knowledge of the External World. Chicago and London: The Open Court Publishing Company.

Searle J R. 1995. The Construction of Social Reality. London: Penguin.

Sellars W. 1963. Science , Perception, and Reality. London: Routledge & Kegan Paul.

Sosa E. 1986. 'Circular' Coherence and 'Absurd' Foundations// LePore E, ed. Truth and Interpretation: Perspectives on the Philosophy of Donald Davidson. Oxford: Blackwell: 387-397.

Sosa E. 2003. Knowledge of Self , Others, and World//Ludwig K, ed. Donald Davidson, Contemporary Philosophy in Focus. New York: Cambridge University Press.

Stern R. 1999. Transcendental Arguments: Problems and Prospects. New York: Oxford University Press.

Stern R. 2000. Transcendental Arguments and Scepticism: Answering the Question of Justification. Oxford: Clarendon Press.

Stoecker R. 1993. Reflecting Davidson: Donald Davidson Responding to an International Forum of Philosophers. Berlin: W. de Gruyter.

Strawson P F. 1959. Individuals: An Essay in Descriptive Metaphysics. London: Methuen.

Strawson P F. 1966. The Bounds of Sense: An Essay on Kant's Critique of Pure Reason. London: Methuen.

Strawson P F. 1971. Meaning and Truth//Logico-Linguistic Papers. London: Mathuen.

Strawson P F. 1985. Skepticism and Naturalism: Some Varieties. London: Methuen & Co. Ltd.

Strawson P F. 1992. Analysis and Metaphysics: An Introduction to Philosophy. Oxford: Oxford University.

Strawson P F. 1997. Kant's New Foundations of Metaphysics. //Entity and Identity. Oxford: Clarendon Press.

Stroud B. 1968. Transcendental Arguments. Journal of Philosophy, 65: 241-256.

Stroud B. 1977. Transcendental Arguments and Epistemological Naturalism. Philosophy Studies 31: 105-115.

Stroud B. 1984. The Significance of Philosophical Scepticism. Oxford: Clarendon Press.

Stroud B. 1984a. The Problem of the External World//The Significance of Philosophical Scepticism.

Stroud B. 1994. Kantian Argument, Conceptual Capacities, and Invulnerability//Parrini P, ed. Kant and Contemporary Epistemology. Dordrecht: Kluwer: 31-251.

Stroud B. 1999. Radical Interpretation and Philosophical Scepticism//Hahn L E, ed. The Philosophy of Donald

Davidson: Library of Living Philosophers XXVII. Chicago: Open Court: 139-161.
Stroud B. 2000. Understanding Human Knowledge: Philosophical Essays. New York: Oxford University Press.
Tarski A. 1944a. The Semantic Conception of Truth and the Foundations of Semantics//A. P. Martinich, ed. Philosophy of Language. 4th ed. Oxford: Oxford University Press. 2001: 69-91.
Tarski A. 1944b. The Semantic Conception of Truth: and the foundations of semantics. Philosophy and Phenomenological Research, 4 (3): 341-376.
Tarski A. 1956. The Establishment of Scientific Semantics//Logic, Semantics, Metamathematics. New York: Oxford.
Vermazen B, Hintikka M B. 1986. Essays on Davidson Actions & Events. New York: Oxford University Press.
Wittgenstein L. 1955. Philosophical Investigations. trans. Anscombe G E M. New York: Macmillan.
Williams M. 1988. Epistemological Realism and the Basis of Skepticism. Mind, 97: 415-439.
Williams M. 1999. Skepticism//John Greo and Ernest Sosa eds Blackwell Guide to Epistemology. Oxford: Blackwell.
Wilson N. 1959. Substances without Substrata. Review of Metaphysics, 12: 521-539.
Zeglen U M. 2001. Donald Davidson: Truth, Meaning and Knowledge. London: Routledge.
阿尔斯顿 . 1988. 语言哲学 . 牟博，等译 . 北京：生活 · 读书 · 新知三联书店 .
陈波 . 1998. 奎因哲学研究 . 北京：生活 · 读书 · 新知三联书店 .
陈嘉明 . 2003. 当代知识论：概念、背景与现状 . 哲学研究，(5)：89-95.
程炼 . 2005. 思想与论证 . 北京：北京大学出版社 .
方万全 . 2003. 意义、诠释与心灵——戴维森的哲学思想 . 当代，(185) .
康德 . 2004. 纯粹理性批判 . 邓晓芒译 . 北京：人民出版社 .
柯克 · 路德维希 . 2011. 唐纳德 · 戴维森 . 郭世平译 . 上海：复旦大学出版社：164.
林从一 . 2004. 思想 · 语言 · 社会 · 世界——戴维森的诠释理论 . 台北：允晨文化实业有限公司 .
陆谷孙 . 1993. 英汉大词典 . 上海：上海译文出版社 .
任会明 . 2009. 自我知识与窄内容：关于心智外在主义及其影响的反思 . 杭州：浙江大学出版社 .
苏珊 · 哈克 . 2004. 证据与探究——走向认识论的重建 . 陈波，等译 . 北京：中国人民大学出版社 .
王静 . 2005. 论解释的形式基础和证据基础 . 哲学研究，(3)：66-71.
王静 . 2010. 整体论和宽容原则在语言理解中的运用 . 哲学动态，(6)：57-62.
王静，张志林 . 2007. 语言诠释需要什么样的知识？. 哲学研究，(4)：61-68.
王静，张志林 . 2008a. What Kind of Knowledge is Necessary for the Interpretation of Language, Frontiers of Philosophy in China. 北京：高等教育出版社，New York：Springer：409-423.
王静，张志林 . 2008b. 三角测量模式对知识客观真理性的辩护 . 自然辩证法通讯，(1)：35-41.
王静，张志林 . 2009. 诠释的不确定性与自我知识的确定性 . 哲学研究，(10)：53-60.
王静，张志林 . 2010a. 决策论方法在语言诠释中的应用 . 自然辩证法通讯，(3)：25-32.
王静，张志林 . 2010b. 语义外在论对语言理解的必要性 . 哲学研究，(5)：67-74.
徐向东 . 2006. 怀疑论、知识与辩护 . 北京：北京大学出版社 .
叶闯 . 2006. 理解的条件——戴维森的解释理论 . 北京：商务印书馆 .
张志林 . 1994. 语言与实在——对 D. Davidson 实在论的批判 . 自然辩证法通讯，(5) .
张志林 . 1996. 意义的分析：实在论与反实在论的争论 . 中山大学学报，(1) .
张志林 . 2010. 因果观念与休谟问题 . 北京：中国人民大学出版社 .
张志林，陈少明 . 1995. 反本质主义与知识问题 . 广州：广东人民出版社 .

主　题　词

戴维森纲领（Davidson's Program）
戴维森纲领的主题（the topics of Davidson's Program）
　　真理（truth）
　　意义（meaning）
　　信念（belief）
　　欲望（desire）
　　意向（intention）
　　行动（act）
戴维森“真理与意义”关键概念（the key words of Davidson's “truth and meaning”）
　　约定-T（Convention-T）
　　T-语句（T-sentence）
　　指称（所指）（reference/referent）
　　对象（object）
　　满足（satisfaction）
　　持真（holding true）
　　持真语句（held-true sentence）
　　持真语句模式（the pattern of sentences held true）
　　持语句为真（holding a sentence true）
　　接受语句为真（accepting a sentence as true）
　　外延关系（extensional relation）
　　意向性（intentionality）
　　前分析的真理概念（pre-analytic concept of truth）
　　前分析的指称概念（pre-analytic concept of reference）
　　绝对真理理论（a theory of absolute truth）
　　分析真理（analytic truth）
　　客观真理（objective truth）
　　语言规范（linguistic norms）
　　因果联系的历史（causal history）

语境原则（the principle of context）
语义上升（semantic ascent）
内涵性的语境（intensional context）
外延性的语境（extensional context）
逻辑后承（logic consequence）
量化装置（the apparatus of quantification）
思想实验（thought experiment）

戴维森“诠释理论”核心概念（the key concepts of Davidson's “theory of interpratation”）

言说者（speaker）
诠释者（interpreter）
话语（utterance）
交流（communication）
诠释（interpret/interpretation）
诠释理论（the theory of interpretation）
诠释方法论（the methodology of interpretation）
人际交流（interpersonal communication）
主体间性（intersubjectivity）
主体间世界（intersubjective world）
彻底诠释（radical interpretation）
彻底翻译（radical translation）
第一人称进路（the first person approach）
第三人称进路（the third person approach）
形式基础（formal base）
证据基础（evidential base）
元语言（metalanguage）
对象语言（object language）
观察语句（observational sentence）
诠释性 T-语句（interpretive T-sentence）
因果链（causal chain）
认知可通达的（epistemically accessible）
可理解的（intelligible）
可诠释的（interpretable）
非语言学术语（non-linguistic term）

非语义性词项（non-semantic term）
非内涵性的语词（non-intensional term）
刺激意义（stimulus meaning）
语言行为（verbal behavior）
言语行为（speech act）
证成（辩护）(justify/justification)
指称的不可测知性（the inscrutability of reference）
本体论的相对性（ontological relativity）
整体论（holism）
宽容原则（the principle of charity）
语义外在论（semantic externalism）
诠释理论与决策论（interpratation theory and decision theory）
诠释难题（the problem of interpretation）
决策难题（the problem of decision）
决策论（decision theory）
贝叶斯决策论（Bayesian decision theory）
拉姆齐修正的决策论（Ramsey's revised decision theory）
杰弗里修正的决策论（Jeffrey's revised decision theory）
戴维森修正的决策论（Davidson's revised decision theory）
概率（probability）
主观概率（subjective probability）
先验概率（a priori probability）
后验概率（a posteriori probability）
偏好（preference）
相对值（relative value）
基值（cardinal value）
期望值（desirability）
概率等级（probability ranking）
预期效用最大化（maximizing expected utility）
序偏好（ordinal preference）
优先选择（choices among options）
信念度（degree of belief）
认知和意动态度（cognitive and conative attitudes）

三角测量（triangulation）

　　三角测量模式（the triangulation model）

　　因果的三角测量（causal triangulation）

　　社会的三角测量（social triangulation）

　　诠释脉络（the context of interpretation）

　　相似性反应（similarity response）

　　原因概念的模糊性（the ambiguity of the concept of cause）

　　“信念-真理”对比（belief-truth contrast）

　　信念之概念（the concept of belief）

　　主体间的真理概念（the concept of intersubjective truth）

　　知觉外在论（perceptual externalism）

　　社会外在论（social externalism）

　　三角测量式的外在论（triangulation externalism）

先验论证（transcendental argument/argumentation）

　　分析-综合二元区分（the analytic-synthetic dualism）

　　图式-内容二元区分（the scheme-content dualism）

　　先在的（a priori）

　　后天的（a posteriori）

　　形而上学（metaphysics）

　　自然规律（natural law / the law of nature）

　　形而上学的限制（metaphysical constraints）

　　反思（reflection）

　　康德的先验演绎（Kant's transcendental deduction）

　　个体（individual）

　　个体化（individuate）

　　识别（identify）

　　概念图式（the conceptual scheme）

　　经验（experience）

　　知识（knowledge）

　　因果性（causality）

　　客观有效性（objective validity）

　　确证（verify）

　　真实性（veridicality）

　　感觉材料（the data of sensation）

范畴体系（system of categories）
不可通约性（incommensurability）
范式（paradigm）
认知对立（epistemic confrontation）
实在论（realism）
主要的意义理论（the main theories of meaning）
意义指谓论（the denotative theory of meaning）
意义观念论（the ideational theory of meaning）
意义行为论（the behavioral theory of meaning）
意义使用论（the use theory of meaning）
真值条件语义论（the truth-conditional theory of meaning）
语言转向（the linguistic turn）
摹状词理论（the theory of description）
认识论（epistemology）
知识论（the theory of knowledge）
知识论的基本主张（the basic ideas of theory of knowledge）
基础论（foundationalism）
融贯论（coherentism）
内部论（internalism）
外在论（externalism）
基础融贯论（foundherentism）
可靠主义（reliabilism）
语义实在论（semantic realism）
戴维森式知识论（Davidsonian theory of knowledge）
内容-外在论（content-externalism）
知觉信念（perceptual belief）
信念系统（belief system）
信念的本质（the nature of belief）
认识论的自然化（epistemology naturalized）
认知科学（cognitive science）
认知可以通达的（cognitively accessible）
认知等价的（epistemologically equivalent）
先决条件（precondition）
解释性的必要条件（explanatory necessary condition）

怀疑论（skepticism）
反怀疑论（anti-skepticism）
语义知识（semantic knowledge）
语义作用（semantic role）
认知中介（epistemic intermediary）
融贯导致符合（coherence yields correspondence）
观念论（idealism）
模态的知识（modal knowledge）
葛梯尔问题（Gettier's problem）
缸中之脑怀疑论（brain-in-a-vat scepticism）
可能世界（possible world）
外在实在论（external realism）
心理主义（psychologism）
无穷倒退（infinite regress）
提及（mention）
符合（correspondence）
还原（reduction）
随附（supervenient ）
倾向（disposition）
向量（vector）
基本证据（the basic evidence）
最终证据（the ultimate evidence）
行为证据（behavioral evidence）
常识用法（common-sense usage）
表达力（expressive power）
行动者/主体（agent）
外在化的认识论（externalized epistemology）
私人的信念结构（private belief structure）
三类不同的知识（Three Varieties of Knowledge）
自我知识（knowledge of my own mind）
他心知识（knowledge of other mind）
关于外在世界的知识（knowledge of external world）
第一人称权威性（first person authority）
通达实在（access to reality）

　　因果依赖（causal dependence）
　　无中介的（unmediated）
　　非人的（impersonal）
　　行为根据（behavioral ground）
　　自我归属（self-attribution）
　　翻译不确定性（the indeterminacy of translation）
　　诠释不确定性（the indeterminacy of interpretation）
　　先天论证（a priori argument）
　　先天推理（a priori reasoning）
　　实质性信念（substantive belief）
语义认知怀疑论（semantic epistemological skepticism）
传统的认知怀疑论（traditional epistemological skepticism）
怀疑论的特洛伊木马（skeptic's Trojan horse）

后　记

本书的核心主题“戴维森纲领”、“先验论证”、“语言的理解或交流”、“知识论重建”等都是当代哲学的研究重点和热点。本研究的论证主要集中在以下几点：

(1) 以“语言理解或交流的可能性”作为统摄戴维森纲领的先验论证总论题，此立论不仅有助于更深刻地理解戴维森，更为重要的是能够推进先验论证进路的分析哲学研究。

(2) 对解答这一先验问题的必要条件可以分解成若干先验论证子问题，它们与戴维森纲领各主题之间构成相互支持关系。此视角能有机地把握戴维森纲领各主题之间的联系，更能在整体上解读戴维森哲学，并展示其独特的哲学内涵和魅力。

(3) 提出完整理解戴维森纲领的本体论-认识论依据，即整体论、宽容原则和语义外在论的综合运用。

(4) 戴维森关于真理-意义的核心论点构成戴维森式知识论的主要基石，这不仅有助于理解意义理论与知识论的关系，而且为语言哲学和心灵哲学的深度融合注入了活力。

(5) 明确提出戴维森式知识论的根本主张。戴维森本人未及完成关于知识的基本观点阐述，本研究提出以“内容-外在论”来命名戴维森知识论，指出先验论证是戴维森知识论重建方案的一个典型特征。论证表明，戴维森式知识论能够克服其他知识论方案的一些缺陷，为当代知识论重建开辟了一条崭新的进路。

(6) 以先验论证反驳怀疑论，这是戴维森本人语焉不详，屡遭其他哲学家质疑的地方。本研究通过对“信念本性为真”的证成进路和理由的全面考察论证，明确主张：坚持先验论证立场是戴维森反驳怀疑论的独特进路，这种反驳是有力的。

如果以上的论证和分析是有价值的，那么我们还可以预期以后的拓展研究和探索：

第一，以“戴维森的行动哲学”为核心的合理性理论。其中，涉及的关键主题是行动-理由-原因关系。可望做的拓展工作是以戴维森的行动哲学为切入点，集中研究行动-理由-原因关系，并对行动的结构和机制做出新的探索，并由此重新解释人的行动之合理性。

第二，关于分析传统中的先验论证研究之比较问题。限于本书的研究取向，我们主要参照康德的先验论证作对比研究，没有过多地参照其他分析哲学家的先验论证进行比较研究，只是着重指出，戴维森明显不同于他们中大多数人的是他抛弃了图式–内容的二元区分，但未就具体的分析和论证策略做出综合比较。这可以成为我们继续探讨的部分。

第三，戴维森行动哲学对社会科学方法论的启发。在社会科学哲学研究中，目前尚无系统地根据行动哲学来重建社会科学方法论的方案，也许今后有机会根据戴维森的行动哲学对社会科学方法论的核心问题做出新的系统化探讨。

本书部分内容已经在《哲学研究》、《哲学动态》、《自然辩证法通讯》、*Frontiers of Philosophy in China* 等杂志发表，在本书中略有改动。

至此，以上所有的分析和论证都是理性冷静的，这似乎是分析精神使然。其实，分析精神何止于表面的冷峻严苛，于吾观之，其无时不渗透着切切的细腻情感甚至情绪。本书的写作正是充分蕴育在此分析精神之中，故尤铭感不已！特别感谢有着“张分析”之雅号的张志林老师，他的敏锐大气、严谨深刻鼓舞支持着我完成书稿的写作，每章的内容都浸润着他的心血和期许，如果拙著没有让他失望，我愿把这第一部专著呈献给他，置于兰石间……

在美国佛罗里达大学访问研究期间，书稿的很多内容与美国著名戴维森哲学研究学者柯克·路德维希教授讨论过，受益于他严谨和深入的剖析，谨此致谢！也与刘闯教授做过多次讨论，谢谢他的热忱和耐心。我的导师何向东老师、梁庆寅老师给予我长久的指导和帮助，师恩永远感念在心！感谢一直以来对于我的研究和生活予以支持和关心的张志扬、程炼、邢滔滔至友和周若泉妹妹。感谢中山大学求学期间指导和关心我的冯达文、张华夏、林定夷、鞠实儿、翟振明、倪梁康、陈少明、李小五、王宾、李大华、吴重庆、于奇智、朱雪梅等师友。对于西南大学的同事，我真心喜欢和感激，特别是郭美云和马明辉，我们的讨论和活动使我难忘。

我的可亲可爱的师兄弟姐妹，你们的真挚情谊深深地感染和影响着我，你们的锐气和活力让我感受到哲学的精气神，尤其是近来与袁继红、王晓阳、刘小涛、何朝安、谭力扬、李主斌、倪明红等师弟、师妹的讨论，常激发灵感，时时愿与你们一起共享理智的愉悦！

还有与我的学生们相处的愉快时光，令我倍感为师为人的满足。教学互长，学生们的热情和真挚使我获益颇多。特别感谢我的研究生王明辉同学为书稿做了认真的校阅。

非常感谢科学出版社相关负责人的辛勤工作，尤其是樊飞编辑对本书做出了热心负责、仔细认真的工作，很感动。

缙云嘉陵，魂系根存。亲人多年来对我的关心爱护是滋养我成长前进的不竭源泉，特别是母亲的关爱，敦厚温软，永远是我生命中的守望和心疼。还要感谢我美丽懂事的女儿，这些年在与女儿的共同成长中感受着生命的美好，激励我把事做得更好！

思绪悠远，人生短促。怅寥廓，思与诗之境界，为吾心之所求。

王　静

2012 年秋于缙云山畔